大 学 问

始 于 问 而 终 于 明

守望学术的视界

亦官亦商：

明清时期天津的盐商与社会

THE SALT MERCHANTS OF TIANJIN:
State-Making and Civil Society in Late Imperial China

关文斌 著
张荣明 主译

广西师范大学出版社
·桂林·

亦官亦商：明清时期天津的盐商与社会
YI GUAN YI SHANG: MINGQING SHIQI TIANJIN DE YANSHANG YU SHEHUI

图书在版编目（CIP）数据

亦官亦商 : 明清时期天津的盐商与社会 / 关文斌著 ; 张荣明主译. -- 桂林 : 广西师范大学出版社, 2025. 6. (中国城市史研究系列). -- ISBN 978-7-5598-7731-4

Ⅰ. F426.82

中国国家版本馆 CIP 数据核字第 2025S1W019 号

广西师范大学出版社出版发行

（广西桂林市五里店路 9 号　邮政编码：541004）
　网址：http://www.bbtpress.com
出版人：黄轩庄
全国新华书店经销
广西广大印务有限责任公司印刷
（桂林市临桂区秧塘工业园西城大道北侧广西师范大学出版社集团有限公司创意产业园内　邮政编码：541199）
开本：880 mm × 1 240 mm　1/32
印张：11.125　　　　字数：284 千
2025 年 6 月第 1 版　　2025 年 6 月第 1 次印刷
定价：88.00 元

如发现印装质量问题，影响阅读，请与出版社发行部门联系调换。

《天津府龙亭重修碑记》拓本。天津万寿龙亭位于城内东北角,以便地方官员望阙叩头"拜牌"行礼。建于雍正八年(1730),嘉庆二十四年(1819)重修。光绪三年(1877)由李鸿章等领衔重修。据碑文记载,大部分资金来自长芦盐商

重修天津府龍亭碑記
天津為京師東鎮海禁既弛中外輻輳錯處尤眾然而閭首京師莫不懍息警懾於
聖天子之威靈有越志焉必有所覩感震動其耳目睫眩於中國之大
朝廷之尊人臣有赦有君上義如是嚴禮如是肅俾夫畏敬之心有油油然生於不自已者也天下行省分布敬遠守土之吏不得時
諸京師而朝正祝嘏之典至重於一郡一邑亦得率屬擇地將事焉此天下之通義所以生人畏敬之心為至大且遠匪直循典禮已也天津
萬壽宮之設下至王
命為長蘆鹽運使按推前巡撫史臣
大學士一等肅毅伯總督鹽政臣李鴻章復謀之於同官僉請非昔而新之不可總督自銳意捐俸為之倡地方官吏從而繼之皆得引為故事請就
朝廷頌歌亥作
萬壽聖節百至
聖天子咸憶之所至
大清光緒三年歲次丁丑孟冬二品頂戴長蘆鹽運使司鹽運使臣如山恭撰並書

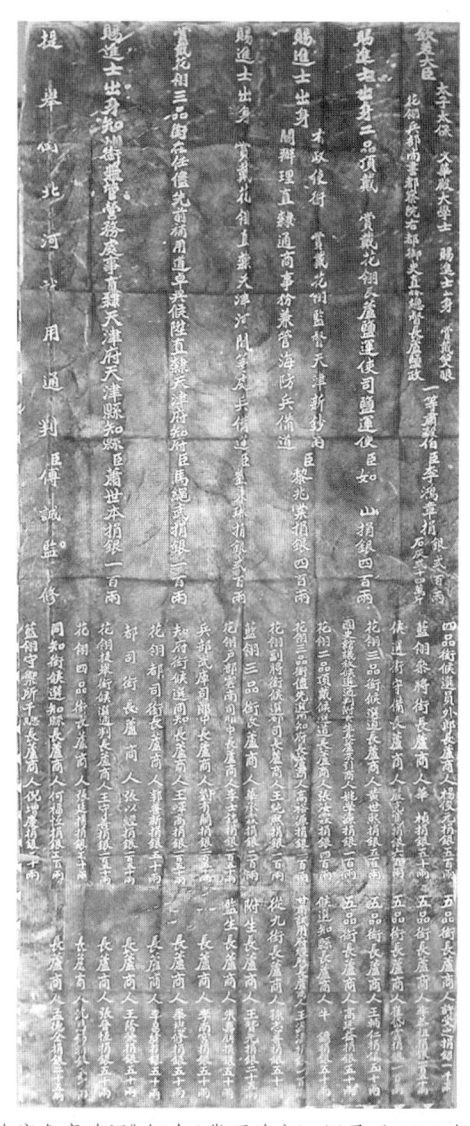

《重修天津府龙亭碑记》拓本(背面碑文),记录了1877年龙亭重修时的捐资者,其中大部分为长芦盐商

立續租引地合同租商富有元本名李世繼，茲因晉懋源原有証道認辦武強縣引地除提繳減停淨行銷額引一千二百八十二道句前清同治七年起租與富有元承辦課運懇久續租遞至民國六年三月底限滿令憑中說合情願自民國六年四月初一日為始續租與富有元名下辦理課運其租辦年限及押現各租儤俱一切章程同中議定開列於後立此合同議單一樣二紙各執存據

什季堂李氏以"富有元"引名續租武強引岸的合同

长芦盐运使训令第五九号

令武强商人富有元

案照该商续租晋懋源武强引岸一案前经本使核准加结转详盐务署立案在案兹奉令开详悉商人富有元续租晋懋源武强县引岸十年交李少舫代办既据该运使核与例案相符应准立案结存此令等因奉此合亟令行该商知照此令

长芦盐运使关于"富有元"续租武强引岸之事的训令

目 录

导　言　*1*

第一章　天津城　*15*
　　天津之军事驻屯　*17*
　　天津与漕运　*18*
　　天津与运河贸易　*25*
　　水文与水灾　*28*
　　1644年之前的屯垦　*30*
　　1644—1911：治水与垦田　*34*
　　天津人　*43*

第二章　盐榷　*46*
　　清代的盐务管理　*49*
　　长芦盐区的运作　*54*
　　盛清的休养生息　*57*
　　繁荣的代价　*62*

国家财政需求的增长　67

　　走私、贿赂与利润　70

第三章　家族与情、理、法　76

　　家族经济　83

　　家　长　85

　　家族的投资　88

　　矛盾与冲突　96

　　家族商务的风险　104

　　分家与国家　106

　　分家的遗产　111

第四章　网络文化　114

　　社会网络政治与文化　120

　　张氏家族　131

　　安氏家族　137

　　查氏家族　142

　　游园、诗社和书画的世界　157

第五章　社　会　161

　　骄奢的生活方式　163

　　公益和慈善事业　170

　　水　会　172

　　盐商与太平天国运动　175

　　地方教育　182

第六章　变革的时代　189

　　盐业的发展　191

投资工业 **194**
　　资金短缺和商务公所 **198**
　　天津商会的成立 **203**
　　天津商务总会的活动 **206**
　　铜元危机 **210**
　　1908年银色风潮与洋货进口危机 **214**
　　严家与橡胶股票风潮 **217**

第七章　多变的政治 **221**
　　盐商的策略 **223**
　　1905年抵制美货运动 **224**
　　地方自治与商人 **226**
　　与政府冲突的加剧 **231**
　　君主立宪运动 **237**
　　敌人和朋友 **241**
　　有组织的对抗 **244**

第八章　危　机 **247**
　　借　款 **251**
　　灾　难 **255**
　　解　决 **262**
　　结　局 **274**

结　论 **279**

附录一（A）　接受长芦盐商养廉银和其他津贴的政府官员清单
　　286

附录一（B） 各地官员收取盐商的年度规费（1911年） *288*

附录一（C） 五月份某盐子店收入和开支情况 *294*

附录一（D） 长芦盐税年表 *296*

附录二 清代长芦盐商部分捐输 *304*

附录三（A） 地方教育 *309*

附录三（B）城市的公益与慈善事业 *317*

附录四 *332*

    表1 长芦盐商部分贷款清单 *332*

    表2 十名破产盐商及债务情况 *333*

    表3 欠各银行贷款本息情况 *334*

    地图1 黄河的变迁 *335*

    地图2 天津及其郊区 *336*

    地图3（1） 长芦盐区 *337*

    地图3（2） 长芦盐价区 *338*

    地图4 天津城街区 *339*

修订版跋 *340*

译后记 *342*

导　言

一九一一年六月一日午后，百余名行商、善堂绅士、村正均着大帽，奔波于天津各个衙门之间。在绅商们的坚持下，北洋大臣兼直隶总督陈夔龙不得不屈尊接见，恭听代表们力陈因长芦盐商拖欠外国银行贷款、清廷介入而酿成的风潮。绅商们一再恳请总督立即开释长芦纲总、天津商会总理、企业家、书法家、慈善家王贤宾——他被视为天津"必不可少"之人，以及其他被牵连抄家的"累商"。①

当然，在王朝政权统治下抄家并不罕见，而享有专卖特权的盐商更是一个备受非议的群体：

> 捐职充商纲总当，一时奢丽众称扬。

---

① 《大公报》1911年7月10日，1911年7月28日。关于因积欠债务不能清偿而被宣布破产的"累商"名单，参见《长芦盐运使司档》，北京：中国第一历史档案馆，173.459，173.491，173.493，173.500，173.571。

吾津富贵无三辈,净洗双眸看后场。①

他们一方面不择手段地聚敛财富,另一方面又侵蚀着整个官僚体制,供养一大批贪官污吏。得之既易,挥霍亦不吝惜。饱食终日,附庸风雅,恒为士类所不齿;夸豪竞富,钻营射利,尤招物议。② 在一个讲求公正廉明的政体的统治下,盐商自然难逃法网。③ 无论身陷囹圄,抑或家业凋零,盐商都是咎由自取,罪有应得。可是,沿用对盐商的传统态度并不能圆满地解释王贤宾及其他"累商"的遭遇,正如《大公报》当日所记载的:"各界绅商,颇具热心,较之同舟其互相倾轧者,大有霄壤之别。"

这个变化有着深刻的历史背景。从宋代起,天津从穷乡僻壤逐渐演变为行政中心:县、府、省各级衙门所在地,长芦盐运使、海关道、直隶总督驻节地。但是,这些国家机构的存在并不意味着国家权力能完全控制天津并渗透到基层社会。国家一方面要从经济活动中得到税收,另一方面又得控制社会,才能维系其政权。清入主中原,可以于马上得天下,然而不能在马上治之。清朝建国的洪业,与它采取的财政制度有密切关系。跟十七世纪的欧洲诸国不同,清廷并没有将盐务改归官办,而是有所选择地继承了明代的官

---

① 周楚良:《津门竹枝词》,收入郝富森编:《津门闻见录》,未刊稿。
② 有关盐商及商业资本的开创性研究,见何炳棣:《扬州盐商:十八世纪中国商业资本的研究》,《哈佛亚洲研究》1954年第17期。
③ 墨子刻(T. A. Metzger):《中国官僚体制的内部组织》,剑桥:哈佛大学出版社,1973年;又氏文:《清政府组织能力与两淮盐榷》,收入韦莫等编:《中国社会经济组织》,斯坦福:斯坦福大学出版社,1976年;白吉尔:《中国资产阶级的黄金时代(1911—1937)》,剑桥:剑桥大学出版社,1989年。

商专卖制,一方面解决了部分饷源,另一方面在利诱之下,吸引了一批富民对新政权的支持。这一政策对天津产生了深远的影响。① 天津的商民在支持清政权的同时,一定程度上也对天津的社会、经济、文化产生了相当大的影响,并逐渐参与地方事务,其中盐商的表现尤为显著。他们逐步演变为绅商,影响力甚至超越科举出身的士绅、在籍官僚。在太平军北伐兵临津沽、帝国主义侵略中华的巨变中,这些绅商扮演过重要角色。义和团运动以后,他们投身于地方教育,资助了地方自治、选举等种种"新政"。② 本书主要部分就是力求再现他们的历史和故事。

另外,本书还探讨了国家政权、官僚体制与地方社会经济的相互作用。有关的理论著述,多以欧洲经验为准则,这些社会科学家恒将一个高度中央集权的政府和相应的官僚体系作为现代国家的指标。③ 自十五世纪开始,欧洲诸国君主陆续将兵权收归己有,而榨取经济资源的权力机构,在十九世纪初形成。此时,包商或中介人的历史任务已经完成,包税制也被视为一种不合理的制度,与一个强有力的现代国家不能兼容。④

在这个标准化的政治社会发展模式指引下,城市和市民的地位亦有较大变化。一方面,曾经享有高度自治权的都市居民,交出了他们的自主权来换取代议政制;另一方面,商业和产业革命也把

---

① 魏斐德:《洪业:清朝开国史》,伯克利:加州大学出版社,1985年。
② 任达:《新政革命与日本:中国,1898—1912》,剑桥:哈佛大学出版社,1993年;侯宜杰:《二十世纪初中国政治改革风潮——清末立宪运动史》,北京:人民出版社,1993年。
③ 蒂利(Charles Tilly):《西欧国家的形成》,普林斯顿:普林斯顿大学出版社,1975年。
④ 韦伯(Max Weber):《经济与社会》三卷本,纽约:贝德明斯特出版社,1968年。

经商逐利变成文明的表征,"事事讲求理法,不以执着私利为准则",一个"彬彬有礼"的市民阶级由此兴起。① 霍布斯(Thomas Hobbes,1588—1679)、洛克(John Locke,1632—1704),以及后来的曼德维尔(Bernard Mandeville, 1670—1733)、斯密(Adam Smith, 1723—1790)更进一步提倡无限制地追求私利,主张通过竞争得到并充分使用资源,从而达到生产最优化,为经济发展和社会稳定提供一个坚实的基础。② 来自各个社会阶层而不论出身的市民,从家庭和教堂的枷锁中彻底解脱出来,在咖啡馆、旅社、沙龙像朋友一样聚首。通过平等的讨论和争辩,他们学会客观、宽容、超然、尊重集体意志,形成民意。这种理性的讨论奠定了市民社会的基础,对抗并限制绝对君主的政治权力。

可是,这种对市民社会的高度评价并没有给黑格尔(Georg W. F. Hegel, 1770—1831)造成深刻的影响,他持一种较为消极的态度,因而让这一概念变得混乱。黑格尔所描述的市民社会不是人类获取自由的社会条件,而是历史创造的。个人生存在家庭与国家之间,对家庭其他成员的道德责任胜过他或她个人的需要;但是,一旦个人走出家庭,通过生产和在市场上交换其劳动产品,竭尽全力地满足私欲,这一道德规范便不复存在。因此黑格尔把市民社会看作私利与私利之间无休止厮杀的战场,是放纵、苦难、道德堕落的深渊。他认为,市民社会必须处于国家的超级智能的管理和控制之下。③

---

① 孟德斯鸠:《法学原理》,烈提顿:罗富门出版社,1992年。
② 马菲士:《美德、贪污与私利》,伯利恒:理海大学出版社,1994年。
③ 黑格尔:《权利之哲学》,牛津:牛津大学出版社,1967年。

这些五花八门的"市民社会"概念,近些年来再度受到重视。一方面,哈贝马斯(J. Habermas)强调自十八世纪以来,英、法、德诸国政治上活跃并受过良好教育的民众是如何通过公共传播媒介、理性的辩论而形成"民意",从而为社会提供一股凝聚力的。另一方面,无论美国自由主义或保守派学者,以至拉丁美洲、东欧的政论家,也都把市民社会跟民主制度画上等号,认为它的发展,既可制衡国家权力,亦可解决公益和私利之间的矛盾。[1]

种种"市民社会"理论尽管各具特色,但实际应用起来,仍不免有共通的问题和矛盾未能解决。国家和官僚政治的角色仍然混淆不清:它既是市民社会的卫士,也是市民社会的对手。在洛克看来,市民社会代表了力图摆脱封建制度和国家控制的中产阶层。非常有趣的是,这些中产阶层还要求国家通过立法——财产法、契约法、雇佣法、继承法,建立一种放任主义的经济政策。为了解决这个矛盾,某些对市民社会的论证强调市民社会与国家之间的非对抗关系。确实,从理论层面看,市民社会可以与国家共同发展,或一同萎缩,而不是相互排斥。[2]

作为一种理想的类型,这一概念也受到了历史的挑战。现代欧洲人对社会与国家的区分并非无中生有,而是取决于历史发展状况,因各自的社会、地理条件而异,从而导致了市民社会传统极

---

[1] 哈贝马斯:《公共领域的衍变》,剑桥:麻省理工大学出版社,1989年;瑟力曼:《公民社会》,纽约:费尔出版社,1992年。
[2] 史勋:《南美洲国家权力与公民社会力量》,见施蔻伯等编:《重新认识国家》,剑桥:剑桥大学出版社,1985年。

为显著的差异。① 甚至在被认为最早出现市民社会自由民主传统的英国,也存在着地区差异。通过对英格兰东北部的达勒姆(Durham)的研究,詹姆士(Mervyn James)发现,作为工业化和卷入全国以至世界市场的结果,这里的旧贵族和以血统为基础的地方绅士为新兴的企业家、专业人士所取代。但这些新兴的地方精英并不足以使达勒姆对国家政策产生影响,或抗拒伦敦中央政府的政策。随着大英帝国的扩张,企业家、富商巨贾、银行家、贵族互相通婚,彼此扶持,构成了一个能左右国会、国家以至殖民地政策的关系网,跟他们的苏格兰同胞所想象的市民社会风马牛不相及。② 在这民主面具后面运作的是门槛极高的会所、俱乐部、非请莫入的客厅。历史上的市民社会并不全是以自由结社、平等、公开为基础的,而是建立在财富、庇荫、同学及同事等关系网之上的。③

林林总总的市民社会理论同样引起了不少争议。姑且勿论英国的例子与历史差距有多大,哈贝马斯本人就反对把他的理论套用到其他类似的历史现象中。④ 援引这些以欧洲经验为准则的理论来解释中国历史也诱发了不少新问题。以盐务为例,与欧洲相比,中国的演变过程恰好颠倒过来,从官运官销开始,逐渐转变成官督商销。虽然两种制度都能为国家提供一个稳定的财源,但是

---

① 高皓等:《公民社会与政治学理论》,剑桥:麻省理工大学出版社,1992年;柯恩(John Keane):《公民社会与国家》,伦敦:沃索出版公司,1988年。
② 詹姆士:《家庭、宗族和市民社会》,牛津:牛津大学出版社,1974年;班纳:《商人与革命》,普林斯顿:普林斯顿大学出版社,1992年。
③ 侯诺(Robert C. Holub):《哈贝马斯——公共领域的评论员》,伦敦:劳特利奇出版社,1991年。
④ 哈贝马斯前揭书,序。

因为欧洲经验认定包税制是一个薄弱政权的特征,所以中国以至其他采取包税制的地方,便被视为"东方"的悖态,或者说违反"常规"。① 也有些历史学家认为中国的商人从来没有自治权。② 受韦伯的影响,中国的城市被认为是行政中心。侨寓的行商会眷恋原籍,告老还乡,这意味着城市商人的市民意识极为浅薄。在国家的严密控制下,他们不会,也不可能利用城市这一空间来争取经济和政治权益。③

另一方面,罗威廉(William T. Rowe)借用哈贝马斯关于市民社会的概念对汉口进行了开创性的研究,他把这座城市描绘为有广阔腹地的都会。他认为,在外国商人到来之前,这里精明老练的商人们就已活跃于许多地方事务中,享受着相当大的政治自主权,并进行着合法的自我管理。这些平民在沉浸于这种非政府的公民氛围之中的同时,还作为一种与强大的国家相对抗的制衡力量(如果不是挑战性的话),为初露端倪的市民社会奠定了基础。④ 冉枚烁(Mary Rankin)对浙江的研究也强调,在中国,国家对社会的控制既不是全面的,也不是必然的。她对市民社会和公民环境氛围做了细致的区分,认为社会活动可分为官方、公共和私人的。从晚明开

---

① 赛思曼:《私有化与十八世纪鄂图曼帝国的政治经济》,《政治经济杂志》1993年,第393—423页;卜卓尔等:《包税制的兴衰》,纽约:圣马丁出版社,1993年。
② 巴勒:《中国文化与官僚制度》,斯坦福:斯坦福大学出版社,1964年。
③ 伯恩斯坦:《天津近世史》,堪萨斯大学博士论文,1988年;唐力行:《商人与中国近世社会》,杭州:浙江人民出版社,1993年;傅筑夫:《中国经济史论丛》,北京:生活·读书·新知三联书店,1980年。
④ 罗威廉:《汉口:一个中国城市的商业和社会(1796—1889)》,斯坦福:斯坦福大学出版社,1984年;又氏文:《公共领域与中国》,《近代中国》1990年;罗威廉:《汉口:一个中国城市的冲突和社区(1796—1895)》,北京:中国人民大学出版社,2016年。

始,地方公共事务有越来越多的非官方士绅参与(也有商人参与,但以科举出身的士绅为主)。到十九世纪末,市民社会终于在中国出现。①

这些论点引发了热烈的讨论。仅就与国家政权抗衡的职能而论,余英时强调知识分子的作用。他认为市民社会没有,也不需要经济基础。一箪食、一瓢饮的知识分子,无论在朝为官,抑或在野为民,都以天下为己任。② 也有一些历史学家认为,囿于组织能力和资源限制,国家政权并不能直接控制地方社会,实际掌管地方事务的是在籍官僚、有功名的士人,以及这些士绅领导的宗族,他们根据相对力量、地区的差异,构成各式各样的"体制外治权"。③ 有些史学家则追溯自宋代以来地方公益事业的产生,对近代绅士由体制外演变成"体制内"治权是否反映了一场深刻而重大的社会变化表示质疑。把既成事实变成合法机构,充其量只是传统内的变化,并没有突破传统的范畴。④ 还有一些史学家则指出中国缺乏市民社会的经济基础。十九世纪的中国,工业企业还极为薄弱,商人和商业资本仍占主导地位,它的蓬勃发展和二重性,意味着中国社会与一般社会经济的发展成反比。⑤ 总而言之,无论作为一个概念

---

① 冉枚烁:《精英活动与政治变迁》,斯坦福:斯坦福大学出版社,1986年。
② 余英时:《中国近世宗教伦理与商人精神》,台北:联经出版事业股份有限公司,1987年。
③ 周锡瑞、冉枚烁:《地方精英与治理模式》,伯克利:加州大学出版社,1990年。
④ 魏斐德:《公民社会和公共领域的讨论》,《近代中国》1993年;贺跃夫:《晚清士绅与近代社会变迁——兼与日本士族比较》,广州:广东人民出版社,1994年。
⑤ 傅筑夫:《中国经济史论丛 续集》,北京:人民出版社,1988年。

或史论,"市民社会"都有许多可以商榷的问题。①

本书将以天津为例,对明清市民活动的社会和经济基础作进一步探讨,从史实出发,尽量避免套用某些理想化模型来解释或预测中国历史的发展方向。国家与社会并不像理论构思中那样势如水火,而是在不同范畴、层次中同时互相影响、渗透,既有合作,也有排斥。地方精英领导下的种种社会服务事业,一方面有助于稳定国家政权,另一方面也助长了他们的财势和人际关系。国家与地方微妙的均衡,由于商人参与而更趋复杂。特别是天津的长芦盐商,既拥有官盐专卖权,与王朝政府有着千丝万缕的关系,又在种种社会活动中扮演着活跃的角色。他们能否为士流所接受,则是另外一回事。因此,为了全面考察商人的社会环境,需要考察这一社会环境的形成过程、经济基础,以及其中个别成员的生态和经营方式。

本书的研究取向,也有助于我们重新评估国家和社会怎样在不同的层次中互相影响。所谓"国家"并非铁板一块,"社会"也不是完全齐一的。清廷、中央以至地方官僚系统,都有不同的利害关系,都各尽所能攫取最大的权力。这错综复杂的环境给各色地方势力,上至士绅、商绅,下至袍带混混,提供了存在和角逐的空间。在国家体制以外,这些急公好义的地方精英孕育了饶有特色的市

---

① 国内关于"市民社会""民间社会"和"公共领域"的研究,自从邓正来、夏维中、石元康、王绍光诸先生的讨论以来,已取得丰硕成果。理论方面有"第三领域""比较文化"突破,亦有许多个案,以史带论,如阻力论,雏形说、"商会派",等等。详见朱士群:《中国市民社会研究评述》,《社会学研究》1995年第6期;霍新宾:《近代中国市民社会问题研究述评》,《社会科学动态》2000年第4期;张祖桦:《关于公民社会问题研究的综述》,《当代中国研究》2002年第4期等。

民文化和作为"卫嘴子"的自豪感(如果不是市民意识的话),帮助天津渡过了近代史上一次又一次难关。长芦盐商和他们的买卖也混淆了明清时期的公私经济。盐作为日常必需品之一,无疑能提供一种稳定的财政收入,因此历朝历代都将盐权之权牢牢地控制在手,若盐商不上税,即以贩私盐论处。清承明制,虽有损益,但还是以保障财政稳定和民食为宗旨,将专卖权授予世袭的包商包额认办。但是这种将国家部分业务和职能私有化的措施引起了极大争议。盐商挟势横行,掺土使水,偷斤减称,是为末端;为牟取暴利而公行贿赂,也导致了种种腐败政治现象。无怪乎蒲松龄尖锐地指出:"朝廷之谓私,乃不从乎公者也。官与商之所谓私,乃不从其私者也。"①换言之,"官"与"私"实际上并不是一成不变的概念,而是随着权势与财力转移而变化的。通过对盐商的分析,我们也可以探讨商业资本的二重性对明清社会变迁所起的作用。

我们将首先从宏观上考察天津城市化的背景,详细探讨天津城在十六世纪前如何从一个军事据点发展为沿海要塞。从十六世纪开始,天津逐渐发展为中国北部的一个主要商业都会,其腹地范围远远超出河北平原。在这一过程中,历代发展农业、沿海和大运河贸易政策的变更,既促进又限制了天津城市经济的成长。

国家对经济活动的微妙作用也反映在长芦盐的销售方面。第二章将探讨长芦盐政的运作——盐既是国家财政的一部分,又是私人的买卖;既为国家保证了税收,又让国家不须投入大量人力物力。翻开历朝会典、盐法志、户部则例,以及明清律例等官书,所见

---

① 蒲松龄:《聊斋志异》,济南:齐鲁书社,1981年,第4册,第2304页。

盐榷法网不可谓不严,但文献中亦可见到大量赏借、捐输、帑利等"盘剥"盐商的记载。① 然而,商人亦通过陋规、节敬、报效等手段,得到中央以至地方官吏的默许和认可,得以放手追求额外利润。贪污无疑应受到批评,而换一个角度看,这也可以视为政治、社会、经济领域间的博弈。②

盐商的私家经济和他们的许多民事诉讼,同样也带着国家、社会、经济间种种矛盾的烙印。③ 第三章将讨论盐商家族的运作、兴衰怎样受社会和法律的影响。尽管他们的"家事"属于私人范畴,但无论是父系家长制还是个人私有财产制,都受到国家法律的认可和保障。可是当两种制度有所抵触时,问题又如何处理? 在缺乏系统商业成文法的情况下,商业纠纷又如何解决? 当地方商务、民事、习惯与律例发生矛盾时,地方官又如何处理? 在儒家"男主外,女主内"观念的影响下,盐商的遗孀享有国家法律所赋予的权利,她们又如何在这以男性为主的行业中存活?④ 五四运动以来对

---

① 韦庆远:《档房论史文编》,福州:福建人民出版社,1984年;林永匡:《乾隆帝与官吏对盐商额外盘剥剖析》,《社会科学辑刊》1984年第3期;刘秋根:《论清代前期高利贷资本的活动形式》,《中国经济史研究》1995年第1期;江晓成:《清乾嘉两朝盐商捐输数额新考》,《中国经济史研究》2021年第4期。

② 塞缪尔·亨廷顿(Samuel P. Huntington):《变化社会中的政治秩序》,纽黑文:耶鲁大学出版社,1968年。有关长芦盐务研究的综述,见张毅:《明清天津盐业研究(1368—1840)》,天津:天津古籍出版社,2012年;刘洪升:《20世纪80年代以来长芦盐业史研究综述》,《盐业史研究》2012年第3期;夏秀丽:《长芦盐业研究综述》,《历史档案》2013年第4期;杨泽宇:《清代长芦盐业史研究评述》,《盐城工学院学报(社会科学版)》2022年第3期。

③ 有关这方面的研究,见黄宗智等:《清代和民国的民事法》,斯坦福:斯坦福大学出版社,1994年;黄宗智:《中国民事司法》,斯坦福:斯坦福大学出版社,1996年。

④ 石绵:《中华帝国晚期徽州妇女与徽州商人的兴起》(未刊稿),1995年。

传统同居共财"大家族"制度的口诛笔伐,有没有历史和法律的依据?

第四章将通过对遂闲堂张氏、沽水草堂安氏和水西庄查氏这三家十八、十九世纪长芦巨富兴衰的描述,对天津的"盐商文化"进行剖析。时人、士流以至史学家,多对盐商们的附庸风雅不以为然,认为这导致了中国资本主义的不发展。[1] 至于他们结交官府、钻营权贵的政治文化,更为清流所诟病。盐商们的豪奢、追逐声色自然被卫道士们视为离经叛道;纵使这些商人日日与诗酒为伍,以书画为邻,真正的文人雅士仍不屑与这些满身铜臭的市井之徒比肩。可是,作为天津城市文化重要的一环,这些盐商的所作所为与传统文化的关系,以及其社会、政治功能,尚有待探讨。

第五章将分析盐商自十七世纪以来是如何参与种种地方公益事务的。无论侨寓、寄籍或入籍天津,长芦盐商通过通婚、世交、乡谊形成日益深广的地方关系网络,逐渐孕育、发展了他们的共同利益和归属感。津门既无所谓"土著",盐商便依靠他们的财力、物力和人力,在地方官和盐运使的鼓励下,创设水会、粥厂,修桥、筑路,从事种种有益桑梓的事业。盐商的社会服务传统,当然也可被讥为沽名钓誉的公关行为,但这些"天津八大家"的成员和他们的亲朋戚友,如"粮店后街李善人"家、"元昌店"严家、"益德"王家等所组成的关系网,在清政权受到太平军冲击和历次帝国主义侵略的时候,帮助天津渡过了这些难关。[2] 这些商绅的影响力甚至超过以正途功名出身的士绅。在"庚子"以后,他们大力发展天津的民办

---

[1] 白吉尔前揭书。
[2] 一说为十大家,见辛成章:《天津"八大家"》,《天津文史资料选辑》第20辑,1982年。

教育,建立学堂,引进新学以至女子教育、职业学校。

商绅的兴起,亦有赖于晚清推行的"新政"和民族主义的推波助澜。第六、七两章将分析这一发展过程。在"商战"思潮影响下,天津的商人,包括部分盐商中的积极分子,开始投资于现代化的工业企业。另一方面,清廷也希望通过变法自强,挽救其岌岌可危的政权。在袁世凯的推动下,清廷采纳了留日学生所倡议的地方自治方案,将其作为立宪的基础。① 盐商和其他商人,在这些地方选举中取得了不少席位。天津商会在王贤宾等人的领导下,更成为一个跨行会、跨行业,代表整个天津商界利益的组织。尽管有些史学家认为这些地方组织不过是温顺的改良主义,甚至是地方政府的一部分,但是他们的活动很快就超出官方认可的范围,不但对市政提出意见,更就牙帖、税捐等收入和支出与政府和地方官相颉颃。②

王贤宾等人被抄家,也是这个国家与社会矛盾激化过程的一部分。第八章将详细分析他们所遭遇的这次盐务风潮。较诸1908年由王贤宾和商会协助解决、涉及1400万两银的洋货风潮,此次累

---

① 谭臣(Roger Thompson):《立宪运动与地方议会,1898—1911》,剑桥:哈佛大学出版社,1995年。
② 麦金农(Stephen Mackinnon):《中华帝国晚期的权力与政治:袁世凯在北京与天津1901—1908》,伯克利:加州大学出版社,1980年。有关晚清商人的自治,绅商的社会地位,商会社会、政治作用的研究,见朱英:《清末商会研究述评》,《史学月刊》1984年第2期;徐鼎新:《中国商会研究综述》,《历史研究》1986年第6期;虞和平:《商会与中国早期现代化》,上海:上海人民出版社,1993年;张晓波:《二十世纪初年商人活动:天津商会研究》,哥伦比亚大学博士论文,1995年;章开沅、马敏、朱英主编:《中国近代史上的官绅商学》,武汉:湖北人民出版社,2000年;朱英:《近代中国商会、行会及商团新论》,北京:中国人民大学出版社,2008年。

商积欠洋债700万两银,并非绝无回转余地。正当盐商努力提出种种解决方案时,盐政大臣载泽的介入,把本来发生在私人与外国银行之间的债务纠纷复杂化。尽管所谓"新政"中有以保护商人为主旨的商人法和破产法,但清廷还是以取信洋人、保卫国家主权为借口,宣布累商破产。他们拥有或认办的长芦六十一县引地被收归国有,以抵偿大清银行代还洋款之资。三个月后,当武昌起义令清廷财政陷入危机,盐运使拿着谕帖向幸存的盐商筹借巨款时,一向"急公好义"的盐商也开始袖手旁观了。

第一章 天津城

就中国而言,天津是一座相当年轻的城市。当郑州及其他青铜时代的城市最初在华北平原出现的时候,现今天津一带还处于成陆过程中。土壤研究结果表明,这一地区曾屡经海浸,最后一次是在公元前47年。考古研究表明,此后这片陆地历经数百年才恢复过来。历史上黄河几次改道在天津附近入渤海湾,对这一地区的开发不无影响(参见附录四地图1)。① 到北宋王朝时期(960—1126),黄河、永定河及其他河流的沉积过程造成的低洼沼泽地,形成了防御游牧民族进犯的天然屏障。海河,那时被称为"界河",构成了北宋与契丹边界的一部分,西岸布满了驻守军队的营寨。其中的两座营寨——小南河和泥沽寨,其名称在十七世纪的地图上仍可见到——被认为是天津最早的定居点(参见附录四地图1)。

---

① 谭其骧:《西汉以前的黄河下游河道》,《历史地理研究》1981年第1期。直到1081年以后,黄河才一直在天津以南入海。

至于哪一处是最早的定居点,追究这一问题似乎并无实际意义,因为在天津地区已经发现新石器时代和战国时期(前475—前221)的遗物。① 问题是,天津怎样从1316年改直沽为海津镇时的七姓居民聚居地发展为十九世纪华北的经贸中心——一个拥有超过10万人口的城市? 国家在这一过程中起了什么作用?

当然,从韦伯的观点来看,天津可能不算一座城市,至少它跟"西方"的城市不一样。无论是寨是城,它的军事防御功能都是毋庸置疑的。县、府、道以至晚清的北洋大臣兼直隶总督等衙门林立,意味着它担负着许多国家行政职能,市民并没有多少发言权。大量的侨寓、行商等流动人口,对发展土生土长的市民意识没有多大帮助。

本书不同意韦伯和受他影响的论点。在这一章里,我们将分析天津的军事、漕运和国家行政职能对天津城市化的贡献。以贸易为主要生计的天津市民,开拓了一个远远超越天津行政范围的经济腹地。许多流寓、行商受天津繁华吸引落籍天津,与故乡关系日疏,以天津为家,亦以天津为傲。

---

① 天津历史考古方面的情况,参阅天津市文物管理处:《天津市北郊和宝坻县发现石器》,《考古》1976年第4期;韩嘉谷:《天津地区成陆过程试探》,收入《中国考古学会第一次年会论文集(1979)》,北京:文物出版社,1980年;陈可畏:《论西汉后期的一次大地震与渤海西岸地貌的变迁》,《考古》1979年第2期;张树明主编:《天津土地开发历史图说》,天津:天津人民出版社,1998年。

天津之军事驻屯

"天津",由明代燕王朱棣命名。1400年靖难之役中他率军经过此地。四年之后,这位新皇帝设置了一个新的卫所——天津卫,以纪念他的龙兴和这块吉祥之地。① 另一个卫所——天津左卫于1405年设立。翌年,旧青州左卫改为天津右卫。② 1404年开始修筑的天津城带来了名义上的16 800名驻军。对于1316年建立、最初只有七户人家的海津镇而言,这是一次巨大的飞跃。③ 由于倭寇和中国海盗对沿海地区的骚扰威胁,这里又增加了驻军。

犹如海盗时隐时现一样,这里的驻军也时多时少。由于明朝处于和平时期,皇帝于1415年颁布诏令,天津的戍卒必须轮番到北京服劳役,协助各种工程。当这些世代相袭的士卒没有差事的时候,他们被派到沧州和南皮屯田。天津城仅留下763名守卒。④ 和平也使人们放松了戒备。1404年用夯土修筑的不高的城墙很快就失修了,当李东阳(1447—1516)夜道天津时,这里已是"土城颓圮,兵士传递者越堞而行,若履平地"。1491—1497年间,刘福修复了

---

① 关于天津之得名,参阅李东阳:《修造卫城旧记》,《天津卫志》,1982年重印,卷4,第10页;王舜章:《重修三官庙碑》,1550年。关于天津发祥地和取名的讨论,还可参阅卞僧慧:《直沽寨和信安》,《天津史研究》1986年第1期。
② 《明实录·太祖》卷36,第5页。
③ 《明实录·太祖》卷61,第1页。关于天津卫的组织体制,参见《明史》卷90,北京:中华书局,1974年。名义上,每个"卫"定员5600人。
④ 邰相等修:《河间府志》卷11,上海:上海古籍书店,1964年影印本,第7页。

城墙。1586年王来银又组织整修了一次。1622年,毕自严被任命为天津巡抚,见到的天津"仅如斗大,且多洼下",至于城墙更是"低薄且多倾圮,其濠湮没仅存形迹"。①

对于天津城的发展更为不利的是,作为一个卫所,天津没有行政辖区。按照皇帝的敕书,天津的军事指挥官只监督这里的军务,而税收和行政不是他的职责。兵营不能驻扎到河的对岸,因为那里的土地归武清管辖。虽然毕自严的继任者李邦华力求振作,但"津门一镇,庙堂之上,颇似若有若无",作为一方巡抚,他有如"新妇入门,举目无亲",治下更是"兵无营房,凑集成市,民苦兵扰,时怀杌陧"。② 总之,有明一代,天津的军事起源和功能对它的城市化贡献似是有限的。

天津与漕运

尽管北京的战略地位是不断变化的,然而,由皇帝、皇族、官僚及禁军组成的中央政府的粮食需求是固定存在的。先后定都于北京的女真族、蒙古族、汉族和满族统治者都采取了从南方各省漕运粮食的办法,来解决这一问题。无论如何,作为一个城市,天津的发展与漕粮体系密不可分。

---

① 有关李东阳,见《天津卫志》卷1,第1页;卷4,第10页。还可参见毕自严:《抚津疏草》卷1,第56页。关于毕氏生平,参见《明史》卷256,第6609—6611页。直到1907年,天津城的西南角仍旧是个污水坑,参见《大公报》1907年10月12日。
② 《李忠肃公集》卷4;毕自严前揭书,卷2。李氏传记见《明史》卷256,第6841—6846页。

在蒙古人统治时期,甚至在大运河贯通之后,漕粮仍然以海运为主。这是一个代价极高的制度:运送一石漕粮要耗费几石粮食。曾任漕运总督的张瀚(1510—1593),把这"天庾正供"的体系称为"天堑"。① 然而,尽管有关官员和水手们都谈海色变,但是面对首都如此众多的人口需要,政府实在别无良策。请看:

杂沓东入海,归来几人在?
…………
去年吴人赴燕蓟,北风吹人浪如砥。
一时输粟得官归,杀马椎牛宴阃里。
今年吴儿求高迁,复祷天妃上海船。
北风吹儿堕黑水,始知溟渤皆墓田。
劝君陆行莫忘莱州道,水行莫忘沙门岛。②

位于海河两岸、三岔口——南北大运河交汇处——下游的大直沽,成为一个重要的漕运中转站(见附录四地图2)。这里建起了粮仓,以储存用沙船运来的等待转运北京的粮食。每年漕运的数量,由1283年的46 050石,陆续增长到300万石以上。为适应漕运的需要,元朝1290年将临清万户府迁至天津,以护卫运粮船队,还设立了管理机构监督漕运。装卸这些漕粮需要数千名民夫。

漕粮体系不仅使直沽有异于华北其他的聚落,而且缩短了北

---

① 《明史》卷223,第5881—5882页。张瀚:《松窗梦语》卷8,北京:中华书局,1985年,第158页。
② 臧梦解撰:《直沽谣》,收入郑士蕙修纂:《重辑静海县志》卷8,第30页。

方与南方的距离,至少对沿海的省份是如此。在天津的佳酿——直沽干酒赢得美誉之前,陈年佳酿就已从远方的浙江东阳贩运而来。尽管由南方运来的货物种类和数量不详,但张翥在他的《蜕庵集》中描述了漕船到来之后的热闹景象:"一日粮船到直沽,吴罐越布满街衢。"北上的船只使得大运河的交通变得壅塞。1319年,元朝政府开始关注连接北京和直沽的大运河的状况。"漕运粮储及南来诸物,商贾舟楫,皆由直沽达通惠河。今岸崩泥浅,不早疏浚,有碍舟行,必致物价翔涌。"的确,蒙古统治者变得极为依赖这一漕运体系,来自南方的物资供应的中断,被认为是对元朝致命的一击。[1]

明王朝建立以后,天津的发展出现了新的契机。除了经天津向东北运送军粮,明太祖(1368—1398在位)刻意保持农民的淳朴,同时也为了报复那些支持张士诚跟他争天下的海商,下诏禁止海上私人活动——"片板不得下海"。海运贸易因而中断了。1411年,在完成了大运河自济宁至临清段的修复工程后,宋礼向皇帝建议,至少将部分漕运转移到运河上来。海上漕运被认为太危险,代价高,效益差。建造一艘海船的成本,可以修造20条河船,其总运载量是1条海船的四倍。[2]

尽管永乐皇帝支持郑和南下西洋,但在处理海上漕运问题上他比宋礼走得更远。从1415年开始,经由海上的漕运全部停止,位

---

[1] 《元史》,北京:中华书局,1976年,卷64,第1598页;沈德符:《万历野获编》,北京:中华书局,1959年,第1册,第323页。
[2] 明初对东北的供需后勤,见《明史》卷79,第1916页。海禁的情况,参见吴缉华:《明代海运及运河的研究》,台北:"中研院"历史语言研究所,1997年。

于天津城和大运河东南的大直沽受到沉重打击。运送漕粮的船只不再驶入海河,这里的天后宫与后来兴建的西宫相比黯然失色,因为西宫坐落在天津城与大运河之间。这里修建了约208座存储漕粮的粮仓,后来城北又增建了1400余座。最后,城内还修建了3座粮仓。① 小直沽很快成为天津的繁华城区,这里集中了许多店铺和庙宇。海上船只的贸易也受到严重影响。确实,海上的航路很快就被人们遗忘了。南来的海船可以北抵交州。天津的船只,北可达永平,南可至山东海仓。但交州和海仓之间的交通往来并不太多。②

  清初的海禁同样抑制了沿海贸易。为了对付南明,清政府强制实施了一系列海禁政策。第一次发布禁令是在1655年,以防范郑成功的突袭。沿海的居民内迁了30里,渔民连留下一片渔网也会被看作谋反的证据。曾经有2名天津的船户在禁令颁布之前获准出海,装载了一船草药前往山东。未料中途遇上风暴,船在扬州搁浅。船修好之后,回航已失风时。于是,他们在南方过冬,次年回到天津,带回1船象牙、150担(1担=50千克)藤制品、150担烟草、40担苏木、50担胡椒、10担土粉。船上随行的还有徽州、浙江、山西、河南、陕西的商人。然而,这些人货立即引起了清政府的怀

---

① 《天津卫志》卷1,第3页。
② 尔后主张海运的人们不得不寻求新航路,参见全祖望:《鲒埼亭集》,《四部丛刊》本,第45页;《明史》卷225,第5915页;顾炎武:《天下郡国利病书》,《四部丛刊》本,卷16,第84页。

疑,他们随即被以奸谍罪逮捕判刑。①

　　1684年,随着清政府收复台湾,国内贸易迅猛发展。在这种环境下,继续禁止海上航行显得不合情理。山东地区四年前就解除了海禁,但海船的吨位仍受到限制。② 二十年以后,在对张元龙的指控状中,张伯行把这个海商描绘为通海罪人,坐拥厚资,结纳豪贵,其野心是拥有一支100艘海船的船队。如果他对官员们的贿赂行为没有被"天下第一清官"发现的话,③这个商人或许会成功的。其他商人们在经营中较为谨慎,他们一般拥有40—50条船。以天津为母港的贸易海船,乾隆年间有200—300条,或接载客货,或受雇于政府,每年穿梭奉天、锦州各地二至三次,运载木植、常平

---

① 《明清史料》第4辑,第302—303、337—338页。禁令最初于1656年8月6日实施,参见《清实录·顺治朝》卷102。关于此项政策的进一步研究,见朱德兰:《清初迁界令时中国船海上贸易之研究》,收入《中国海洋发展史》第2辑,台北:"中研院"人文社会科学研究中心,1986年,第105—106页。

② 山东及其沿海民船贸易禁令的解除,见《清史稿》,北京:中华书局,1977年,卷125,第3765页。外国人到来之前"传统的"沿海贸易的情况,参见费正清:《中国沿海的贸易与外交:通商口岸的开埠(1842—1854)》,斯坦福:斯坦福大学出版社,1953年,第311—313页。明清民间海上贸易的一般情形,参见香坂昌纪:《清代沿海贸易研究》,《文化杂志》1971年第35卷第1—2期;郭松义:《清代国内的海运贸易》,《清史论丛》第4辑,1982年,第92—110页;吴振强(Ng Chin-keong):《贸易与社会:中国沿海厦门的网络组织,1683—1735》,新加坡:新加坡大学出版社,1983年;林仁川:《明末清初私人海上贸易》,上海:华东师范大学出版社,1987年;松蒲章:《清代的沿海贸易》,收入小野和子编:《明清的政治与社会》,京都:京都大学出版社,1984年,第595—650页。

③ 中国第一历史档案馆:《康熙朝汉文朱批奏折汇编》,北京:档案出版社,1984年,张伯行奏折,1714年4月17日;张伯行:《正谊堂文集》卷1,第17—18页,卷2,第4页;又史景迁(Jonathan D. Spence):《曹寅与康熙:一个皇帝宠臣的生涯揭秘》,纽黑文:耶鲁大学出版社,1966年,第240—254页。

仓谷米、豆石等。① 到19世纪早期,至少有9000条船在沿海各个港口间定期航行。② 作为南方和北方货物的中转站,上海至少有3000条不同规格形制的沙船,船业有自己的行会、保险机构和代理机构。来自福建、台湾和广东的货船也活跃于沿海贸易之中,他们不是沿岸而行,而是采取了直航的方式。闽县、莆田、晋江、厦门各地都相继供应品种各异的地方特产,他们的货船穿梭往来于上海、宁波、山东、天津及广东之间,转输各种各样的商品,每年五月抵达天津,一直停留到十月才离去。来自台湾的船只也是如此。③

然而,对天津来说,海禁的解除只是局部的,对东北地区的贸易仍然受到限制。为了保护龙兴之地的财富,奉天的粮食被禁止流入关内。1696年,当不得不从天津向奉天调运粮食赈灾的时候,康熙皇帝却不能肯定这里的船只是否够用。他颁布诏令,鼓励福建的货船到天津从事贸易,以便租用他们的部分船只分担部分运输任务。鉴于地方的安排妥善无误,康熙皇帝随即下令此后的船运业务皆由天津的货船承担。④ 奉天农业得到了发展,而河北、山

---

① 台北故宫博物院档案007060、4030000140、4030000417、403014742、403036917,乾隆年间奏折。
② 到19世纪晚期,沿海贸易帆船总数约有5700条,参见田汝康:《中国帆船贸易与对外关系史论集》,杭州:浙江人民出版社,1987年,第43—44页。这一估计没有包括从北方港口而来的帆船,如天津、牛庄及其他地方。因此,樊百川认为此时的沿海帆船总数接近1万条,贸易总量有1500万吨。参见樊百川:《中国轮船航运业的兴起》,成都:四川人民出版社,1985年,第71—78页。
③ 依据从上海来的帆船数估计则不同。例如,钱泳提出上海和乍浦帆船数之和超过5000条,见钱泳:《履园丛话》,北京:中华书局,1979年,第1册,卷4,第108页;松浦章:《清代福建的海上贸易》,《东洋史研究》1988年第47卷第3期。台湾船只贸易的情况,见姚莹:《东溟文后集》卷12,1867年,第14页。
④ 《清实录·康熙朝》1696年3月8日、1697年1月11日条。

东、河南等地不断出现的灾荒迫使清政府临时性地中止了早先的禁令。直到1763年,禁令才最后解除。不过,每逢奉天收成不佳的年份,清政府便又重新实施禁令。由于政令多变,解释不一,渤海湾地区天津、山东、奉天之间的海上交通时断时通,时常使数以千计的水手失业。①

与此相反,天津与南方的贸易取得较大发展。到清中叶,虽然以天津为母港的船只——"卫船"规模较小,船桅也不很坚牢,但人们还是冒险绕过山东到上海。"海户"或"养船"成了极为有利可图、令人羡慕的大买卖,从事这行业的高家和韩家便曾跻身"天津八大家"之列。②

到清中叶,尽管海上贸易的发展一波三折,但是通过沿海城市的网络体系,海上运输贸易往来遍及中国沿海的所有省份。在北方,天津、牛庄、登州三个口岸形成了三角形的渤海湾贸易圈。利用作为北京及华北口岸的有利地理位置,天津还接待了来自上海、

---

① 官方的政策曾经屡次发生变化。1694年,康熙皇帝诏准开通由天津到奉天的海上航路,见《清实录·康熙朝》1694年4月2日、1697年1月11日条。然而,诏准通航是由于华北物资匮乏。到1716年,我们仍能发现当时的禁令,见《清实录·康熙朝》1716年6月28日条。1724年和1725年,清朝因天津物资短缺而开禁,见《清实录·雍正朝》1725年9月3日条;1731年,因山东的洪水而开禁,见《清实录·雍正朝》1731年3月9日条。直到1763年,对谷物从东北输入关内的禁令一直未取消,见《清实录·乾隆朝》1763年3月29日条。此后,因奉天歉收,官方又周期性地重禁,例如《清实录·嘉庆朝》1812年7月3日条载录了禁止高粱外运,《清实录·道光朝》1822年4月27日条记录了禁止高粱和玉米外运。此外,还可参见《永平府志》卷24,《天津府志》,1899年编,卷21。
② 《天津县志》,1739年修,卷21。关于高氏和韩氏的情况,参见天津市政协秘书处编印:《天津"八大家"及其后裔》,内部发行,1974年;辛成章:《天津"八大家"》,收入《天津文史资料选辑》第20辑,1982年,第44—45页;徐泓:《韩家往事》,北京:商务印书馆,2024年。

宁波、苏州、泉州、厦门、潮州、台湾,以及东南亚的商船。随着水手们对航路的熟悉,航海技术也在实践中得到了提高,人们设计出水托用以测量水路深浅,以利船只行驶。不但每年航次增加,航行的安全也得到改善。① 直至晚清民初年间,天津的沿海帆船贸易,面对轮船的争竞,尚有存活的空间。②

天津与运河贸易

然而,从海上运输贸易复兴以前至大运河淤塞的19世纪后半期,大运河是华北和华中之间贸易往来的主要航路。从1423年开始,为了保证漕运的畅通,明朝政府允许北上的船员们随船携带10担土特产品或商品,后来增加到60担,但1522年又减少到10担。从后来政府禁止在漕船上携带商人、官绅托运的酒、鲜花、竹制品、木材、器皿及其他物品看,这一特权肯定被滥用了。③ 无论这一禁令是否有效,它至少反映了船只携带的货物品类繁多。虽然直沽并非唯一可停泊的港口,这里也不是船夫们进行私人贸易的唯一地方,但它是漕船北上的终点,漕粮在这里卸下然后转运。政府法

---

① 《皇朝经世文编》卷48,1903年,第18—23页;高福美:《清代沿海贸易与天津商业的发展》,南开大学博士论文,2010年。
② 见拙文:《腹地描构:通商口岸与中国近代区域研究》,收入贺萧(Gail Hershatter)等编著:《重构中国》,斯坦福:斯坦福大学出版社,1996年,第181—193页;姚旸:《晚清天津帆船贸易发展述论》,《中国社会经济史研究》2011年第3期,第62—69页。
③ 《明会典》卷27,北京:中华书局,1989年,第202页。关于明代的漕粮体系,见《明史》卷79,吴缉华前揭书。

定运粮船为 11 770 条,因而天津每年的临时人口可能至少有 121 500 人。①

在清政府的统治下,天津在漕粮和大运河运输系统中继续起着重要作用。政府许可舵工船夫们携带免税"土宜",先是 60 担,后来是 100 担,最后是 180 担,让他们能稍沾余息,贸易也因此得到发展。然而,船夫们很快又滥用这一特权,并把精力专注于做买卖。一条装载能力为 2000 担的漕船,仅仅装载了 500 担漕粮。②康熙前全国漕船达 14 505 条,因此,除了大约 26.6 万吨漕粮,还可以运载 10 万吨以上的商业性"土宜"。实际数量可能更多,因为政府不可能完全阻止南下和北上的私盐、铜钱和木材,也不能防止船夫沿途多揽客货。官员们总是抱怨粮船延误,其原因正在于船夫们耽搁在一些主要的商业中心(运河沿岸的济宁、东昌、德州)去做买卖。③

海运、大运河和部分可通航的华北平原水系,还将天津与周边

---

① 明代漕船数曾达 11 770 条,船夫人数约 121 500 人,见席书等编:《漕船志》,《玄览堂丛书》本,卷 3,第 2 页。清代的漕船和运丁数量,迭有变更,若以漕船 6000 条,每条有运丁 10—12 人计,船夫人数约 7 万人。见李文治、江太新:《清代漕运》,北京:中华书局,1995 年,第 195—220 页;陆容:《菽园杂记》卷 12,北京:中华书局,1985 年,第 150 页。
② 《清实录·康熙朝》1663 年 5 月 23 日条;《清实录·雍正朝》1729 年 6 月 16 日条;《清史稿》卷 122,第 3584 页。"土宜"的定义并不清楚,一种方志的解说是"自漕改海运,粮艘之竹、木、酒、米无由再至,市廛较昔寥落焉",见《静海县志》卷 1,第 27 页。在南归途中,每条船被允许装载 60 石梨、枣、瓜或大豆,见《皇朝经世文编》卷 48,第 14 页。
③ 参见《清实录·乾隆朝》1795 年 3 月 15 日条关于铜钱走私的资料;《清史稿》卷 122,第 3582、3584 页;《清实录·嘉庆朝》1810 年 7 月 22 日关于漕粮体系松懈和普遍贪污的资料。

的商业腹地连接起来,3000多条"集船"往来于华北平原集镇与天津之间。① 南来的货物,如贵重的丝绸与海味,以至廉价的纸张,都可以通过天津流向内陆;同时天津也把三北——华北、东北和西北联系起来,通过陆路和水运,让沿海、平原、山地、草原四个生态区的物产进入市场。② 20世纪初的调查表明,华北内地和运河沿线地区向天津输送了品类繁多的农产品:小麦、棉花、枣、花生、皮革、水果、白薯、药材、麻、草垫、酒、蛋类和其他山货。1937年的调查证实了这种广泛的贸易体系,大约13.4万吨粮食经过水运抵达天津。小麦是最大宗的贸易,超过8.3万吨,相当于1935年天津进口粮食的一半。③

因此,贸易是天津的生命线。当郭施拉(Charles Gutzlaff)1831年来到天津的时候,他不禁想到利物浦,兴奋地写道:

> 当我们靠近天津的时候,情景是那样生机勃勃。无数的

---

① 英国外交部档674/36,《天津附近地区河道和运河客运运价》1879年9月12日;又,《直报》1895年5月11日。
② 拙文:《清末民初天津与华北的城市化:一个网络系统分析》,《城市史研究》第21辑,2002年,第49—66页;又,《清代天津商品流通与市场体系:抄本"津门纪事"初探》,《城市史研究》第26辑,2010年,第173—184页。天津贸易腹地的变迁,有异于姜守鹏的"北方市场"。见氏著:《明清北方市场研究》,长春:东北师范大学出版社,1996年,第25—26页。至于华北这个概念,可参考许檀、张利民、刘海岩诸氏的研究。
③ 金城银行总经理处天津调查分部编:《天津粮食业概况》,天津金城银行,1937年,表三。由河北向天津输送小麦的情况,见麦叔度:《河北省小麦之贩运》,《社会科学杂志》1930年第1卷第1期,第73—107页。德怀特·珀金斯(Dwight Perkins)则认为,近世以来的轮船运输促进了天津的城市化,见珀金斯:《中国农业的发展,1368—1968》,芝加哥:阿尔定出版公司,1969年,第142、151页。此前讨论过的证据表明,由山东、河南及东北水运到天津的小麦、高粱、粟、玉米,供应天津城市人口。

小船和帆船几乎塞满河道,岸上人群熙熙攘攘,一切都表明这是一个贸易繁荣的地方……天津的贸易额非常大。每年有500多条货船抵达天津,这些货船来自中国南部、越南、泰国……在中国的其他任何地方的生意都不如在天津有利可图。①

水文与水灾

海运和漕粮系统促进了作为经济中心的天津的成长。然而,使漕粮航运得以实现的水文条件也束缚了天津的发展。② 一方面,华北平原的降雨量不足;另一方面,年降雨量的一半集中于七八月份,集中的降雨冲刷着泥沙注入河流,导致洪水泛滥和河道移动。一首地方民谣生动地概括了农民的悲哀:

> 大雨闹大灾,
> 小雨闹小灾,
> 没雨闹旱灾。

为了保证南运河航运的畅通,大清河和子牙河水系的许多河

---

① 郭施拉:《中国沿海三航日志》,伦敦:韦斯特利与戴维斯出版公司,1834年,第134—135页。与厦门相比,林德赛对天津港的印象要差得多。
② 海河水系的构成,见谭其骧:《海河水系的形成与发展》,《历史地理》1986年第1期;竺可桢:《直隶地理的环境和水灾》,收入《竺可桢文集》,北京:科学出版社,1979年,第108—116页。

流被改道、疏浚或筑堤（见附录四地图1）。在北运河流域，1437年政府引潮河水入白河，以增加运河的水流量。南运河数次汇入丹水和漳水。这意味着，华北平原的大多数河流（总数300余条）都以海河为尾闾，宣泄入海。

许多麻烦来自永定河。此河原名"无定河"，自1736年到1911年，它决口、改道达794次。康熙皇帝将此河改名"永定河"，是希望它不再改道泛滥。早在元朝时期，人们就试图疏治这条含沙量高达38%的"小黄河"。[1] 几经努力失败之后，人们才修筑大堤以免洪水淹没北京。北京以南直到天津的低洼地区变成了沉积泥沙的塘淀（部分洪涝地区的情形，见附录四地图2）。[2] 淤积的泥沙需要定期清挖，否则就意味着频繁不断的水灾，而这正是司空见惯的情况。居民被迫离开家园。

尽管传说三岔口掩埋着一支分水箭，然而海河毕竟容纳不下如此巨大的流量。天津周围是一望无际的褐色平原，而这条由黏土和沙土构成河岸的河道，简直是一个迂回曲折的迷宫。从天津到大沽口——海河在这里注入渤海湾，走陆路大约40公里，然而，海河蜿蜒流淌竟超过100公里。

洪水泛滥于天津的景象并不鲜见。故老相传，刘伯温曾经预

---

[1] 水利水电科学研究院编：《清代海河滦河洪涝档案史料》，北京：中华书局，1981年，第12页；中华地理志编辑部编：《华北区自然地理资料》，北京：科学出版社，1957年，第50页；黑池（Margaret A. Hitch）：《天津港及其问题》，《地理评论》1935年第25卷第3期。

[2] 《皇朝政典类纂》卷38，第48页。

言,"天津无有刀兵之苦,只透水火之灾"。① 虽然还是蒙受了1644年、1900年、1911年的战火和兵变,但天津确实周期性地发生了无数次火灾,还有1595—1949年,发生了至少111次局部或全局性水灾。② 洪水不时淹没低洼地区,形成文人雅士吟咏的七十二沽。带有"台""洼""圈"名称的村庄遍布境内。

1644年之前的屯垦

　　人们曾多次试图解决天津的水患问题。但是,一方面要保证漕运,另一方面又要解决灌溉和防洪问题,这是一个三难的困局。对徐贞明来说,解决方案似乎显而易见。他认为应该利用河北和山东的河流灌溉,来开垦畿南的闲置土地。他呼吁在上游挖河用于灌溉,在下游用多条河道泄洪。徐氏的计划被认为耗资太多,不便于民,因而未被接受,反而导致了一场南北政策性大辩论。十年之后,徐氏复被起用,并兼领垦田使。他迅即把自己的设想在北京以东地区付诸实施,到第二年的2月,就开垦了3.9万多亩荒地。徐氏还考察了河流,制订计划予以疏浚使其通航。徐氏此举引发了宦官和朝臣们的一片责怨声,因为他们原先利用这些"未开垦"

---

① 《直报》1901年1月31日;李庆辰:《醉茶志怪》,天津:天津市古籍书店,1990年重印,卷4,第60—61页。
② 这是依据《东华录》《天津府志》《续天津县志》的记录得出的不完全统计结果。关于天津洪涝的讨论,见乔虹:《明清以来天津水患的发生及其原因》,《北国春秋》1960年第3期;翟乾祥:《近百年天津大水纪事》,《天津文史丛刊》第6期,1986年。

的荒地坐收芦苇新刍之利。徐氏的一位挚友劝他要约束自己的雄心,并提醒他北方人反对他的计划是因为担心沉重的漕粮负担(这通常是由南方省份负担的)会分摊到北方人头上。有证据表明,不仅朝臣们反对,就连一些普通百姓也反对徐氏的计划,人们不习惯如此沉重的劳动。由于固执己见,徐氏再次被罢官,有赖大学士申时行的力保才免遭更严厉的惩罚。①

1595年,由于援朝抗倭用兵,明朝政府被迫征取更多的财政收入。在这种情况下,天津的荒地再次成为大臣们议论的问题。戴士衡提议,让近年调到天津的士卒开荒屯田,每人50亩。政府还应鼓励当地殷实民户及南人有资本者、灶户参与开荒,开荒者可以得到土地所有权,并免起科三年。直到1598年汪应蛟被任命为天津巡抚后,这个建议才有结果。在他的监督下,葛沽和白塘周围的5000亩土地被士卒开垦,每人垦田4亩(见附录四地图2)。其中2000亩是水田,余下的垦田种植豆子和旱稻。在拥有灌溉和施肥的条件下,水田亩收4—5石,旱田每亩可收豆子1—2石。然而,旱稻颗粒无收。这向当地持怀疑态度的人们证实了引水灌溉的可行性。在转任保定巡抚后,汪应蛟向皇帝上书建议使用天津的卫卒实施垦田7000顷的雄心勃勃的计划。他认为,与其每年耗费6万两白银的军费,不如让卫卒们垦田,估计每顷可收300石粮食,不仅可以自给自足,还可供给其他卫所。垦田还可以租给居民,每亩

---

① 对徐氏工作的讨论,见清水泰次:《明末天津农田之开垦》,《早稻田大学文学思想研究》第7卷,1928年,第113—157页;郭蕴静:《明末天津的屯政》,《天津史研究》1985年第3期;郭蕴静:《明万历年间天津屯政的勃兴》,《天津社会科学》1986年第5期;沈德符:《万历野获编》第1册,卷12,第320—332页。

收租0.5石。然而,在当时的政治环境下,他的计划无法实现。宦官们嘲弄他的这项计划,葛沽的士卒被调走了一半。结果,他只开垦了十余围(1围=150亩)土地。①

到徐光启1613年退隐天津的时候,汪应蛟开垦的田地早已被荒弃。徐光启厌恶政争,便从农业中寻求慰藉。他对科技和农业很感兴趣(这种情况在中国的文人中罕见),不尚空谈,也不在意地租。对他来说,天津是理想之地,"荒田无数,至贵者不过六、七分一亩"。他在家书中写道:"其余尚有无主无粮的荒田,一望八九十里无数,任人开种。"徐光启在海河西岸买下了20顷土地,尝试用各种方法施肥,并采用了本地和南方的种植方法。1616年,他喜获第一次稻谷丰收。他还从家乡江苏引进了番薯、桑树苗、其他各种植物花草,以及经验丰富的农师。②

继徐光启之后的左光斗也进行了个人实践。他在明晚期政治中的殉难使人们忽略了他雄心勃勃地开发天津农业潜力的综合计划。作为屯田御史,他仿效徐光启,于1621年奏请开垦北京东南的大片未垦土地。他指出,治水是防止旱涝恶性循环的唯一出路。

---

① 关于汪氏,见《明史》卷241,第6265—6267页;富路特(L. C. Goodrich)等编:《明代名人传》第2册,纽约:哥伦比亚大学出版社,1976年,第1451—1452页;孙承泽:《春明梦余录》,北京:北京古籍出版社,1992年,卷36,第611—623页。大约与此同时,沈㮚也在直沽积极努力,可是经过几年的经营之后,终被异常的大潮摧毁。见王士性:《广志绎》,北京:中华书局,1981年,卷2,第19页。

② 《徐光启集》,上海:上海古籍出版社,1984年,第2册,第487页。徐氏的生平,见《明史》卷251,第6493—6495页;恒慕义(Arthur Hummel)编:《清代名人传略》,台北:成文出版社有限公司,1970年;梁家勉:《徐光启年谱》,上海:上海古籍出版社,1981年。关于他在天津的农业实验,见徐光启撰、石声汉校注:《农政全书校注》,上海:上海古籍出版社,1979年,卷12、25;张仲:《徐光启在天津的农事试验》,《天津师院学报》1978年第4期;群力:《徐光启在天津》,《天津史志》1986年第1期。

邹元标称颂左氏的功绩,谓"北人始知艺稻","三十年前,人不知稻草何物"。虽然左光斗的作用可能被夸大了,但他确实推行屯学的政策。他鼓励并发扬耕读的理想,创立了一个特殊的进身之阶——屯童。一般承租土地的佃户每亩要缴纳 0.4 石稻米作为地租,而每个屯童开垦 100 亩土地要交租 100 石;对于能借此渠道入士的诸生,这一代价是合算的。据他说,人争趋如流水。①

《天津卫屯垦条款》还向我们展示了晚明天津的农业经济。政府鼓励农民举家到这里定居,为前来的屯垦者提供住房和贷款,直到农民获得第一次丰收。这些措施是必要的,因为"津东之民,乐于应兵,再以打仗为计,自己田地弃不力作"。长工来自献县和交河。当地人墨守成规,采用的耕作方法极为不便:"耕耨皆用四牛二人,犁铁木绳重七十斤。"于是,人们改用武安、永年的耕作方法,即一人操作由二牛牵引的重 20 斤的铁犁。

到 1622 年左光斗离任,他的屯垦工作取得一定的成绩。在卢观象的监督下,3000 多亩土地被开垦,其地理位置在现今繁华的河西区一带。这一切给左光斗的继任者张慎言留下了深刻的印象,使他也热衷于继续这项工程。他与董应举一起提议,把那些来自辽东、因满人内侵而丧失家园的难民安置在天津周围。②

但是,这一提议遭到强烈反对。不过,此次不是来自宦官,而是来自天津巡抚毕自严。他认为这样做会给天津的治安带来问题。他告诫道,辽民不可信,"诚恐庞杂难辨奸伪,……柴米腾

---

① 《明史》卷 244,第 6329 页;富路特前揭书,第 2 册,第 1305—1308 页。还可参见《天津卫屯垦条款》,北京图书馆善本部藏;左光斗:《左忠毅公集》。
② 《明史》卷 275,第 7038 页;卷 242,第 6289—6290 页。

贵,……居民利其房租之厚,……。此辈见谓水陆通衢……可以随便贸易"。毕自严的办法是把难民"即行驱逐启程前往偏僻州县"。或许是听从了他的建议,1.3万难民家庭被董应举重新安置到其他地方。① 1625年,毕自严和张慎言相继离任。到了1638年,李继贞继续发展天津的农业生产。据记载,从白塘到葛沽一带普获丰收。但此后旱灾和蝗灾不断,他们的事业也就随着明王朝的灭亡而结束了。②

或许有人认为,明代政治的崩溃注定了徐光启、左光斗等人事业的失败。他们在天津的任期太短,而无论国家还是私人垦荒,都需要时间、投资、组织及一个稳定的政府。对于政治腐败、财政困难和政争不已的明朝政府来说,提供这些条件是很困难的。

1644—1911:治水与垦田

像明代一样,天津周围大量的土地和水患对清代的官员们而言也是一个既亟需解决又十分棘手的问题。早在1647年,大臣们关于这一问题的奏折就开始引起皇帝的注意。有人提出,如果泛洪的土地能被开垦为水田,朝廷对极不便利的漕运体系的依赖就会减少。然而,不同派系提出的纷繁主张使康熙皇帝难以裁决。对大运河和永定河的几次巡视,让他了解到这些河流的水文情况,

---

① 毕自严前揭书,卷3,第56页;郭蕴静前引文。
② 李继贞的事迹,见《明史》卷248,第6426—6427页。

帮助他摆脱了这些纸上谈兵的奏折。① 他认识到,不解决灌溉与漕运问题,继续任何屯垦都无济于事。既然北京不能受到危害,于是他颁诏,严禁在北京周围掘堤溉田。康熙皇帝先后两次拒绝大臣们请求垦田的奏议,并特别说明他对"水田之利甚悉……(唯)北方之水,难于积蓄",不解决这一问题,垦田是难以持久的。②

1704年,即永定河道工程完成两年后,康熙皇帝终于同意尝试开垦天津的土地。像许多来自南方的官员一样,天津总兵蓝理被这里水泊环绕的荒地诱惑着。他奏请从他的家乡福建招募200名农民开垦1万亩土地。如果他的努力成功的话,来自南方的无地农民就可以安置在这一地区了。天津城南直到贺家口的150顷土地被开垦出来,每顷地使用了4架水车。第一年每亩收成3—4石。这使得皇帝一改初衷,把这些田地赐予蓝理,并指示直隶总督不断报告垦耕情况。得到皇帝的支持,蓝理勇气倍增。1706年,他又提出了一个大胆的建议:在天津安置江南的囚徒及充军的犯人。这一计划立即在有大学士和户部尚书参加的内阁会议上遭到否决。③ 康熙皇帝接受了他们的意见,但同时决定,允许蓝理继续他的垦荒实验。

遗憾的是,康熙皇帝很快又改变了主意。内务府视察了蓝理

---

① 1824年,程含章的奏折直率地批评了康熙皇帝的永定河计划,见《清史稿》卷381,第11627页。但此一责难或许不公允,因为永定河的问题由来已久。见河北省津海道公署编:《津海道概况》,1942年,第11—12页。
② 《清史稿》卷129,第3824、3829、3895页。
③ 《清实录·康熙朝》1704年12月18日条。蓝氏及其实验,见《清史列传》,北京:中华书局,1987年,卷11,第46—47页;《清史稿》卷261,第9878页;郑克晟、傅同钦:《天津的海光寺与"兰田"》,《天津师院学报》1980年第3期。

开垦的土地,看其能否用作皇庄,结果是不适宜。垦田旋即失败。1707年,朝廷投资4万两银,结果只获得1万石的收成,相当于南方平均亩产的三分之一。到1710年,天津只种了50顷稻田。在这种情况下,皇帝认为这种实验是一种浪费,授意直隶总督奏请终止了这一工程,并卖掉了土地。①

雍正皇帝既不能容许大臣们办事失误,又十分苛刻,他在天津农业的发展中再次重复了欲行又止的政策。1725年春天,直隶总督李维钧因鲁莽开荒,加之依附年羹尧,被雍正革职。② 皇帝训诫道,在进行垦田之前必须彻底勘察土地与河流,并讨论制订计划。不久发生了大范围的洪水,雍正皇帝让他的弟弟、他最信任的大臣怡贤亲王负责首都周围的治水工程。怡贤亲王会同大学士朱轼和陈仪一起进行了三个多月的实地考察,制定了一个综合方案,以解决直隶的垦田、灌溉、河道维护诸问题。③

计划的第一阶段是,通过治理卫河(南运河部分)、子牙河、永定河这三条河流,减轻海河的泄洪负担。被淤塞的沧州砖河和青

---

① 《清实录·康熙朝》1706年12月4日条。康熙皇帝曾让耶稣会传教士为一项管理工程考察天津及其周围地区。传教士绘制的地图使康熙皇帝对绘制地图产生了兴趣,于是他下令绘制大清的地形图。见洛博塔姆(Arnold H. Rowbotham):《传教士与清廷官员:在中国宫廷的耶稣会士们》,伯克利:加利福尼亚大学出版社,1942年,第115页。中国第一历史档案馆编:《康熙朝汉文朱批奏折汇编》,赵良栋奏折,1707年1月14日。赵氏事迹,见《清史稿》卷255,第9777页;《清史列传》卷12,第13页。
② 《雍正朱批御旨》,转引自冯尔康:《雍正传》,北京:人民出版社,1985年,第185页。
③ 怡贤亲王的事迹,见《清史稿》卷220,第9077—9080页;恒慕义前揭书,第2册,第923—924页。关于朱氏,见《清史稿》卷289,第10243—10247页;恒慕义前揭书,第1册,第188—189页;《清史列传》卷14,第1—6页。关于陈氏,见《清史稿》卷291,第10292—10293页;《清史列传》卷71,第35—36页。

县兴济河必须疏浚并重建水闸,以便南运河的洪水在到达天津之前泄流。三角淀应定期疏浚,并保持分隔状态,以调节子牙河和永定河水流。还应该在北运河流域开挖两条河流,把泄往天津的洪水引到北塘。

水患得到控制之后,计划的第二阶段就是垦田。为达到这一目的,朱轼提出了这样的鼓励措施:犯罪官员可以通过垦田开复,流徒可以减等,平民垦田1顷以上者照田亩多寡赐予顶戴。此外还设立了四个专门的地方机构,分别由一个垦田官员负责协调工作。天津水利营田局下辖天津、静海、沧州、兴国等盐场,由陈仪负责。在当年汪应蛟、董应举、蓝理曾经开垦的土地上,工作迅速展开。从江苏和浙江招募而来的经验丰富的农民和工匠教会了本地农民种植水稻和制作农具、风车。到1728年,天津总计垦田452顷,其中102顷是由居民和官员私人开垦的。①

但是,此项开垦工作未能持续下去。继位的乾隆不同意他父亲垦田的做法,他认为当地的农民缺乏在农田劳动的勤奋精神,采取官员赎罪、平民垦田授予顶戴的措施也有失体统。他宣布,垦田完全是地方的事情,没有必要设立上层协调机构,如水利营田局和屯垦官员。这些机构的废除意味着由本来任务就很繁重的地方官接管垦田工作。雍正的垦田事业很快就荒废了。②

然而,乾隆不能不正视像垦田这样的问题,特别是直隶的旱涝灾害可被看作他有失天和的征兆。1742年大旱,乾隆下诏求言,柴

---

① 《清史稿》卷220,第9078页;卷291,第10293页;中国第一历史档案馆:《雍正初年京畿水利史料》,《历史档案》1988年第1期;陈仪:《陈学士文集》,1750年。
② 黄可润:《畿辅见闻录》,第35页;《清史稿》卷129,第3853页。

潮生诚恳地劝谏皇帝在内宫深刻地反省,远离那些大臣和宦官的耳目——那些制造虚妄的人。他问道,为什么没有采取任何措施帮助天津和河间那些"抛田离宅,挈子携妻,流离道路"的难民呢?①

尽管清宫交泰殿高悬康熙御笔的"无为"匾额,乾隆皇帝亦曾以"长春居士"自题《采芝图》,但无为而治并不容易。治水是关系社稷的大问题,这迫使乾隆费心解决天津的洪水问题。柴潮生提出这一问题之后,乾隆命令直隶总督高斌和吏部尚书、协办大学士刘於义去处理这一问题。由朱轼开挖的北运河上的两条泄洪渠被重新整修。1740年,清政府在白塘口和咸水沽又开挖了两条河流,接着又筑修了一条连接天津城濠、通往八里台(南开大学现址),最后在贺家口入海河的水道;1745年又在白塘口和贺家口之间开挖了100多里长的减河,从而增强了这些水道的泄洪能力,天津南部的洪水得以分流注入海河。为了调节流量,清政府在贺家口、白塘、咸水沽兴建了泄洪闸(见附录四地图2)。1763年2月,乾隆皇帝命令协办大学士兆惠、吏部侍郎裘曰修与阿桂、方观承一起修缮高斌兴建的排洪系统。这一系统以及由地方动员兴建的水道被疏浚、拓宽。此外,清政府又兴建了四条泄洪渠,海河上的泄洪闸达

---

① 《清史稿》卷306,第10535—10536页。柴氏不久后辞官,在贫困中死去。人们对乾隆帝的印象,见康无为(Harold L. Kahn):《皇帝眼中的君权:乾隆朝的印象与实际》,剑桥:哈佛大学出版社,1971年。

15 座。①

接下来的问题是,排干的湿地如何处置:是维持湿地状态呢,还是开垦?1762年,乾隆皇帝在批阅范时纪奏章中提出的垦田建议时显示出他对这些规划的厌倦。他列举了自己在昆明湖种稻的经验,以及他父亲在天津垦田的经验之后,断定"南北燥湿,不能不从其性"。② 这一问题使乾隆皇帝深受困扰,他甚至在殿试策论时提出来。直隶总督方观承揣摩上意,提议:"直属水田,……非地利所宜。……其低洼各村庄,……令暂种稻田,涸后仍听随宜播种。"尽管方氏在直隶推广种植棉花博得了好名声,但这建议也使他遭到了批评。他不得不辩称,此举并非抛荒,天津的碱地只适宜碱草,结子可以榨油和面,可作饼食,"以秆为薪,百姓借为自然之业,尺寸必争"。③

随着国力的衰弱,国家需要更多的财政收入。一大批杰出的政治家(包括林则徐和左宗棠)对在天津周边垦田再次产生兴趣。1858年,僧格林沁进行了大规模的尝试。随后,崇厚也进行了尝

---

① 《皇朝政典类纂》卷38,第22—25页。高斌的事迹,见《清史稿》卷310,第10629页;恒慕义前揭书,第1册,第412—413页。刘於义的事迹,见《清史稿》卷307,第10549页。兆惠的事迹,见《清史稿》卷313,第10669页;恒慕义前揭书,第1册,第72—75页。裘曰修的事迹,见《清史稿》卷321,第10773页;恒慕义前揭书,第1册,第172页。阿贵的事迹,见《清史稿》卷318,第10737—10746页;恒慕义前揭书,第1册,第6页。
② 《清实录·乾隆朝》1762年12月5日条。范时纪的事迹,见《清史稿》卷232,第9359页。
③ 《清实录·乾隆朝》1762年11月21日、1763年6月2日、1763年8月19日条。方氏事迹,见《清史稿》卷324,第10825—10831页;恒慕义前揭书,第1册,第233页;《清史列传》卷14,第41—51页。

试。他们注意听取这方面的意见,搜集明代垦田人物的事迹。当然,乾隆皇帝裁决的先例和反对派的非议,使这一工作变得更加复杂。①

为了改变乾隆以来垦田荒废的状况,同治皇帝在1873年的诏令中引证了雍正皇帝的垦田事业作为先例,命令直隶总督李鸿章重新开始工作。② 李鸿章调来盛军,以3.5万吊铜钱收购了1100顷地。一个新的集镇——新农镇(亦称兴农镇,见附录四地图2)诞生了,这里是屯垦指挥所,镇里兴建了军营的会馆。③ 他们利用从咸水沽到新农镇的沟渠引来了海河的淡水,然后利用河道将其输送到屯垦地的各处。多余的河水被排入另一条从新农镇到大沽的河道,最后泄入海河。工程建设用了六年时间,这一T型的水利系统使5.6万亩荒地变成了稻田。这是20世纪前天津有史以来规模最大的一次垦田活动。

作为李鸿章改革的一部分,他在这里全面兴建的水利事业也惠及天津的农业。他在三岔口下游开挖了一条河道——当地人称其为金钟河,引海河水入白塘,然后泄入渤海。在周馥的鼓动下,上游的两条河道被疏浚,以控制北运河的泛滥。利用盛军的人力,李鸿章1880年又在静海地区的静官屯修建了一条连接南运河与

---

① 《皇朝政典类纂》卷39;林则徐编:《畿辅水利议》,1876年。关于僧格林沁营造的4000亩水田和周盛传在咸水沽垦水田3450亩的尝试,见《清史稿》卷129,第3853页;《清实录·同治朝》1866年1月11日;《续天津县志》,1870年修,卷16,第12—19页。反对的意见,见讷尔经额的奏折,见《清史稿》卷129,第3844页。

② 《清史稿》卷129,第3848页。此一决定可以追溯至1870年11月12日皇帝发布的诏令。

③ 《清史稿》卷416,第12085—12086页;又,《周武壮公遗书》卷7,第10页。

新农镇的河道,以代替雍正年间兴建的早已淤积的河道。来自运河的水流富于养分,适于灌溉这一带的盐碱地。革新后的河闸系统将淡水输送到垦田区各处。确实,小站稻因其质量而闻名,比海河流域的水稻卖的价钱更高。①

但是,在这一地区种植水稻还面对着经济上的考量。除去劳动力和建设灌溉系统的开支,用于农业设备和从魏县购买耕牛的费用,每亩高达 11.88 吊,相当于平均土地开支的 38 倍。平均亩产约为 1.6 石稻谷,成本跟从国外进口或从国内其他地方购买的稻米相比,不见得便宜多少。有限的供应更意味着有限的需求,小麦仍是华北主要作物。除了由盛军耕种的土地,李鸿章将 1.4 万亩土地租给了农民,每亩租金 100—200 铜钱,收入用于犒赏士卒。1894 年,盛军在甲午之役中丧师之后,除去周氏家族拥有的 150 顷土地,屯田的管理权被移交给了屯垦管理机关,垦地被出租。②

经此一役,李鸿章对屯田有了更深刻的认识。他对周氏家族送给他的 10 顷土地并不感兴趣。1890 年,当给事中洪良品再次鼓吹直隶垦田的好处时,李鸿章毫不隐讳地反对这种拾人牙慧的建议。天津的垦田事业,动用盛军 6 万人,费时六载。在直隶的其他任何地方重复这样的屯垦,开支太大,没有经济效益。作为改革者的李鸿章此时信奉了 1762 年乾隆皇帝的信条:"窃恐欲富民而适

---

① 《光绪朝东华录》,北京:中华书局,1958 年,1880 年 7 月 20 日。还可参见李鸿章等修:《畿辅通志》卷 93,1884 年,第 18—21 页。天津稻米市场的情况,见金城银行总经理处天津调查分部编:《天津粮食业概况》,第 60 页。
② 《光绪朝东华录》1881 年 10 月 27 日。周氏抱怨说,他已垫付 20 多万吊铜钱以维持垦务,见《周武壮公遗书》卷 7,第 20 页。

以扰民,欲减水患而适以增水患也。"①

人谋以外,环境因素也是障碍。天津种植水稻的自然条件介于可否之间,这是那时的文人和现代学者的共识。尽管天津地区曾经可能较为温暖,但在"小冰期"的1550—1850年间,每年仅150—180天的无霜期使水稻生长条件处于边缘状态。根据品种的不同,水稻一般需要160—190天的生长期。依据经过修订的普雷斯科特(Prescott)气候指数(水稻生长值是16),陈正祥计算后认为,一年当中只有两个月天津气候指数达到最大值12。②

太多或太少的水源供应同样不利于种植水稻。虽然年降雨量尚足够,但天津的降雨集中于夏季。水稻插秧的时候需要水利灌溉,但在十年当中九年春旱的情况下,特别是二月份冰雪开始融化后,为保证来自河南和山东的漕粮准时在三月份运到通州,政府禁止从大运河取水。当夏季降雨来临之后,多余的雨水又必须排掉,这会淹没附近的农田,导致"只准运西报灾,不准运西挖河"的怨叹。在一份反对继续用大运河输送漕粮的奏折中,沈葆桢概括了这种进退维谷的局面:"舍运道而言水利易,兼运道而筹水利难。

---

① 奏折由周馥起草,见《周悫慎公全集》奏章,卷5,第17—22页。
② 平步青:《霞外捃屑》上册,上海:上海古籍出版社,1982年,第79—80页;天津地委洼地改造办公室编:《天津专区洼地改造经验》,北京:科学普及出版社,1958年。还可参见陈正祥:《生长季节期:由降雨而定》,收入《中国地理学论文集》,香港:三联书店(香港)有限公司,1984年,第111页。天津师范学院地理系编:《天津农业地理》,天津:天津科学技术出版社,1981年,第24页。关于气候变迁,见竺可桢:《中国近五千年来气候变迁的初步研究》,收入《竺可桢文集》,第475—498页;龚高法、张丕远、张瑾瑢:《历史时期我国气候带的变迁及生物分布界限的推移》,《历史地理》1987年第1期。

民田与运道势不两立。"①

自然环境条件和北京对大运河的依赖这两重因素,结合起来遏制了天津农业的发展。或旱或涝的降雨量、恶劣的水文环境,以及水稻生长的条件束缚了天津农业的发展。天津固然有声名远扬的农产品,如津白、韭菜、洋葱和萝卜等,但是农业的发展不得不等到20世纪。② 早期来华的外国人也注意到这里的贫乏。在天津逗留了几个星期后,郭施拉发现"天津没有任何出口的东西"。③ 蔬菜种植是天津发展的结果而不是原因,除此以外天津的城市化与其周边的农业没有什么关系,只不过供应有名的"卫粪"作为肥料而已。④

天津人

政策多变与自然条件使天津的居民"舍其本业,艳于末利"。晚清的《津门保甲图说》第一次为我们提供了关于天津历史上职业

---

① 《清史稿》卷122,第3581页;卷127,第3791—3792页;钱克金:《明清畿辅地区环境治理与农业的兴衰》,《中国社会经济史研究》2020年第4期。
② 关于天津的农业,见吴瓯:《农业调查报告》,天津市社会局,1931年;《天津县水利调查报告书》,收入《直隶实业丛刊》1923年第1卷第4、5期。
③ 郭施拉前揭书,第142页。
④ 1900年以后,沿海河的菜园发展起来,见《大公报》1930年9月11日。卫粪是大买卖,粪霸将天津的市场分割,捍卫各自地盘,每年的运出量约为30万石,最远到达山东。见《直报》1898年4月24日;《大公报》1906年7月27日,1908年11月7日,1909年5月17日,1915年7月8日;刘炎臣:《津门杂谈》,天津:三友美术社,1943年,第94页。

43

构成的统计数据。在城区(城内、四门外、东北、西北城角)32 761户中,铺户占 11 626 户,再加上 5711 户鱼贩、372 户盐商,亦即超过54%的住户从事各种各样的商业。相对而言,为国家服务的应役,只占住户的 7.1%弱。①

关于这些来自四面八方的天津人,我们尚缺乏系统的资料。无疑有一部分人明初从山西迁入,建卫的官、军二籍则来自全国各地。但是因为明制戍卒分为春、秋二班,一班守城,一班分屯省内各地,"往来之际,城中几于虚无人焉"②,所以,官、军虽然报籍天津,人却不一定在津。入清以后,经过战乱,清初的卫志亦坦言:"土著之民,凋零殆尽。其比邻而居者,率多流寓之人。"这些移民来自四面八方,特别是江、淮一带,天长日久,形成了饶有特色的天津方言岛。③ 虽然《津门保甲图说》记载了 746 户"原住民",但对20 世纪初的高凌雯来说,天津已无所谓"原住民"。④ 对这样一个五方杂处的城市来说,所谓"原住民"和"侨寓"实际上很难区分,因为后者也可能在天津居住了好几代。就长芦盐商而言,因为他们享有"商籍"的待遇,所以其子弟可以在天津应试,通过特设名额入学,从而踏上科举青云之路。不少盐商生于斯,长于斯,互相联姻,购置茔地,虽有祖籍,但落叶归根时已无须归葬,对斯土产生归属

---

① 数字依据修正过的《津门保甲图说》统计。
② 毕自严前揭书,《班军土著当留疏》。
③ 《天津卫志》,卷 2,第 2 页;又见韩根东主编:《天津方言》,北京:北京燕山出版社,1993 年;吉石羽:《传统期之天津城居人口探析》,《城市史研究》第 2 辑,1990 年,第 71—87 页。
④ 高凌雯:《志余随笔》,天津:天津古籍书店复印,1982 年,卷 3,第 19 页。

感。① 实际上,卫里人的自豪感使从宁波来的水手饱受教训,安徽调来的士兵也因此变得规规矩矩了(有关天津的城市文化和"津味儿",详见第四章)。②

天津的发展表明,虽然这座城市确实起源于一个军事据点,但其成长绝不能被解释为这一要塞继续发展的结果。成为北京漕粮的转运站和来自南方的漕船所载商品的终点站,使天津的经济异彩纷呈,远远超过一个大兵营对天津所能起到的促进作用。如果说天津农业发展的困难至少部分地是由大运河的水文情况及其维护引起的话,那么这一水系也加速了天津作为华北商业重镇的发展,特别是经由大运河和海上船运与华中和华南的跨省长途贸易,另类地促进了天津周边地区商业贸易的发展。作为北京及国内的贸易商业中心和船运的终点站,天津是理想之地。然而,成功也并非没有代价,维持这一水运体系也使天津遭受了持续不断的洪涝。既想解决大运河、华北平原的水患,又要发展天津的农业,事实证明这是三难的抉择。到清代末期,当大运河不再用作漕粮运输的时候,天津的农业才得以发展,但这是天津作为一个商业城市发展起来之后的事了。不太发达的农业没有给天津的居民提供多少就业机会。使天津城市发展起来的是商业,其中首推长芦盐业。

---

① 原祖杰:《清代的天津商人与社区认同》,《四川大学学报(哲学社会科学版)》2007年第1期,第125—131页。
② 郝缙荣:《津门纪事诗》卷5。

第二章 盐榷

在中国,由国家垄断盐业有着悠久而饱受争议的历史。国家在供应这生活必需品上应该担当什么角色,从理论到实践都曾引起热烈的讨论。与商人争利被认为有失政体,国家的财政需要和保证民食的责任却迫使国家介入。因此,中国盐业在其发展历程中大都作为国家财政税收的一个重要来源而受到控制。国家面对的难题是,如何建立一种既能保证民食,又免遭臃肿的官僚体系消耗大量资源和税款收入的盐榷制度。中国在历史上曾经制定并实施多种管理方案,例如,从西汉年间始于公元前114年由政府统筹安排生产、仓储、运输、销售的方法,到公元762年刘晏制定的民制、官收、商运、商销的榷盐法。但是,行之既久,弊端丛生。为了得盐之利以佐"九边",明太祖洪武三年(1370)采纳民制、官收、商运、商销的开中制,"召商输粮食而与之盐"。盐斤的生产,由政府提供荡地滩池、工具和工食给世袭的灶户,每户四至六丁不等,免其杂役,按不同条件,每丁每日生产四斤、每晚生产四两不等,按时交仓完课。中央政府掌握盐斤供应,印制相应数量的盐引(票),定期(或按需要不定期)张榜,开列指定卫所地点、所需物资(粮食或马匹、铁、谷草、茶等)数量,由商人承担运输任务,抵达指定地点后点收核算,计道里远近和物资价值(时估),发给盐引,商人即可持引到指定盐场,经过勘合等手续,支取盐斤和水程(运输证),按开列路线运输到指定地区销售;盐斤、引票、水程不能分离,以便沿途地方官监督和缉私。销售以后,残引退回户部注销。这样既保证民食、边防,又能通过粮入引出而"转运费省"和缉私,解决宋、元以来盐务的一些流弊。① 然而"额制虽定,事变无穷"。② 势要讨引占窝,加上边警频传,支出日增,滥发造成盐引壅积,而盐斤供不应求,商人有引无盐,只能在场守支,父死子继,弟承兄套,夫亡妻代,虽有代支、兑支、常股、存积等补救措施,但日久都成为具文空言。③ 为了解决这一困局,袁世振于1617年实施纲法,即官督、民制、商收、商销,保证了占国家财政收入近半的盐税。盐斤生产还是由世袭的灶户承担,但拥有盐引的商人,摇身一变成为专商,名列纲册,可以直接与灶户交易,从此垄断收盐和销售,化公为私,拥有世袭的

---

① 关于开中法研究,参见中山八郎:《开中法与占窝》,《池内宏博士还历纪念东洋史论丛》,座右宝刊行会,1940年;藤井宏:《开中的意义及其起源》,《东洋史集说:加藤博士还历纪念》,富山房,1942年;刘淼:《明代盐业经济研究》,汕头:汕头大学出版社,1996年;郭正忠主编:《中国盐业史·古代编》,北京:人民出版社,1997年;吴慧、李明明:《中国盐法史》,台北:文津出版社,1997年。
② 方启参等:《隆庆三年刻长芦盐法志残本》,《天一阁明代政书珍本丛刊》本,北京:线装书局,2010年,第10册,第126—127页。
③ 关于盐引成为变相"国债"的讨论,见卜永坚:《十六世纪中国国债市场的兴衰》,莱顿:博睿出版社,2016年;罗冬阳:《明前期盐粮开中与国债市场的运行》,《社会科学战线》2021年第10期,第84—95页。

"窝根",引岸如同他们的采邑。由此产生的问题是,在保证国家财政收入的前提下,如何监管盐榷,令商人有利可图,愿意继续服务,而又能保障民食。①

若要弄清给天津带来活力的制盐业,就需要了解长芦盐商,了解清朝政府以及天津的经济、社会是如何结合在一起的。盐商尽管坐拥巨资,在这种都市环境中的经济、政治和社会地位却模糊不清。理论上清朝是一个在法律上专制的国家,它有自己的一套法谚、法语以及行之有效的规章、制度。② 盐商们与这样一个国家及其各种机构之间的关系,不能简单地概括为国家的专制统治,也不应概括为国家对经济的掠夺。由于盐商们有效的游说和习以为常的贿赂行为,国家政策的实施大打折扣。在迫不得已的时候,盐商们甚至可能放弃专卖权。

另一方面,如果把包税制解释为国家由于缺乏组织能力,只能将国家职能私有化,同样会引起误解。③ 本章针对有清一代朝廷对长芦的政策及其演变做了考察。无疑,盐商大部分时间都能顺利完课,但背后的问题很难解决。国家和官僚体系既是立法者,又是执行者,导致了其与盐商之间利益上的矛盾和冲突。为了保证财政收入,清廷与长芦盐商的关系经历了三个阶段:清初至康熙初年

---

① 有关中国盐榷的演变,见曾仰丰:《中国盐政史》,台北:台湾商务印书馆,1978年;艾兹赫德(S. A. M. Adshead):《盐与文明》,纽约:圣马丁出版社,1991年。

② 墨子刻:《清政府的组织能力:两淮盐榷》,见韦墨等:《中国社会的经济组织》,斯坦福:斯坦福大学出版社,1976年;又墨子刻:《中国官僚体制的内部组织》,剑桥:哈佛大学出版社,1973年。

③ 有关包税制的争论,见韦伯:《经济与社会》三卷本,纽约:贝德明斯特出版社,第3卷,第965页;赛思曼:《私有化与十八世纪鄂图曼帝国的政治经济》,《政治与社会》1993年,第393—423页。

的掠夺期,盛清(康熙中至乾隆末)的宽裕期,晚清(嘉庆至宣统)的挣扎期。其中既有高压,也有妥协;国家有政策,商人有对策。税收和官吏对盐商的盘剥不断增加,有些盐商破产,但也有些发了大财。时人称盐务为"盐糊涂",也就不足为怪了。

清代的盐务管理

作为一个游牧民族,满洲征服者对复杂的官僚制度和国家行政毫无经验,其最初的目标及措施既有限又简单:向新的子民供盐,借此向新政权的国库源源不断地输送课税。然而,新朝伊始要实现这两个目标,虽然并非不可能,却也极其困难。大量的土地仍然不在清朝的控制范围内,这就限制了他们获得土地税和其他地方性赋税的途径。虽然盐作为日常生活必需品无疑是一种可靠的税源,但重新设计并实施一套国营的生产、运输、销售体系,既费时又不一定有效。与许多政权一样,清廷在长芦找到了一种方便的包税制方案:由商人缴纳窝价,并提供资金预纳盐税行盐,他们得到的回报是享有世袭购买、运输和在政府指定的地区内销售食盐的专营权。这样一来,新政权不仅财源有保障,也能得到一批有经济实力的支持者。①

清廷就这样保留了大部分明朝的盐务经营管理机构,其中包括11个盐区及其疆界(见附录四地图3[1])。每一个盐区都有产

---

① 关于包商制,见曼素恩(Susan Mann):《地方商人与中国官僚,1750—1950》,斯坦福:斯坦福大学出版社,1987年,第12—13页。

盐地,尽可能利用一个廉价有效的水路网络运输盐斤。山脉则形成了分水岭,提供了盐区分界的天然屏障。① 例如,两淮盐区就包括了广跨六省的地域。每个盐区内为每一地区规定的年度消费限额以"引"计算,其限额量原封不动地沿用了明朝旧制,区际和区内的税率差别也未作更动。

在中央政府,没有一个官员或官僚机构专门负责盐业的统筹、实施和监督。户部,特别是山东清吏司继续承担奏销任务,由3名郎中(正五品)和6名书吏负责审核各盐区每年上报的行销盐引数目及完纳的盐课。② 对这些盐区的检查由督察院委派的一年一任的巡盐御史进行。各盐区的行政,由盐运使领导着各省和地方政府混合而成的官僚机构管理,各盐区内部的机构设置因历史先例及地方条件的不同而有一定差异。各盐区内的边远地区和交通不便地区的盐价,因运输费用,加上商人的利润及盐税,而过于昂贵,地方行政长官往往把盐税随粮征收,宣化府的五县便是如此。主要产盐区相邻或者境内就有盐场的地方,供应丰富、价格低廉——例如长芦盐区的永平府,则需要不同的供盐制度。由于永平七属实行包税制的尝试一再受挫,因此对这些地区的供盐时而掌握在

---

① 姜道章:《论中国清代的盐业贸易》,《现代亚洲研究》1983年第17卷第2期。关于盐区边界的划分有许多不同意见。在某种程度上,这是一个历史先例问题,两淮地区广阔的地域就是自南唐(937—975)时代遗留下来的,见田秋野、周维亮:《中华盐业史》,台北:台湾商务印书馆,1979年,第21、183页。另一方面,艾兹赫德认为,"在法律规定的专营区形成之前,就已存在自然专营区"。见艾兹赫德:《中国盐政的现代化,1900—1920》,剑桥:哈佛大学出版社,1970年,第10页。
② 《大清会典》卷20—23。

当地盐贩手中,时而归于官办。① 然而,国家需要以最小的代价获取稳定的税源,这种需要意味着盐商们成为包商,经营着长芦盐区核心地区大量的盐的生产、运输、分配和销售。盐斤还是由灶户生产,但资金来自盐商。引票每年由户部印制并签发给盐政。盐商们必须到设在天津的盐政衙门注册一个季度所需的引目,并缴纳"盐花银"——这是两种不同费用的简称:挂号费"盐号银"和红利费"花红银"。核对纲册之后,盐运使签发知单,开列商人的姓名,指定支盐的盐场、出场期限、所需包数。这些手续统称为"领告"。盐商们在领取签发的引票之前,还要向有关政府部门,包括直隶总督衙门,缴纳其他费用。盐商们在外库领取指定的盐,检查人员核查之后,剪去引票的右下角,然后将密封的引票退还运司以资验证。运司在盐票上盖章之后,剪去引票的右上角,这一程序才正式结束。带着经过截角的引票和船票(运输证),盐商们最后到检查人员那里取盐离开盐场(厂),运往长芦两个盐坨:天津的北坨(所),或沧州的南坨(所)。

北坨给人留下了深刻的印象。数以千计的盐包排列在天津城外的海河对岸,足供长芦盐区两年食用。每个盐坨都戒备森严,分为内、外两坨,未掣的盐包(生盐)储存在外坨,已掣的盐包存放在内坨(或称新坨)。每年的春天或秋天,在三月或八月之前,盐商们要到长芦盐政那里登记,缴纳所需的费用,申请起运。在此之前,盐包的重量要经过核查。盐包就存放在盐坨的外坨(或称老坨),

---

① 《户部则例》卷38,第30页;段如蕙等修:《新修长芦盐法志》卷7,第2页;黄掌纶等修:《长芦盐法志》,1805年,卷7,第4页;《长芦盐运使司档》,中国第一历史档案馆藏,178.107。

每六包或九包一垛,排成 200 多英尺(约 61 米)的长列。盐政须亲临督查,用户部颁发的砝码抽查并核实盐包的重量。合格的盐包盖上戳记,搬运到内垛。这时的盐包成为"熟盐",等待船运。随后,盐商要向天津道、清军厅、北分司、批验所、盐运使、盐政等衙门挂号,缴纳有关费用,申请放行。收到通知以后,盐政统一办理,择日亲临盐垛,开放盐关,并随时抽查。①

离开盐垛之后,盐商们仍旧受到官府的监督。他们既要安排从盐垛到引地的运输,也要保证如期到达引地销售。每一包盐自始至终不但要有"引票"随行,还要有船运护照"盐船护票"和"水程",以便运途沿线的地方官监督。在引岸内,国家对经营的监督项目包括定期检查零售分店的价格和质量。与较小的盐区(比如河东)不同,主要盐区(比如长芦)的盐价自 1638 年起就一直有规定,运输费用的多少决定了不同地区盐价的差异(不同盐价区的情形,见附录四地图 3[2])。盐价的调整必须得到皇帝特旨批准。②

为确保盐商和有关官员恪守职责、维护国家利益,清朝政府在 1650 年建立了一套考核政绩的制度——考成,对于政府官员,依据其逾期未完成税额的多少,处以严厉有差的惩罚:罚俸、停职、改任、免职。对于商人也不例外。按规定,十分之一的盐税未缴纳,杖责二十,戴枷一月;全部未缴纳的话,杖责一百,坐牢三年。③ 此

---

① 上述截角、领告等手续,见段如蕙前揭书,卷 2,第 13—14 页,卷 7,第 46 页;《中国盐政沿革史:长芦》,北京:盐务署,1914 年,第 37 页。
② 《清盐法志》,北京:盐务署,1920 年,卷 17,第 1 页。特旨背后的角力和考量,见韩燕仪:《清代盐价制定中的政商关系——基于雍正初年湖广盐务风波和官员受贿案的考察》,《中国社会经济史研究》2020 年第 1 期。
③ 《清盐法志》卷 3,第 21 页;卷 6,第 8—13 页。段如蕙前揭书,卷 8,第 3—13 页。

外,他们还需推举四名"殷实公正"的妥商(或商伙)为纲总,由政府选任,轮流值年,负责查催筹办领引纳课。这些纲总由于熟悉"通纲大例",诸如"两不吃亏""原庄原卸"和"租不压卖",经验丰富,在盐商中有一定威信,任期亦较许多一年一任的盐政长久,自然成为官、商之间的一条重要沟通渠道,遇有涉及盐商的讼案时可以做证,基于天津和盐业习惯,调解纠纷,提供解决办法。这不但让盐商享有一个有限的自主空间,亦有利于长芦盐区的运作。①

单从这些规章制度表面来看,清代的盐榷法网不可谓不严密。盐商包额认办,盐课有所出,国家的财政也就有了保障,不会受到天灾或市场供求影响,也不需要承担经营一个庞大的盐斤供销系统的资金和风险。作为私人买卖,盐商提供了资本和管理知识,而老百姓因盐价受国家管制,定量、定期源源不断地得到供应,不虞淡食。因此,也有学者认为这包税制是世界上最巧妙的财政制度。② 据实录记载,顺治元年(1644),盐商领引719 550道,恰与长芦额引相等。③

---

① 如1906年8月,盐运使以引岸尚在租办期间不能转让的裁决,遭到业商"复成裕"反驳,纲总提醒盐运使天津有"租不压卖"的习惯,见《长芦盐运使司档》173。《直隶总督曾国藩为遵议裁留长芦纲总等情形奏折》1869年7月19日,见中国第一历史档案馆等编:《清代长芦盐务档案史料选编》,天津:天津人民出版社,2014年,第482—483页。
② 盖尔(Esson M. Gale):《龙的盐》,东兰辛:密歇根州立大学出版社,1953年,第135页。盖尔(号智山)曾任美国外交官,后供职盐务稽核所、加州大学伯克利分校东亚研究系主任,翻译和出版《盐铁论》英文版。
③ 《清实录·顺治朝》卷12,第10页。

长芦盐区的运作

虽然长芦盐区可能不像明朝的旧制那样混乱,但是盐区僵化的机构加上清朝的迫切需求,很快就造成了其运作机能的失调。① 建国的洪业,使其进一步发展了从明朝继承而来的臃肿机构和繁琐程序。作为国家权力的"必要条件",盐税的征收、纳贡、单方面强行征收附加税,一直是国家的特权,是官僚们的美梦,却是商人的噩魇。在这一点上,清代的记录与古今中外此类情形相仿:有案可稽的税种就是适当的,只要能征收上来,哪怕是一部分,就不能算重;当然,新税也得开征,因为它标志着新的需要。

1644 年,清朝初创,精明的多尔衮采用每引仅仅缴纳 0.2657 两税银的措施,把盐商吸引到长芦。他声称这比明代的盐税降低了三分之一。② 但为了稳定国家,紧迫的财政需求迅速增长。1655 年就任长芦盐政的王秉乾搜检了明代遗留下来的会典等档案,重新征收自 1644 年停收的明代盐税。"宁饷"是 1606 年开始征收的每引 0.02 两的附加税,是为了支援久被遗忘的宁夏之役。尽管征

---

① 明代体制异常的情况,见黄仁宇(Ray Huang):《十六世纪明代中国之财政与税收》,剑桥:剑桥大学出版社,1974 年,第 202—204、221—223 页。
② 《清实录·顺治朝》1644 年 9 月 10 日条;段如蕙前揭书,卷 7,第 1—2 页。清初盐税每引白银 0.2657 两,而每引包括 205 斤盐和 20 斤包装材料,实际税率是每斤盐 0.001296 两白银。明晚期每引重 650 斤,包括 620 斤盐和 30 斤包装材料,每引收税 0.857 两白银,即每斤盐 0.001382 两白银。这意味着清代比明代盐税仅仅降低了 6.2%,而不是所称的 33%。

收此税的理由已然不复存在,但先例未亡,对"隐漏"的税收应追逆10年。明朝为奖励盐商纳粮,采取了每引盐免税10斤的措施。但正如王氏所称,既然明朝旧制已被废除,盐商便不应获益,因此课额应该增加。另外,每引0.003两的"滴珠银",同样是追溯到1644年前的税项。明代还对装盐超出法定重量的商人实施了惩罚,王秉乾将其纳入正额征收,而不管盐商是否有罪。王氏还发现,明制每年存司备用15 000引,当国家有了紧急财政需要(比如对满洲的战争)的时候才出售。① 随着财政需求的增长,王氏把这备用的盐引纳入正额,这意味着长芦盐区的引额又增加了45 000引(因明引在1644年被一分为三)。新朝机构的发展和对财政收入的迫切需求并未就此结束。此后,清朝政府又向长芦追加了12万引的盐,而且每引普遍增加了0.0478两的税银。当商人们抱怨无法卖掉新增盐斤的时候,追加的盐税便被分摊入长芦的正额中,结果又使每引增加了0.071两的税银。② 所有这些做法意味着,对长芦盐商来说,到1658年每引的税金是0.3855两银,即自1644年以来增加了45%。

实施纳贡也是国家享有的特权之一。长芦是离北京最近的产盐区,因此全国只有长芦每年办纳90万斤(明代约56万斤)贡盐,以供天子、内监、光禄寺、户部、督察院之用。大约241 666斤是专门供给皇帝及宗室的。其他八旗王公和部分高级官员则按照其俸禄每两供盐一斤。如此多的盐远远超过他们食用的需要,于是,多

---

① 王秉乾1656年3月30日折,见中国第一历史档案馆编:《顺治年间长芦盐政题本(下)》,《历史档案》1988年第2期,第12—13页。
② 段如蕙前揭书,卷7,第31页。

余的盐斤被折算成银两支发。①

显而易见,所有这些负担对盐商们来说是灾难性的。在尚未完全平靖的华北地区,假借满族名义,士兵和地方豪强大规模走私,加上满洲贵族圈地,使盐商的处境更加恶化。② 部分盐商被迫卖掉家财,包括他们的女儿,以缴纳盐税,无法可想的便逃亡。鉴于无人申领的引票大量积压在户部,1661年,官员们终于向皇帝请求缓征长芦的盐税。一年后,户部实施了很简单的对策:直到积压的盐引结清之前,商人们每卖2引盐要付3引的盐税。最初这是为期两年的临时性措施,1664年和1666年又两次延长执行。当积压的悬引超过50万道的时候,长芦盐政再次请求实施更为实际的政策,列举的论据与前两次相同:"计口食盐是一定之理。"就现实的混乱情况来说,期望消费迅速增长以解决积压的引票问题是不现实的。③

清廷解决这些问题的能力终究有限,而三藩之乱带来了更沉重的财政压力。1675年,清廷通行增课,每引盐增0.05两银,长芦摊派数量的总额达38 664两。1678年又提出闰月民众也要吃盐,户部据此决定长芦盐额应增加64 441引,盐课总额据此而调整。

---

① 段如蕙前揭书,卷6,第15、17页。
② 指控这些剽悍的走私者的奏折见于1646、1647、1648、1653和1660年的档案中。此后的奏呈更多,这里无法罗列。这意味着即使在北方恢复平静之后,问题仍远远没有解决。分别参见段如蕙前揭书,卷11,第4、19页;黄掌纶前揭书,卷1,第2页。
③ 田六善1660年3月9日折,见中国第一历史档案馆编:《顺治年间长芦盐政题本(下)》,《历史档案》1988年第2期,第17—18页;张冲翼1661年折,见段如蕙前揭书,卷7,第5页,卷11,第25—26、28、31—32页。

同年,尽管还没有进行过人口普查,但清政府又以滋生人丁为理由,对每个州县地方的额引做出了清代唯一的一次调整。新引额依"余丁"计算,比例为1引七丁,或十丁,或十三丁。长芦的引额据此而达924 695引,盐课正额达452 545两银。①

一个游牧民族入主中原,一跃成为幅员广阔、人口众多的国家的主宰,清廷的洪业证明了这些统治者的睿智。他们虽然继承了明代的制度,但很快就对旧制有所损益,弹性地处理了问题。

盛清的休养生息

三藩之乱平定之后,康雍乾盛世开始,而国家与长芦盐商的关系亦步入蓬勃发展期。前期由于战祸而增加的引课得到减免,盐价因钱银比价变动亦有所调整。数处盐区划分得到较合理的安排,而盐商亦获得"通融代销"措施的便利,得以在不影响正课的前提下调剂市场供应,办理盐课奏销的期限也得到推延,加上分年带征等措施,使盐商有更宽裕的时间筹措资金以便完成课税任务。包括内务府在内的国家机关也开始将一些一次性拨款作为基金"发商生息",这为盐商们提供了一个新的资金来源,长芦盐商因而也进入鼎盛期。这一过程以务实地调整盐引和课额为开端。1678年颁行的闰月增课首先被取消,1675年的通行增课亦被罢免。至于滋生人丁增引,虽然户部反对,但康熙终以"新增盐引价累商

---

① 段如蕙前揭书,卷7,第35、38、9—22页。

民",特旨豁免。

其他一系列的改革也使盐商能更有弹性地处理盐的供销。跟其他盐区一样,长芦盐课只收银锭,但长芦盐价跟别的盐区不同,是以铜钱为准,按千文为1两折算。每当钱银比价浮动超过这一比率时,盐商就要吃亏。1688年,当钱银比价达到1400文兑换1两时,康熙下诏,恩准长芦盐价增加1文。嗣后,商人迭次申请加价,俱因地方反对,未获成功。1732年,当银价上涨到2000文1两时,雍正终于允许每斤盐加价1文。这个价格维持了三十多年,直至1770年。随着银价不断上涨,盐价亦适时得到调整,以增收的钱文补贴盐商的兑换损失。①

另一方面,由于生产运输成本和税率不一,对盐区之间"门户藩篱"所造成的不尽合理的盐区边界进行勘定和调整,对民食似亦不无裨益。1666年,河南怀庆府民众以河东盐池中隔太行山,商人裹足,而长芦一水可直抵新乡,请求改食芦盐,但朝臣以行盐定制、百年成法难更、"未知地势民情"等理由拖延多年才予以解决。② 1687年,康熙听从河南巡抚章文钦的奏请,亦容许陈州五属及舞阳县改食长芦盐。自明代起,该地区的人民所食淮盐"穷远盘剥维艰,风涛险阻,脚费既多盐价腾贵"。改食长芦盐后,"道路平坦,挽运甚易"。但是因为淮盐额引9100道(每引364斤),每引纳课1.04两银,而长芦盐课税率每引不过0.46两,若按原引额数征课,国家收入会蒙受损失。长芦盐政布尔海提出了"按课计引"的

---

① 黄掌纶前揭书,卷1,第19—20页。
② 《户科给事中查培继为议复食盐规制事题本》1667年10月12日,见中国第一历史档案馆等编:《清代长芦盐务档案史料选编》,第16页。

办法,即把该地区额引增加至20 419引,补足两淮、长芦税率差别,至于所增加的200余万斤长芦盐,"实有益于民"。[①] 盐区疆界重新划分对缉私亦有帮助。例如开封府自1589年开始,分别由河东、山东、长芦三盐区供盐,政出多门,导致缉私工作极为困难。1666年,康熙终于批准将仪封、太康、通许、兰阳及杞县的盐引划归长芦,既解决了这一问题,又为国家增辟了1640两盐课收入。[②]

长芦盐商除扩大了市场外,也受益于销引规定的改善。每个县销盐有法定限额,或因天时灾害,不一定能销清;反之,有些县份却因销售畅旺,额引供不应求。1690年,长芦盐商终于争取到与两淮一样的"通融"待遇,行运"疲岸"的商人可以把积盐转售给"畅岸"商人完课行销,一举两得。有些官员批评这一措施纵容了一些商人,又增加了缉私的困难,户部则坚持该措施只能按年岁丰歉情况实施,致使这一政策时断时续,终在1741年定为长芦常例。[③]

户部盐课奏销程序的修订,也有利于长芦商人的经营活动。清初盐法规定按年销引完课,户部奏销则定于次年5月。后来,芦商以春季销盐的收入未及汇集纳课为由申请延期奏销,得到批准。自1760年开始,奏销期限推迟到10月。六年以后,乾隆驾幸天津,体谅芦商秋季销盐所得未及收齐兑汇到津,特别下诏将奏销顺延到11月。[④] 当然,乾隆是假设芦商能准时完课。实际上,在"裕商

---

① 段如薰前揭书,卷7,第23—24页。
② 段如薰前揭书,卷11,第30—31页。
③ 段如薰前揭书,卷11,第40页;《长芦盐政三保为请通融代销之例以疏盐引事奏折》1741年3月22日,见中国第一历史档案馆等编:《清代长芦盐务档案史料选编》,第43页。
④ 黄掌纶前揭书,卷2,第11页。

力"这一堂皇理由下,康、雍、乾三朝共批准了二十三次芦课"分年带征",即容许长芦盐商把一年应纳的盐税分成三至十二年不等缴纳。尽管户部每次都反对,但帝王总因"芦商素称疲乏"特别加恩。

芦商的鼎盛与清室通过内务府借贷和国家机构"发商生息"而获得大量经营资金不无关系。作为皇帝的私囊和管家,内务府经营着全国各地的皇庄、北京的当铺、内库现银,也负责发放八旗子弟津贴,组织东、西陵的维修等。富有四海的天子,收入虽丰,支出亦夥,内务府必须广开生财之道才能维持皇室的运作。问题是在一个以农业为主的经济体系里,低风险而又不必参与管理的巨额投资机会并不多。土地固无盗、火之忧,却有旱涝拖欠之虞。相对而言,盐、典二商就成为牢靠的投资渠道。文献记载,内务府最早给长芦的一笔贷款是在1704年(有关这笔贷款的背景,请参见第四章)。康、雍、乾三朝合计,内务府给芦商有案可稽的贷款至少有320万两,其中兼差为铜商的长芦盐商得到约150万两。为了保障皇帝的巨额放款,本应由都察院从御史中择优任命的盐政多来自内务府,也就不足为怪了。①

此外,自康熙初年开始,内务府和一些国家机构也开始把他们收到的一次性拨款作为基金"发商生息"。这些款项无偿还年限,年息一般在10%—20%,所收币利成为钦天监等机构常年经费的一部分。又如内务府的"万成当"将13.3万银两借贷给盐商。最

---

① 中国第一历史档案馆编:《康熙朝汉文朱批奏折汇编》,北京:档案出版社,1984年,赵弘燮奏折,1705年9月17日;林永匡、王熹:《清代长芦盐商与内务府》,《故宫博物院院刊》1986年第2期,第34页;韦庆远:《档房论史文编》,福州:福建人民出版社,1984年,第15—41页。

初,年息15 690两用于安排各种开销,以及为内务府的官员们增加俸禄,随后又作为负责内务府的内大臣的养廉银,最后又归入了皇帝的私囊。内务府经营的"恩丰当"也将1.7万两银借贷给盐商,内务府每年得到2400两利息。地方政府也经常将政府资金或得到的捐赠资金借贷给盐商,然后从盐商那里获取年息,用于各种慈善事业和公共事业。有些史学家认为这些措施都是王朝政权对商人盘剥性的高利贷,严重影响了盐业及其他商业的发展。①

来自国家指拨发商生息的资金和来自内务府内库的贷款无疑混淆了公家与私人商业资本的界限。以九五之尊行陶朱之术,与民争利,锱铢必较,是否有失体统?况且滋生本银既无清偿期限,息银缴纳日积月累,利过于本,也有可能违反律载"年月虽多,不过一本一利"之条。② 至于地方官将公款交商生息,虽然事属因公,但也"易启官商结纳之渐"。这些顾虑,使乾隆踌躇再三,终以"事属久行,欲罢不能",③只好下谕禁止使用"生息"字眼,改为"赏借",一循其旧。④ 实际上,从盐商或商人的角度来看,发商生息这一制度也有其存在价值。窝价、生产、运销都需要大量资金,若非殷实之户,须向钱庄或账局举贷,年利率恒在二分以上。相比之下,内务府"发商生息"的银两,若"只系一分起息,……商人……焉得如

---

① 韦庆远前揭书;林永匡:《乾隆帝与官吏对盐商额外盘剥剖析》,《社会科学辑刊》1984年第3期。
② 姚润等修:《大清律例增修统纂集成》卷14,第1页。
③ 《清实录·乾隆朝》1759年3月28日条。
④ 《奉旨著长芦"生息"银两改称为"赏借"款项事》1769年3月3日,见中国第一历史档案馆等编:《清代长芦盐务档案史料选编》,第116页。

此轻息?"①故此盐商主动恳请赏借,并非官派,也就不足为怪了。加上所收利息多已指定为国家机构或地方慈善事业、书院经费等公众用途,皇室盘剥商人的论点,似值得商榷。

另一方面,从整个长芦盐业来考察,由于停引、缓征、带征、通融代销、发商生息、贷款等措施,加之承平日久人口增长,据不完全档案资料统计,从1730至1843年间,芦商因为当年额引不敷需求,有55次(年度)向国家申领额外余引(提引)3万至15万道不等。② 芦盐产销两旺,给芦商和天津带来了繁荣。

繁荣的代价

但是,繁荣并非没有代价。这些缓征、贷款,是否国家吃亏,商人占了便宜?这笔账很难计算清楚。为了保护自己的经济利益,芦商采取了一系列策略,包括恭进捐输报效,以至行贿来影响国家政策。这些"活动"不一定都能奏效,而且颇费开销,但至少在乾隆盛世颇为风行。

作为盐商们沟通官员和国家手段的捐输是记录在案的(清代此类活动的编年,见附录一),尽管背后的交易无从得知。③ 在长

---

① 黄掌纶前揭书,卷2,第25页。
② 中国第一历史档案馆编:《中国第一历史档案馆馆藏朱批奏折财政类目录》第2分册,北京:中国财政经济出版社,1991年。
③ 陈锋:《清代盐政与盐税》,郑州:中州古籍出版社,1988年,第216—234页;《清史稿》,北京:中华书局,1977年,卷123,第3613页;曾养丰:《论报效》,《盐政杂志》第19卷第1期,第1—6页。

芦,它始于1721年。山西商人王廷扬(引名"王克大")克服了雍正的顾虑,让皇帝赏收1万银两,用于整修坐落在大沽的龙王庙。雍正不仅赞扬了这一义举,而且很赏识这位"大有意思"的良商。① 1728年盐商们提出每斤盐提价1文铜钱,1732年被批准实施。这巩固了皇帝与盐商们之间的关系。感恩图报,为帮助政府支付军费开支,同年稍后的时候盐商们又恭进白银10万两。或许是对盐商的急公好义感到尴尬,皇帝接受了赠银,但在当年应收盐税额中抵销。一年以后,雍正下诏每包盐免税增重10斤,以补卤耗。②

如果说雍正皇帝与盐商之间的关系还不是完全融洽的话,乾隆皇帝则是一个仁慈的统治者和贵宾。他在当政的第一年,即1736年,便恩准向长芦盐商缓征16万两税银,分十二年缴纳。1743年,他再次大发慷慨,不顾户部的反对,下特旨把当年长芦的盐税分十四年带征。一年后,感恩的商人们报效白银1万两,用于赈济天津和河间地区的旱灾。在1784年到天津的巡视中,乾隆皇帝阐述了"裕商力"以"资民食"的必要性,宣布每包盐免税加斤30斤,为期一年。盐商们立即回报皇帝的洪恩,恭进白银20万两,用于金川之役。③

芦商与乾隆之间的捐输与恩赐肯定使盐商们有些忘乎所以,因为同年晚些时候,他们鲁莽地建议全面提高盐价,同时每引增税

---

① 1726年9月28日莽鹄立折,见《莽鹄立奏折二十七件》,《故宫文献》1971年第4卷第1期,第132页。
② 黄掌纶前揭书,卷5,第2页;征瑞等:《长芦盐法志》1792年手抄本,南开大学图书馆特藏部收藏,卷6,第7、49页。
③ 黄掌纶前揭书,卷2,第6页;征瑞前揭书,卷4,第12页。

0.05两银助饷,用以应付金川之役的军费,以此来诱使皇帝再施慷慨。精明的乾隆皇帝勃然大怒。他深刻了解中国的历史,想要摆脱那种好大喜功、以力服人的暴君形象,更不能容忍这种聚敛民财的措施。他对于盐商们的回报是1750年、1751年和1752年一系列的缓征。①

乾隆有理由对自己的做法感到自豪,因为1754年盐商们又恭进30万两白银,以帮助皇帝对新疆用兵。这一次,商人们选择的时机很巧妙,给乾隆皇帝提供了台阶。皇帝下诏道:"天地生财,贵于流通,库藏所积既多,而临事又要别筹,殊非用财大道。"②其实,商人的捐输不过是国家支出的一个零头,只是"不知轻重之人,多思借以开例报捐";③更有甚者,借此揣摩上意,迎合见好。针对这些弊端,乾隆利用这个机会把他的"天威难测"再次昭示天下。然而,皇帝是无法与执意奉迎的盐商匹敌的。1759年,盐商又呈文道:"商等生逢盛世,幸际升平……情愿捐银二十万两,少备屯田之费。"这笔捐输先由长芦运库垫付,盐商们分两年偿还。商人自称,不敢借这笔微不足道的银子仰邀议叙。当然,面对这种肫恳情词,乾隆不得不赏收,捐输的盐商仍交部议叙,分别给予顶戴有差。④

直到乾隆皇帝在位末期,皇帝和长芦盐商一直在进行着这种交易。在1764年和1771年,皇帝诏准每斤盐提价一文,为期一年。

---

① 黄掌纶前揭书,卷2,第6—9页。
② 《清实录·乾隆朝》1755年1月8日条。
③ 这些踊跃捐输的,实际上不一定是盐商,盖"商人正身子弟不过什之二三。余皆假借商伙名色,侥幸之徒,妄思进取"。见《初彭龄奏陈议叙捐助军饷之长芦等处商人事》,1790年10月26日,现存台北故宫博物院,档号045751。
④ 黄掌纶前揭书,卷5,第8—9页。

1770年、1782年、1788年他又分别批准每斤盐提价二文,为期一年。皇帝的态度始终如一。他不同意户部对商人缓征请求千篇一律的否决,允许商人分年带征,延期三到十二年缴税。他的诏书总是承认,官员循例否决是恰当的,但是,长芦的盐商们总是缺乏资金,因此需要予以特别照顾,虽然"皇恩破格,不可恃此以颛侥幸"。1757年的盐课缓征三年;1761年的缓征五年;1771年的缓缴三年;1772年的缓缴六年;1776年的缓缴八年;1778年的缓缴五年;1785年的缓缴三年;1786年的缓缴六年;1792年的缓缴七年;1793年的缓缴三年。①

以乾隆之精明,他不可能察觉不到这具有讽刺意味的场面:一方面商人捐输了总额达160万两的白银,另一方面朝廷又以宽纾"资本微薄"的商人为辞不断缓征。1773年,长芦盐商报效60万银两作为对征伐金川将士的犒赏。1785年,他们又提供了30万银两用于建造1000艘盐船,以便盐商的运输计划不受政府征调船只的影响。1788年平定台湾和1792年征伐廓尔喀之役,耗费了盐商总额达65万两的白银。所有这些都是长芦运库用已缴纳的盐税垫付的,商人们被允许分期偿还。当盐商缴纳正课亦有困难而拖欠时,遂有"盐商捐输皆虚伪"之讥。②

但是,交易游戏仍在继续。为了表示急公之情,两淮、长芦、河东的盐商们重新铺砌并整修了北京从西华门到西直门的街道,以便皇帝1761年和1771年到坐落在西郊的庙宇为皇太后祝寿祈福。每逢这种吉祥的场合,长芦盐运使都敬进白银10万两,而皇帝也

---

① 分见黄掌纶前揭书、征瑞前揭书。
② 平步青:《霞外捃屑》上册,上海:上海古籍出版社,1982年,第82页。

清楚知道这些银两是从盐商那里征收得来的。乾隆皇帝的八十华诞也需要大臣们表示忠心,朝廷为祝寿而重新整修了圆明园,而当初兴建时就指拨了长芦的盐税。所有这些庆典耗费了盐商大约71.5万两白银。此外,游历甚广的乾隆皇帝曾六次大规模南巡,并且特别驾幸天津。在1762年的南巡中,仅在天津短暂的停留就耗费了盐商32 300两白银,皇太后回銮时又花费了2780两。①

乾隆皇帝南巡的经济史尚未写出,但接待他的开销一定相当可观。地方官员和芦商挖空心思当差,是为了给皇帝留下良好的印象,比如1783年恭进一张苏州风格、雕刻得极为精致的木床。乾隆皇帝见到后极为欣赏,特作《苏床赋》以志其事,称"卧床上如到苏州"。当然,这并没有使他停止南巡。② 为了有所准备,免得临时张罗,从1765年开始,盐商们出资兴建了柳墅行宫,同时还建造了专供乾隆皇帝停泊御舟的皇船坞。当然,乾隆亦不断下诏,命令地方官吏及盐商办差不得"徒滋糜费",当然天津商人"情殷爱戴……不便禁止"。③

---

① 安泰1762年8月30日折,转引自林永匡、王熹:《清代长芦盐商与内务府》,《故宫博物院院刊》1986年第2期,第35页。乾隆皇帝除了1751、1757、1762、1765、1780、1784年的南巡,还在1748、1767、1770、1773、1776、1788、1794年驾幸天津,见《清史稿》卷123,第3612页。
② 戴愚庵:《沽水旧闻》,天津:天津古籍出版社,1986年,第10页。
③ 《清实录·乾隆朝》1787年12月14日、1794年4月21日条。

国家财政需求的增长

如果说长芦盐业的繁荣在一定程度上与乾隆皇帝的豁然大度有关的话,那么乾隆皇帝的去世也使得盐商的活动衰落了。1799年,嘉庆皇帝在他父亲去世后不久即向盐商们申明,盐商们得重新学会与他打交道。① 1800年,当长芦盐商冒昧地请求提高盐价时,这位新皇帝拒绝了这一请求,理由之一是长芦盐商并未呈请出资助饷。当然,没有人敢指出嘉庆的健忘,因为就在年前长芦盐商已报效了60万两白银用来镇压白莲教起义,而嘉庆只赏收了39.6万两。② 但是,空虚的国库需要不断地提高盐价以稳定国家。1809年,黄河决口,冲走价值超过42万两的13万包存盐。在这种局势下,每斤盐提价2文,所得60万吊钱用于补助河工。官僚们认为这不会对食盐的销售产生影响。③ 可是,三年后嘉庆皇帝终于被说服,认识到盐商们由于提价可能受到了负面的影响,因而批准了每斤盐再次提价1文,增收的一半用于补偿商人,其余的专门用于偿还拖欠的盐税。

铜钱与银两兑换率问题的再现,使盐商们更加难以应付国家的新需要和政策。随着鸦片输入量的不断增长,白银源源不断外流,白银对铜钱的比价持续攀升。1812年,盐商们请求折算盐价时

---

① 详见江晓成:《清乾嘉两朝盐商捐输数额新考》,《中国经济史研究》2021年第4期。
② 《清实录·嘉庆朝》1800年3月30日条。
③ 《清实录·嘉庆朝》1809年2月18日条;《清盐法志》卷21,第415页。

将白银与铜钱的比价由 1 两白银兑换 1000 文铜钱调整为 1100 文,但未能成功,后来仅仅被允许每斤盐提价 1 文。盐商们例举了由于铜钱的跌价而产生的每年 70 万两白银的损失,1824 年再次请求每斤盐提价 2 文。然而这一请求被断然拒绝,理由是 1812 年的提价还在实施。①

盐商和官员们都在尝试改革,摆脱困境。1827 年,长芦盐政阿扬阿上奏,建议将盐价改用银桩,即以银价为基础,实行浮动的兑换率。他指出,长芦税后毛利润是 300 万两银,但实际工本开支是:60 万两原料,190 万两运输费用,120 万两各种储存及销售费用,70 万两支付给地方官的五花八门的费用,盐商每年亏损超过 100 万两。对于改用银桩引起的盐价上涨,芦商愿意减价 3 文。②

然而,皇帝更为关心的是提价的幅度及其产生的影响,而不是盐商的枯荣。民众的动乱难以平息,而盐商的欠课帑,自 1783 年起,已令通纲按引均摊。③ 尽管盐商们声称,如果适当调整盐价的话,他们会完成全部税务要求,但道光皇帝对此持怀疑态度,指出他们的证据缺乏说服力。官员们也反对调整盐价,理由是盐商们售盐的价格并不总是与官方的定价相同。阿扬阿的提议被搁置,盐商们的希望破灭了。

对于长芦的盐商们来说,买卖不景,船运迟误,大运河日益淤积。尽管盐商们早先已有捐赠,可是盐船还是不断地被政府抽征

---

① 《清代钞档》145,蔡学川折,1824 年 11 月 18 日。
② 《清代钞档》145,上谕,1827 年 12 月 8 日。
③ 黄掌纶前揭书,卷 16,第 26 页。

来运送漕粮,运输费用日益高涨。① 银钱与铜钱的汇率升至1两兑换1600文。由于国家不接受铜钱纳课,因此盐商们别无选择,只得忍受50万两白银的汇兑损失。经过多年的争论,政府终于在1838年批准每斤盐提价2文,提价收入的一半用于支付欠税,剩余收入作为盐商五年的补贴。②

近代中国的内忧外患,也给盐商带来了灾难。为了支付河工、海防等工程,国家不断增加盐价,所收钱文悉数随课上缴国库。③ 官盐价格上涨助长了无税私盐的泛滥。基本财政问题无法解决,清廷所能实行的措施也很有限。自1807年至1911年间,免课盐斤每包(引)增加300斤以上(但这不过是把盐商本来已非法超装的盐斤合法化而已,详见下文)。多次的缓征(如1801、1803、1804年等)、停引(有年限地减少额引,但将相应引课摊入出售的盐斤)不过是杯水车薪,根本无济于事。1828年,长芦盐商积欠的盐课和币利达到15 080 320两银,户部尚书王鼎受命另筹归补办法,但都只是治标不治本。太平天国和捻军之役,对盐斤运销影响更大,造成盐斤和盐引积压,使清廷不得不延长1843年批准的减引措施。长芦额引被削减了10万道,6万余两的额课免征。④

清廷的这些宽免措施当然不无报偿。从1799年到清末,芦商

---

① 《清代钞档》145,长芦盐政钟灵折,1838年2月21日。
② 《清盐法志》卷21,第6页。
③ 《清盐法志》卷21,第6—7页。
④ 嘉庆道光年间历次对长芦的查办及其对盐商的影响,详见黎汉明、关文斌:《一部中国近代长芦盐业史:天津冯氏家史零拾》,《春思秋怀忆故人——冯承柏教授纪念集》,天津:南开大学出版社,2008年,第289—298页。至于同期对两淮的改革,见魏秀梅:《陶澍在江南》,台北:"中研院"近代史研究所,1985年。

有案可查的捐输超过 300 万两白银（详见附录二）。1893 年，为筹备慈禧六旬大寿，芦商虽然疲敝，但"叠蒙圣恩……众情同感"，还是恭进白银 10 万两。① 甲午之役，催饷急如星火，清廷更是一反常例，向芦商息借 50 万两白银，以解燃眉之急。② 1898 年，光绪和慈禧到天津阅操，芦商又恭备银 20 万两。③ 庚子以后，拮据的财政使清廷不得不更张自 1644 年定下的"祖制"，于 1903 年实行"先课后引"，芦商必须在领引时缴清所有引课、帑利，以及其他费用。④ 至于筹办北洋新军、"新政"、修筑铁路、对外赔款等支出，俱由芦商缴纳，每引高达 6.51 两白银，远远超过 1.88 两的正、杂课和帑利。⑤

走私、贿赂与利润

为了应对这些无穷无尽的索求，盐商不得不铤而走险，通过走

---

① 《直隶总督兼长芦盐政李鸿章为皇太后六旬万寿芦商报效银两事奏折》1893 年 11 月 25 日。李鸿章和直隶提镇司道亦恭进 3 万两，见中国第一历史档案馆等编：《清代长芦盐务档案史料选编》，第 523—524 页。
② 《长芦盐运使司档》173.92，纲总报告，1895 年 12 月 15 日。盐商只筹措到 30 万两。
③ 《直隶总督荣禄为长芦盐商公同报效银两事奏折》1898 年 9 月 6 日。一年后，芦商又以"运道艰滞，伤耗过多"为辞，请求增加卤耗每包 40 斤。户部则批驳反对，理由是"盐愈多则销愈滞"，所增加的 800 余万斤免税盐，市场将无法消纳。但慈禧对这些备受"皇仁之豢养"的盐商，不无眷顾，"着照所请"。见中国第一历史档案馆等编：《清代长芦盐务档案史料选编》，第 531—535 页。
④ 《中国盐政沿革史·长芦》，第 54 页。
⑤ 《清盐法志》卷 24，第 1—3 页。

私、行贿等种种卑劣手段谋求自存,进而追求更多利润。①

芦商"走私"盐斤首先从"纸上谈兵"的称挚手续开始。由户部颁发,铸造于顺治和康熙年间的砝码并不是法定的16两为1斤,而是17.3两,②用来称挚盐包,亦即每包法定净重220斤的盐,实际重量是237斤。当然,这还不是盐包的"真正"重量,因为通过行贿、卤耗等花样,一包盐的重量经常超出定额百斤以上,过称时称衡被压垮的事件屡见不鲜。③ 超重多出的无税盐斤,就是蒲松龄所说的"官私"的一部分。

当然,若无大大小小的官员以至差役的默许,盐商或许不会如此放肆。自1651年开始,谴责官员贪污受贿的法令很多,却形同具文。④ 雍正皇帝心里很清楚,"上下各官,需索商人,巧立名色,诛求无已,穷商力歇,不得不纳新补旧,上亏国课,高抬盐价,下累小民",更不用说他那些觊觎大位的兄弟们。据他所说,他们和串通一气的官员们从长芦盐商那里接受了11万两白银,以帮助盐商获得缓征,这是"路人皆知"的事情。⑤

官员们普遍腐败的原因之一是他们的薪俸与他们所拥有的权力不成比例。直到1663年,长芦盐政都没有自己的衙署,不得不在

---

① 清代私盐问题,参见徐安琨:《清代大运河盐枭研究》,台北:文史哲出版社,1998年;张小也:《清代私盐问题研究》,北京:社会科学文献出版社,2001年;陈锋:《补贴与攫取:清代盐商获利方式的多样化》,《江汉论坛》2021年第4期。
② 《成亲王永瑆呈为盐砝加重案李如枚供单》1812年10月9日,中国第一历史档案馆等编:《清代长芦盐务档案史料选编》,第284页。
③ 《清盐法志》卷19,第5页;《直报》1896年9月7日。
④ 征瑞前揭书,卷4,第1页。
⑤ 段如蕙前揭书,卷11,第86—87页;《莽鹄立奏折二十七件》,《故宫文献》1972年第4卷第1期,第82页。

他的私邸处理公务;长芦盐运使尽管责任重大、公务繁劳,但从国家领到的年俸仅130两。① 雍正皇帝针对官员薪俸太低的情况,干脆把种种陋规合法化。经过与受影响的官员讨价还价,他最后裁决了一个定额,用从长芦盐商那里取得的盐引领告费作为官员们的养廉银(见附录一A)。

然而,雍正皇帝大刀阔斧的改革并未收到长远实效。当乾隆皇帝发现两淮商人每年资助两淮盐政日常开支的金额高达4.3万两,远远超过他自奉的3万两时,他按捺不住内心的恼怒。② 尽管改革时有风行,比如在1848年取消、合并了185种正、杂课,但新的征敛和陋规很快又滋生了。到1911年,长芦的盐商们发现,他们还在负担7种正税、3种正杂税、27种杂税,并支付17种帑利。③

可是,上述种种负担不过是中央政府因奏销而审查的冰山一角。长芦盐政和盐运使都没有发现的,是由地方官员向盐商征敛的费用。这些费用的多少或因地方贫富而不同,但种类相似,大约四分之一被送给了县官、衙役、驻军长官。县尊有季规,其夫人的生辰要寿礼,遇白事有奠仪,更不用说一年当中重要节日按时赠送的节敬了。年中履新的官员也有表示欢迎的贺礼。1849年的一项清查表明,种种礼金总数从几百两到数千两白银不等。六十二年以后,官员们再次报告说,地方盐商作为惯例的"陋规"不少于11

---

① 段如蕙前揭书,卷4,第8页。
② 曾小萍(Madeleine Zelin):《州县官的银两:18世纪中国的合理化财政改革》,伯克利:加州大学出版社,1984年,第264—302页;王定安等纂修:《两淮盐法志》,1905年重印,卷7,第8页。
③ 《长芦盐运使司档》,河北省档案馆藏,5646,1911年11月21日。

种(见附录一B)。① 此外,还有若干费用要支付给基层地方当局,所谓"门面劳费"就是盐商经营开销的一部分(见附录一C)。据零星证据显示,这些费用占地方零售开支的15%。②

然而所有这些征敛对盐商来说可能不算重负,甚至可以说是他们经营"成本"的一部分。付出越多,获利也就越多。王锡彤的《抑斋自述》生动地揭示了盐商的零售运作如何攫取利润。

1881年,16岁的王锡彤丧父后,到盐店当学徒。这是一份既牢靠又报酬优厚的工作,名义上月薪1000文。他被指派当了柜台伙计,观察到一些对初出茅庐的他来说很奇怪的现象。当时这一地区官定的盐价是每斤29文铜钱,但是除非盐店把盐卖到32文,盐商不可能赢利。为了解决这一问题,盐商们和地方官达成了默契:1斤盐被定量为14.5两。此外,柜台的伙计都得精通耍秤杆子。用盐商自己的话说,这叫"死价活称"(价格不动,分量找平)。本地的生员、衙役和豪强恶棍每斤盐会得到16两甚至更多,但儿童、妇女和农民只能得到10两。③

此外,姑且勿论盐商采用什么样的重量标准把盐卖给谁,他们还在盐中掺杂使假。人们时常抱怨盐商们在出售的盐里故意掺土以增加重量。有点良心的掺水(最好是煮过面条的汤水),还说可令结晶更纯白,胆大的更添加沙石、石膏和明矾。用这些方法取得

---

① 1849年定亲王奏折,见《长芦盐务奏议》,南开大学图书馆特藏部收藏;《长芦盐运使司档》173.479,1911年7月11日陈友璋禀长芦盐运使。
② 这条资料记的大概是某年5月关于永年县的情况,记录在《长芦盐引册》夹附的纸条上,1891年手抄本,南开大学图书馆特藏部收藏。
③ 王锡彤:《抑斋文集》,1939年,卷1,第37页。修武属河南省怀庆府,1685年划归长芦。

的部分额外收入,每月一次发给店里的伙计,据说这些奖励超过了他们的月薪。①

综上所述,长芦"商力素称拮据"的说法不无水分。直至晚清,芦商仍然有利可图。奉公守法的严修,在他的日记中记载严家三河引地,每引可得 3.2 两白银的毛利。② 整个芦纲的利润,在缺乏账目的情况下无从考证,但熟悉天津商况的宋则久和芦商通常都以 300 万两数字为准,也就是说若以 600 万至 700 万两的窝价,200 万两的流动资金计算,芦商的年毛利率大概是 30%。③ 盐商们雇用镖局,把从引地外店赚到的银子运抵天津时"来镖"的热闹场面,亦是津门街头一景。④

这种场面使我们想到王守基对长芦的评论。王氏在 1832 年成为进士以后,宦海沉浮,在户部山东司治事二十多年,对盐务"洞悉利弊"。就是以他的经历也觉得芦商和盐官"结习沈秘,令人匪夷所思。向来查办,亦止得其形"。⑤ 本章对长芦历史的庐山真面目亦只得一鳞半爪而已。然而有一点很清楚,盐商们不得不跟政府打交道,这个政府根据其本身的需要,不时地没收商人财产,重征旧税或开征新税。盐商需要与整个官僚体系周旋,这个官僚系统

---

① 王锡彤前揭书,卷 1,第 38 页;《长芦盐运使司档》173.489。
② 严修:《严范孙日记》1905 年 7 月 5 日和 7 月 6 日;又,《长芦通纲前清光绪乙巳年得利表》,见河北师范大学历史文化学院、河北省国家档案馆编:《中国长芦盐务档案精选》,北京:国家图书馆出版社,2011 年,第 4 册,第 1190 页。
③ 《直报》1896 年 5 月 2 日;《大公报》1903 年 6 月 14 日;《长芦盐运使司档》173.178,1903 年 9 月 7 日长芦盐商请求政府贷款的呈文。
④ 李端:《追忆先父李叔同事迹片断》,《文史参考资料汇编》第 6 辑,1983 年,第 22—29 页。
⑤ 王守基:《盐法议略》,第 11 页。

通过各种各样的手段从商人的利润中瓜分一份。尽管盐商们受到声称主持公正的法律体系的保护,但是他们的买卖来自皇恩浩荡,不无代价,而且这一行业受到一系列精心设置的法规的控制,他们经营的市场、价格、兑换率都有规定,至少在字面上没有给商人留下多少回旋的余地。商人们保护自己利益的能力有限,但还是用上疏通、行贿甚至走私种种手段作为武器,以制约(如果不是削弱的话)国家权力对其生意的影响。

第三章　家族与情、理、法

在东方主义影响下对中国家庭和法律的论述,不单被立为另类,而且是落后的表征:聚族而居,专断的父权和男权,个人自由被摧残,更不用说缺乏神授或天赋的权利。历代专制政权强调儒家礼教,也强化了老人政治。表现在产权方面,就是个人财产虽然可以转让,但受到许多限制,如"卑幼擅用家财""先尽亲邻"等,以致影响到资本主义的发展。① 传统中国没有独立的民法、商法,民法、

---

① 韦伯:《经济与社会》三卷本,纽约:贝德明斯特出版社,1968年,第2卷,第657—658、882页;又,氏著:《中国的宗教》,纽约:麦克米伦出版社,1951年,第149页。舒尔曼(H. F. Schurmann):《中国传统的财产观念》,《远东季刊》1955年第15卷第4期,第507—516页;科罗韦克(Edward Kroker):《中国习惯法中的财产观念》,《日本亚洲学会学报》1959年第3辑,第123—146页;黄仁宇:《什么是资本主义》,《历史》1989年第13期,第108—109页。对韦伯学说和东方主义的批评,见马恕(Robert M. Marsh):《韦伯对中国传统法律的误解》,《美国社会学杂志》2000年第106卷第2期,第281—302页;林端:《韦伯论中国传统法律——韦伯比较社会学的批判》,台北:三民书局,2003年;络德睦(Teemu Ruskola)著,魏磊杰译:《法律东方主义:中国、美国与现代法》,北京:中国政法大学出版社,2016年。

刑法界限不清,因此有些学者认为中国根本没有民法。① 在处理民事、商务纠纷时,科举出身的地方官,尽管饱读诗书,但因为没有受过专业性的法律和商业训练,所以只能依靠行会的公断和地方习惯来判案。但"这些行会是在法律之外的,从来不以民法为依归",②既没有系统的刑事、民事成文法,"有例不用律,律既多成虚文,而例遂愈滋繁碎",更不用说法律面前所有人"一视同仁"。各级衙门以地方习惯和官僚的喜好行事,犹如韦伯所描述的"卡迪司法"(Kadi justice),与西欧的大陆法系,特别是德国悠久的罗马法、成文法传统,形成鲜明的两个极端。③

然而,聚焦中国与西方的差异,再进一步把这些差异理想化和绝对化,并不能让我们理解中国法律内在的发展逻辑及其运作。保存在中国档案馆和私家收藏的讼案、文书能帮助我们重构一些历史现场的讯息——当事人的诉求、期望和解决纠纷的方式吗?如果可以的话,其中又体现了哪些原则?在实际生活中,息争、消讼是理想,为了邻居的滴水和茅厕太近居所等鼠牙雀角之事提告,不单有违睦邻之道,亦复有渎官听。若然亲邻调解不成,双方执意对簿公堂,"一纸入公门,九牛拔不出"。积案拖延多年且不计,劳

---

① 李(Tahirih V. Lee):《冒险的买卖:法庭、文化与市场》,《迈阿密大学法学评论》1993年第47期,第1773页。
② 郭泰纳夫(A. N. Kotenev):《上海会审公堂与工部局》,原刊于上海:北华捷报,1925年,第251页。
③ 赵尔巽等修:《清史稿》,北京:中华书局,1976年,卷142,第4186页。林端前揭书,第17—19页。当然,西方对民、刑应该如何划分,也有争议,见萨纳、康施(Austin Sarat and Thomas R. Kearns)编:《权利》,安娜堡:密歇根大学出版社,1997年。

烦衙役下乡传召,过堂审讯,花费可以破家,地方官还会以不管"细事"为理由不准。① 晚近中国法学家开始跳出东、西方二元论,分析情(包括人情、舆情、案情)、理(推理、道理以至天理)、法(地方习惯、例与律)三者的复杂关系,从"情理以外无法"出发,探讨中国法律哲学传统的基础。② 也有学者通过官箴书、公牍等研究历代民

---

① "今之地方积案多者以万计……有阅二三十年未结者……虽有原呈三月不到注销之例,然匿卷不呈者十八九。"见陈文述:《答人问作令第二书》,收入《颐道堂文钞》,《续修四库全书》本,上海:上海古籍出版社,1995 年,第 6 卷,第 43—44 页。西方也有法律不管细事的原则(de minimis non curat lex)。
② 沈家本:《法学名著序》,《历代刑法考(附寄簃文存)》,北京:中华书局,1985 年,第 4 册,第 2240 页;亦可参看霍存福:《樊山"情理外无法律"试绎》,《荆楚法学》2023 年第 1 期,第 56—76 页。滋贺秀三主张重点在情理,黄宗智老师则主以法判案,各得一端,引发一场论战,至今尚无定论。如王芳倩主张西方传统为法、理、情,东方排列顺序则是情、理、法,见氏文:《中国传统法律思想的形成与内在逻辑》,《法制与社会》2011 年第 11 期,第 295 页;徐忠明则认为无论刑事民事案件,司法官员都以律例为基础,再考虑情理的平衡,三者并用互补,见氏文:《清代中国司法裁判的形式化与实质化——以〈病榻梦痕录〉所载案件为中心的考察》,《政法论坛》2007 年第 2 期,第 39—76 页。至于这是否中国法治的特式,又是另一比较法学的议题,见向达:《中国式法治的情理法意蕴:礼法渊源、内涵结构及现代功用》,《深圳大学学报(人文社会科学版)》2023 年第 2 期,第 90—100 页。其实西方法学家对法律与道德(情、理)的关系,亦有极大的争议:法律形式主义主张两者没有关系;与之相对,法律工具主义,即法律现实主义相关的理论认为二者不可分割。

事、商事司法的实践。① 无论各有师承的陕派、豫派律学,还是绍兴师爷,明清州县的刑名钱谷在审理案件时,都得考量文字、契约的证据性,推敲如何把有限的律例刻舟求剑般地应用到"事态多殊……人情万变"的实际中去,"虚衷研鞫,酌理准情以断之"。② 为防止过失也好,为避免上级批驳也好,"堂上一点朱,民间千点血",量刑如何举重明轻,据轻明重,尤需精心处理,纂写判词。③ 至于如何调处敬老恤寡,维护家庭和睦、社会稳定与个人私产之间可能产生的矛盾,以及国法与礼俗孰重,如何运用互相渗透

---

① 童光政:《明代民事判牍研究》,桂林:广西师范大学出版社,1999年;郭成伟、田涛点校整理:《明清公牍秘本五种》,北京:中国政法大学出版社,1999年;郭成伟主编:《官箴书点评与官箴文化研究》,北京:中国法制出版社,2000年;陈全伦、毕可娟、吕晓东主编:《徐公谳词——清代名吏徐士林判案手记》,济南:齐鲁书社,2001年;邓勇:《论中国古代法律生活中的"情理场"——从〈名公书判清明集〉出发》,《法制与社会发展》2004年第5期,第63—72页;范金民等:《明清商事纠纷与商业诉讼》,南京:南京大学出版社,2007年;徐忠明:《清代中国司法裁判的形式化与实质化——以〈病榻梦痕录〉所载案件为中心的考察》,《政法论坛》2007年第2期,第39—76页;许文濬:《塔景亭案牍》,北京:北京大学出版社,2007年;汪雄涛:《明清判牍中的"情理"》,《法学评论》2010年第1期,第148—154页;郝平:《从家庭纠纷之讼看清前期地方官的司法审判——以〈牧爱堂〉相关案例的考察为例》,《福建论坛(人文社会科学版)》2017年第1期,第73—78页。
② 张晋藩:《清代律学兴起缘由探析》,《中国法学》2011年第4期,第155—164页。
③ "省事""勿轻引成案"等条,见汪辉祖:《佐治药言》,《丛书集成初编》排印本,上海:商务印书馆,1937年,第5、11页;汪世荣:《中国古代判词研究》,北京:中国政法大学出版社,1997年;又,氏著:《中国古代判例研究》,北京:中国政法大学出版社,1997年。

的情、理、法等重大原则问题,中国人更是煞费苦心。①

　　为了维护家长的权威,人们精心制定了以儒家的孝道思想为指导的家法族规,流传后代。在经典著作中,涉及禁止儿子和儿媳积聚私人财产的规定屡见不鲜。② 到宋代新儒家,朱熹反复教诲,既然"身体发肤,受之父母,不敢毁伤",那他们拥有的一切当然都应该属于父母。③ 为了维护家族和睦,年轻的家族成员被告诫不应该拥有个人财产,家训中甚至明文禁止个人累积财货、私置产业。④ 历代法律,也以礼大于法来支持这种权威。唐律规定"祖父母、父母在而别籍异财者"为不孝,此乃十恶之一,徒三年。⑤ 宋代

---

① 高道蕴、高鸿钧、贺卫方编:《美国学者论中国法律传统》,北京:中国政法大学出版社,1996年;梁治平:《清代习惯法:社会与国家》,北京:中国政法大学出版社,1996年;张晋藩:《清代民法综论》,北京:中国政法大学出版社,1998年;苏亦工:《明清律典与条例》,北京:中国政法大学出版社,2000年。离开法律文本,从实际生活和私人民间文书来探讨这些问题,可参见徐忠明:《案例、故事与明清时期的司法文化》,北京:法律出版社,2006年。
② 《内则》:"子妇无私货,无私蓄,无私器,不敢私假,不敢私与。"《礼记》卷27,北京:中华书局,1987年影印本,第1463页。又《坊记》:"父母在,不敢有其身,不敢私其财。"同上书,卷51,第1621页。
③ 朱熹:《朱文公文集》,《四部丛刊》本,1982年,卷99,第6页。
④ 费成康主编:《中国的家法族规》,上海:上海社会科学院出版社,1998年,第52页。
⑤ 王溥:《唐会要》,台北:世界书局,1963年,卷85,第1559页。但唐律亦规定,"若祖父母、父母令别籍",亦"徒二年,子孙不坐"。见刘俊文笺解:《唐律疏议笺解》,北京:中华书局,1996年,第936页。

更曾以弃市为此举量刑①,至于"诱人子弟析家产,或潜举息钱",犯者流配。② 1316年,元朝政府颁布法令,"禁民有父在者,不得私贷人钱"。③ 明律也规定:"凡同居卑幼不由尊长,私擅用本家财物者,二十贯笞二十,每二十贯加一等,罪止杖一百。若同居尊长应分家财不均平者,罪亦如之。"④这些家规法令如果有效的话,即使不能促进家族团结,也可能增加家族资本的积聚,使其触角超出家庭经济领域,延伸到地方社会乃至国家上层关系网络中。

另一方面,家族也是一个有生命、历经发展与分裂的载体,正是它的成功播下了分裂的种子,并使其走向衰亡。在通过家规传承下来的相互支持和传统价值的道德表象背后,使家族凝聚在一起的家长制和老人统治(如果这二者不是同时起作用的话)最终也会造成关系的极度紧张和家族内的诸多争端。⑤ 随着子女长大成人,家长年老力衰、权威下降,财富共享不断受到个人利益的挑战,

---

① 此律或限于川陕诸州,983年废除。见《宋史》,北京:中华书局,1977年,卷2,第30页,卷4,第71页;徐松编:《宋会要辑稿》,北京:国立北平图书馆,1936年,卷13220,第44页;朱熹:《朱文公文集》卷99,第6页。明清两代对此律有修订。明律改为杖一百,但需祖父母、父母亲告。清顺治三年,加注"或奉遗命,不在此律"。见马建石、杨育棠主编:《大清律例通考校注》,北京:中国政法大学出版社,1992年,第418页。
② 《宋史》卷7,第140页。
③ 《元史》,北京:中华书局,1976年,卷25,第575页。
④ 马建石、杨育棠前揭书,第418页。又,唐律作十匹,清律作十两。见李淑媛:《争财竞产:唐宋的家产与法律》,台北:五南图书,1994年,第62—64页。
⑤ 关于分家的资料汇编和分析,见有义:《明清徽州地方分家书选辑》,《中国社会科学院经济研究所集刊》1987年第9集,第79—135页;魏达维(David Wakefield):《分家:清代及民国家庭财产的分割与继承》,檀香山:夏威夷大学出版社,1998年。

尽管"在中国没有比家族经济受到更严格限定的制度"。①

契约、传记、家信、家规、族谱,以及官书和讼案,为动态分析长芦盐商家族与法律的互动提供了丰富的资料,比如财富是如何奠定了大家族的经济基础并最终导致分裂,以及政府是如何介入这个私人领域的。家族既是生产、投资、消费的单位,也是盐商社会自我再生产的载体。在身兼父亲和家长双重角色的精明强干的商人的领导下,核心家庭最终转化为数世同堂的大家族。家长去世后,其子孙们可以分居析产;但也可能暂不分家,在家长的遗孀或最年长男丁担当家长的情况下,继续作为一个家族生活在一起。在"同居共财"这一理想形态下,家长们依照劳动分工调动家族成员。② 为使财富世代相传,并与其他门当户对的世家大族联姻,家族的收入被集中起来,由最有能力的家族成员负责管理。

这种家族策略在某种程度上是有效的。但家族内合法继承人越多,涉及财富的数额越大,矛盾也就越多,而利用中间人调停成功或自愿妥协的可能性就越小。当亲情、礼制、儒家教化和家长的"绝对"权力不足以制约的时候,家族分化的过程便使得国家介入家族私事变得非常必要。家族成员间构讼对儒家正统思想的理论

---

① 韦伯:《经济通史》,新布伦斯威克:事务出版社,1982年,第313页。译者在这里使用的"家族"(clan)一词,在其他地方又被译为"血亲"(sib)关系,见韦伯:《中国的宗教》,第86—89页。
② 宋昌斌:《调节封建家国关系的同居制度》,收入叶孝信、郭健主编:《中国法律史研究》,上海:学林出版社,2003年,第14—29页。

和本质提出了疑问。① 左右为难的国家并非一个中立者,在以家长权威为基础的社会关系中,等级制度的准则必须得到维持,以制衡个人拥有财富的权利和欲望。但是,家长的权威也不是绝对的,各种财产的传承和转让也因习俗而异。天津地方官在处理这些盐商的家务民事纠纷时,只要不影响到税收和民食,多先让其亲戚纲友调停。② 但由于盐商的私产包括了涉及盐课的盐业专卖权,因此私人产权与国家利益、地方习惯、礼教、律例之间的矛盾如何解决,情、理、法孰重,对国家的法律机构和原则都是一个挑战。③

家族经济

虽然人们通常认为大家族是富豪的主要家庭组织形式,但在

---

① 欧中坦(Jonathan K. Ocko):《特权等级与和睦:清代法律案例中的家庭冲突》,收入刘广京编:《中华帝国晚期的正统学说》,伯克利:加州大学出版社,1990年,第212—230页。
② 关于家长权威的争论,参见仁井田陞:《中国法制史研究》,东京:东京大学出版会,1962年,第3卷,第329—364页;滋贺秀三:《传统中国的家产与继承法》,收入巴克斯鲍姆(David Buxbaum)编:《中国户律与社会变迁》,西雅图:华盛顿大学出版社,1978年,第109—150页。如果将各种财产做出分类,关于家长是否拥有绝对权威的许多争论亦可澄清;但各种地方的习惯法与律例并不一致,相对独立,参见后文关于各种财产的讨论。又见高其才:《中国习惯法论》,长沙:湖南出版社,1995年,第48页。
③ 白凯(Kathryn Bernhardt)、黄宗智:《清代和民国的民法》,斯坦福:斯坦福大学出版社,1994年,第12页;又,拙文:《习惯、律例与法律实践——中华帝国晚期长芦盐商契约研究》,收入曾小萍、欧中坦、加德拉编,李超等译:《早期近代中国的契约与产权》,杭州:浙江大学出版社,2011年,第252—279页。

缺乏人口统计资料和户口登记的情况下，要量化天津大家族的情况几乎不可能。① 个别例子是在理想的同居共财情况下，所有家族成员的收入都被集中起来，钟鸣鼎食，量入为出，"有余则归之宗，不足则资之宗"。② 200多口人同居的"北华"，因八代人未曾分家而受到人们的赞誉，其经济基础就是长芦盐区内最赚钱的通州引岸。③

从山西徐沟刘氏家族的实例中，我们可以窥见盐商的家族股份制经济形态。刘裕业将栾城引岸传给了他的两个儿子：相庭和靖庭。乾隆时期，在靖庭的儿子守成的经营下，获鹿和井陉引岸也成为刘家的集体财产，以"晋有孚"和"永裕"的引名分别经营。到20世纪早期，专卖权实际上被分为30.5股，由家族的四支控制，每股每年从盐务经营净利润的2万—3万两银中提取300两红利，加上其他投资（包括在栾城的钱庄）的收入，以20世纪早期一个中等阶层的人的生活大约每年开销8.5个银元的水准计算，足供刘氏家

---

① 参见《天津市之风俗调查》，《河北月刊》1933年第1卷第3期，第4页。由于家族发展周期是一个动态过程，因此试图界定量化天津中等家族的规模是没有意义的，例证可见罗兹曼（Gilbert Rozman）：《中国清代的人口与市集组织》，剑桥：剑桥大学出版社，1982年。
② 《仪礼》卷30，第1105页；《礼记》卷31，第1108页。
③ 华氏这一支可以追溯到无锡，其始迁祖华金在嘉靖年间（1522—1566）定居天津。其后人以"长裕"为引名，行办通州和新城，参见《直报》1896年1月2日。关于留在无锡的华氏家族的事迹，见德尔莱恩（Jerry Dennerline）：《清末无锡县新华氏的慈善财产与地方领导》，收入《芝加哥大学远东研究中心论文选》第4辑，1979年，第19—70页；又，氏文：《从宋至清无锡地区家族系统发展过程中的婚姻、收养与施舍》，收入伊沛霞（Patricia Ebrey）等编：《中华帝国后期的亲族组织：1000—1940》，伯克利：加州大学出版社，1986年。

族六代人享用。①

家　长

家长是家族的核心。在法律上,家长是家族的代表,通常由男性长辈担任,有时由家族成员共同推举。原则上,家长对家族事务拥有绝对的管理权,并得到国家的认可。明清时期,家族中的晚辈未经授权而动用家族集体财产属犯罪行为。如果家长认为有必要,他(或她)可以公开声明,也可以向地方当局立案,拒绝承担家族内晚辈未经授权的债务责任;作为最后的惩罚手段,甚至可以剥夺其继承权。②

尽管家长拥有这些权力,但他们的法律责任同样极为重大。他(或她)要对家族的集体行为承担责任,并且当出现分家的情况时,在财产分配中要做到公正无私。这些规定承认家族内年轻男

---

① 《长芦盐运使司档》,北京:中国第一历史档案馆,173.218,1908 年 5 月 22 日刘恩泽的诉状。当时中等阶层的生活水准数据,来自不安:《中国人真正的中等生活如何》,《社会教育星期报》1922 年 7 月 22。白银与银元的比价约为 0.69 两兑换 1 银元,见《大公报》1905 年 1 月 2 日。

② 在河北,家长权力因地而异,见"司法行政部"编:《中国民商事习惯调查报告录》,台北:进学书局,1969 年重印,第 1295—1407 页。继承权的剥夺由家长公布。例如,《大公报》1907 年 3 月 22 日再次刊登华氏家族 1879 年的声明,即不负责任何个人的债务;还可参见直隶高等审判厅编:《直隶高等审判厅判牍集要》,天津,1914 年,第 1 卷,第 64 页。其他著名家族类似事例,见《大公报》1909 年 2 月 11 日卞氏、1925 年 7 月 30 日高氏、1931 年 5 月 12 日杨柳青石氏的启事。在华北部分地区,剥夺继承权是常见的做法,例证见"司法行政部"编:《中国民商事习惯调查报告录》第 3 卷第 1300 页所引高阳的情况。

丁至少享有部分家族集体财产,据此,国家对偷窃与晚辈擅自使用家族财产的处分有着明确的区别:偷窃他人价值超过 10 两白银的财物可处死,但卑幼擅自使用等值财物,"盖家财亦卑幼有分之物",只杖二十,每十两加一等,罪止杖一百。①

虽然这些法律条文大致规定了家长的权限和家族经济得以运作的基本原则,但其实际运用还受制于地方习惯法和族规。比如,家长可以直接掌管,或是根据能力而不是辈分资格、拥有"股份"的多寡,授权某个家族成员为"当家",管理家族集体财产。②

参照残存下来的严修的书信、日记和传记,严氏家族经营的情形大致反映了盐商家族组织演变的状况。清初严氏先祖严应翘从浙江徙居天津经商。尽管严应翘归葬慈溪,他的儿子却留居天津。其五世孙严道亨(1805—1872)最初替人经理商务,后来于 1852 年认办三河引岸,引名"元昌"。他的独子严克宽(1829—1880)放弃举业,投身盐务,1870 年出任长芦纲总。③ 到清末,严氏成为天津的显赫家族。严克宽的长子严振经营着三河引地,而让他的弟弟严修读书。1883 年严修成为进士,与康有为、梁启超一起醉心于改

---

① 沈之奇撰,怀效锋、李俊点校:《大清律辑注》,北京:法律出版社,2000 年,上册,第 217 页。国家法律的有关规定,参见姚润纂辑:《大清律例增修统纂集成》,1871 年刊本,卷 8,第 45 页;《明律集解附例》,台北:成文出版社,1969 年重印本,卷 4,第 37 页;卜德(Derk Bodde)、克拉伦斯·莫里斯等:《中华帝国的法律》,剑桥:哈佛大学出版社,1967 年,第 247—249 页。

② 参见前述刘氏家族的情况。据《长芦盐引册》(1891 年手抄本,南开大学图书馆特藏部收藏),刘有兰是出名的东家,他这一族支控制着 30.5 股总额中的 5 股,而刘铭的孙子、守成的幼弟刘有枢拥有 10 股。

③ 《严范孙日记》1898 年 12 月 23 日。关于严家和严克宽的事迹,见张绍祖:《长芦总商严克宽》,收入鲍国之主编:《长芦盐业与天津》,天津:天津古籍出版社,2015 年,第 132—134 页。

革,在任职翰林院编修(1886—1894)、贵州学政(1894—1897)和学部侍郎(1905—1909)期间背负了沉重的债务。在1896年的一封家书中,他向严振吐露了自己经济上的窘状——在贵州如果收支相抵,就算得上万幸了。他唯一的愿望是家族的盐务继续昌盛,以便在家族的支持下实现他的抱负。①

这并不意味着严修只因经济上的需要才关注家族事务。年轻时,他已经有感于家道兴衰,良用惕然。严振虽是家长,但仍时常在重要问题上征询弟弟的意见,比如处理家族资金、盐田的出租等。严修的仕宦生涯使他远离家乡,但他与哥哥保持着紧密的联系,对家族经营管理,比如人事任免及其报酬,继续予以关注。②

1898年严振去世后,严修继任家长,与一个由他的子侄组成的大家族继续共同生活。严修因在北京供职而不在天津,所以把家长的职责委托给了由他的侄子和两个儿子共三人组成的"当家"。诸如丧葬礼金、家族成员的零用钱、家族的伙食开销等事项都由严修最后决定,他定期检查家族账目,鼓励"当家"们制订并实施家族年度开支预算。③ 但严修在行使家长权力时并不专断,他定期征询晚辈的意见,给侄儿写信,与寡嫂商议是否出租三河等问题。在做重大决定时,他并不一意孤行。④ 无论在天津、北京或贵州,他都在遥控家族的财产和买卖。作为盐商,直到1915年,也就是他接任家长十八年后,他才到盐滩查看收获的情况,有时竟长达六年没到过

---

① 《严氏家书》1896年9月22日。
② 同上书,1891年3月14日、5月8日。
③ 同上书,1906年6月7日、1907年6月6日。
④ 《严范孙日记》1911年4月8日。

三河。① 盐务日常运作被分别委托给两名专职的经理,一驻天津(内店),一驻三河(外店)。内店和外店各有数名账房、副手和私友辅助,"当家"们定期到店里来检查经营情况。② 在通过私人通信广泛征询了严修和"当家"们的意见之后,内店经理会签发"公信"宣布人事、薪水、花红、休假和利润决策。③

作为家长,严修在安排家族资金用于个人交际和公益事业方面有很大的自主权。在北京任职学部侍郎期间,他的钱银来往由他的宁波远亲严信厚的"源丰润"通融经办。然而,亲戚归亲戚,钱银归钱银,严修还是要求其"当家"把家族盐业的收入存放在"源丰润"来做脸,"面子上好看一点"。但严修对家族资金的管理是公正无私的,他对家族财产与私人用度有着严格的区分。他一卸职就借款及时清还了因个人私事而使用的家族款项。④ 尽管家长拥有相当大的合法权力,但其实际管理可能由于家族内人们的期望而受到节制。

家族的投资

盐商家族的成功在一定程度上应该归功于能够集中地安排和使用集体的资金。在家长的领导下——如果他不是绝对专制的

---

① 《严范孙日记》1915 年 10 月 27 日,1916 年 12 月 7 日。
② 《严氏家书》1908 年 7 月 7 日。
③ 同上书,1907 年 7 月 27 日,1908 年 5 月 3 日,1908 年 11 月 11 日,1908 年 12 月 31 日。
④ 《严范孙日记》1909 年 5 月 26 日。

话,家族的投资、人员安排以及在其他方面的管理会有益于整个家族,并进一步给每一个家族成员提供和创造机会。

对家族中男性后代的培养教育是家族整体计划的一个组成部分,其目的是维持盐商家族的财富和社会地位,尽管教育内容绝少涉及"经商"方面。只要男孩子们愿意学习,家族可以毫不困难地为他们请来私塾教师。在20世纪以前,讲授的内容是各种传统的儒家经典。以19世纪中期天津最大的盐商之一冯氏为例,私塾教育自7岁开始,授课内容最初是《三字经》,随后是儒家经典《大学》等。他们到16岁才开始学习珠算,也没有正规的商务教育。①

依照华北地区的传统习惯,家族通常会培养长子承担经营商务的责任。② 这种分工使长子之外的其他男丁有机会读书以参加科举考试。家住东门内冰窖胡同的李士铭(1849—1925),人称"李善人",1876年取得举人身份后当上了户部郎中。不过,作为长子他需要承担家族和官职这双重压力,终于1880年辞官回里,致力于管理家族事务和地方公共事业,而他的弟弟们踏上了仕途。1877年,李士鉁(1851—1926)中进士后,在翰林院任职并兼管家族在北京的商务;李士钰(1855—1917)起初任职刑部郎中,1882年回到天津继承李士铭的职务当了长芦纲总;李士錡(1860—1899)则任职

---

① 冯学彰编:《天津冯介清氏编年纪录》,未刊本,1919年。冯氏祖先在明朝正德年间从东安(今安次)徙居天津,见《天津亦政堂冯氏家谱》,油印本,1923年。
② "司法行政部"编:《中国民商事习惯调查报告录》第3卷,第1373—1378页。

翰林院待诏。①

　　家族成员劳动分工和事业的多样化给家族创造了有利条件。官衔或通过科举考试得到的功名既给本人带来荣誉,也给家族带来实惠。在诉讼案件中,有功名身份的人在其功名被褫夺之前,即使不能被赦免,也会得到极大的宽待。作为"八大家"之一,华氏家族在商务活动中的有利地位至少部分地受益于他们合法周旋的特殊优势。1901年,华氏将新城引地出租给了刘鸿勋,租期10年,押租5万两银,第一年现租1500两银,第六年后增至3000两。1902年,华氏家族的家长华少澜代表家族起诉刘氏,控告他没有交付押租和租金。刘氏则反诉华氏指使伊家妇女闹店。② 在裁处这起互控案时,地方当局发现华氏起诉刘氏不过是为了给其施加压力,以便取得更多的无息保证金用于偿还家族债务。然而,由于华氏有功名在身,因此法庭不能强制他到案作证。此案拖延了三年之久,双方争讼愈烈。恼怒的长芦盐运使最后宣布,鉴于华氏拒绝亲自出庭作证,没有比双方所签契约更有说服力的证据作为判决依据。他的推理无懈可击:如果华氏没有收到全额保证金,他们是不会交出引岸的。据此,他别无选择,只好驳回此案。在此期间,华氏以

---

① 李氏的情况,见《延古堂李氏家谱》,手稿,未署日期,天津社会科学院图书馆收藏;柯绍忞:《户部郎中李公墓志铭》,手稿,未署日期;《李子香先生七十寿言录》,1918年,未刊本,天津,第1—3页;《大公报》1909年8月27日和1910年7月27日;《长芦盐运使司档》173.51,1882年8月26日的任命。

② 《长芦盐运使司档》173.124,1901年9月24日合同,1902年11月17日诉状,1904年7月16日的反诉状。华学澜1875年成为进士,见陈垲编:《津邑选举录》,1874年,第1页。在商务或家族纠纷中出动女性,在天津似乎行之有效,例见《直报》1895年2月11日;李燃犀:《津门艳迹》,天津:百花文艺出版社,1986年,第224—229页。

诉讼案件未决而拖延了还债。①

华氏的另一个分支"东华",或称"高台阶华氏",在纵横天津商海的过程中,也利用家族集体所有与个人私产之间的混沌不清达到了目的。华氏的这一分支在明朝天顺年间(1457—1464)从无锡徙居绍兴,1646年又徙居东安。这一支系中的华文炳于1663年定居天津,成了这一分支的始祖,以"华集成"为引名,行办安州(今河北安新)、容城、天津、武清引岸。② 1912年,华张氏控告华家及其当家华承彦,要求偿还自1877年息借的3000吊铜钱。华氏家族则驳辩说,这笔钱是华承勋以"厚德福"名义借的,因此应视为私人债务。由于华氏家族在1879年已做出决议,家族不再负责此后家族成员的私人债务,因而华承彦拒绝承担他弟弟的借款责任。然而法庭推理,如果法庭难以区分私人债务与家族集体债务的话,那么也没有理由指望原告去区分清楚。法庭认为,当"厚德福"成立时,华承彦作为家长当然应该知道此事。他当时没有对此事表示异议,表明他或者是玩忽职守,或者是纵容了他兄弟的行为。无论属于哪一种情况,华氏家族都应承担还债责任。考虑到华氏家族的权益,法庭裁定华承彦可以代表华承勋在一个月内提出上诉,否则应承担偿还债务的责任。

华承彦不服判决提出上诉,重申应该由华承勋承担还债责任。

---

① 《长芦盐运使司档》173.124,长芦盐运使1905年8月4日裁决。遗憾的是,纠纷并未就此了结。1912年,华氏在租约期满的时候,开始了新一轮有关归还押租的诉讼。
② 参见《长芦盐运使司档》173.210;华泽咸:《天津华世奎其人其事》,《天津文史资料选辑》第60辑,1994年,第57—71页;华长卿等修:《华氏宗谱》,序,1911年;高凌雯:《志余随笔》,天津:天津古籍书店复印,1982年,卷3,第15页;卷6,第8页。

直隶高等审判厅认为,华氏家族对此绝不能不管。即使是个人借款,既然华家未分家,华承彦与他的兄弟也应当分担责任。不过,法庭发现原告也有一定责任,即没有及早索还贷款,致使利息积累过多。为尽量解决争端,法庭裁定华张氏得直,要求华氏除偿还本金外,再偿付累积利息的一半,恰好符合律定一本一利条。① 华氏利用这种家族策略为家族赢得了时间和对方的妥协让步,尽管欠债还钱的"理"和法律还在发挥功用。

除了维护家族利益,家长还是非物质财富(比如"社会知识")的裁定者,审定门第并安排婚姻。对于天津的富豪来说,这种社会知识得来并不困难。除了在芦纲共事盐业,他们还多为邻里。当时天津居民都知道东贵西贱,北富南贫。② 据《津门保甲图说》记载,在391家长芦盐商中,天津城里居住的有159家。在东门外和北门外地区——这是两个最富裕和最商业化的居民区,居住着另外162家盐商,此外还有34家盐商住在介于城根与南运河之间的西北角地区,这里有很多娱乐场所:妓院、旅店、茶馆,还有侯家后的几家戏院(参见附录四地图4)。

门当户对的长芦盐商,因而也就顺理成章地从邻里进而结成亲戚。严修当家长期间,他的儿子、女儿、侄子、侄女分别与华氏、

---

① 1912年8月8日华张氏控告华氏案,见直隶高等审判厅编:《直隶高等审判厅判牍集要》卷2,第63—65页。
② 《大公报》1941年1月9日。东门里地区大概是盐商最理想的居住区,经营着十三个引岸的6家盐商沿二道街居住。在冰窖胡同,除了"李善人"家族,还有4家盐商。居住在鼓楼东的盐商也有6家之多。另一个聚居点是刘家胡同、县学西和经司胡同一带,这三条胡同都通向东门内大街,这一地区居住着另外9家盐商。城内其他地区盐商不多,东北部9家,西北部6家,而西南部仅1家。上述居址来自天津益世书报社编《天津商业汇编》(1923年)中的电话通讯录。

卞氏、李氏、韩氏结成通家之好,而在此前严家已与孟家、石家联姻。通过商务和其他事业中的相互支持,这种婚姻联盟促进了家族财富的增长和社会活动。当严氏大力兴办各种地方教育事业时,华氏慷慨资助白银 1000 两。① 同样,"鼓楼东"姚家的家长、长芦纲总姚学源也从他的姻亲——粮店后街的"李善人"(上文提到的居住在冰窖胡同的"李善人"是另一家,详情见下文)和"长源"杨氏经营的钱庄中得到支持。②

在 20 世纪初,将商务与婚姻联盟绝妙结合起来的恐怕当属冰窖胡同的"李善人"家了。李氏战略性地通过子女婚姻与其他"八大家"成员以及地方望族赵氏和高氏等结成亲戚。民国时期,其姻亲网更进一步扩展。女婿们来自袁世凯与陈光远家,一个儿子迎娶了大总统曹锟(1923—1924 在任)的女儿,另一个成了直隶省长曹锐(1918—1922 在任)的女婿。在李家家长李颂臣六十岁寿诞的时候,贺寿的花名册成了一部北洋政要的名人录:三位总理、内阁成

---

① 《严范孙日记》1899 年 5 月 17 日,1910 年 7 月 27 日,1910 年 8 月 14 日,1911 年 2 月 28 日,1911 年 3 月 20 日。严修的姐姐嫁给了"高台阶"华家的华世琯,而华世奎的长子娶了严修的次女,严氏长女则嫁到"乡祠后"卞家。严修的第五子智钟迎娶了"天成"韩家的女儿。严振的一个孙子娶了"李善人"家李士铭的侄子李鸿翰的女儿为妻。
② 姚氏的关系网不仅有盐商如徐氏、沈氏、严氏,以及"八大家"的成员韩氏等,还有大学士李鸿藻。参见姚惜云:《天津的票友和票房》,《天津文史资料选辑》第 21 辑,1982 年,第 198—212 页。姚氏先祖在乾隆时期从浙江徙居天津。

员,各省的都督、军阀、官员等,都作为姻亲、至交向他表示敬意。①

李家财雄势大,其他盐商们自会小心谨慎地避免与李家发生利害冲突,而李氏也利用这种地位聚敛更多的财富,比如参预收回路权运动。1908 年,在北京任翰林院侍讲的李士鉁和时任直隶省咨议员的兄长李士铭共同聚集了一批省内名流,建立了一项基金,以赎回津浦铁路。盐商们在每斤盐中加价 4 文,并把这部分所得直接交给路权赎回基金会。李士钰和他的侄子李宝恒都是长芦纲总,募集活动无疑是由他们促成的。作为此项基金的总管,李士鉁将这笔钱存入了由自家拥有并经营的钱庄。这项基金的运用不透明,而李家在亲朋戚友的保护伞下,多次查账都不了了之。②

建立这种社会关系网络对于家族来说同经营生意并无二致。

---

① 见《延古堂李氏家谱》;《天津李颂臣都护六十寿言录》,未刊本,天津,1934 年。李颂臣是李士铭的长子,李春城(1826—1872)的长孙。赵华亭的后代赵世曾(进士)是李聚奎的女婿。高家后代有高凌雯和他的弟弟高凌霨(1923—1924 年初任民国代总理)。纲总李士钰娶了张锦文(见第五章)的孙女为妻。下一代人中,李士钰的侄子、长芦纲总李宝诗把一个女儿嫁给了张锦文的曾孙张伯成。"八大家"中其他家族缔结姻姻的情况,跟华氏和李氏一样有例可循,见《大公报》1914 年 4 月 12 日。"八大家"与其他不太显赫但同样富有的家族之间的婚姻同样很多,这里难以赘列。参见高鹏:《芦砂雅韵:长芦盐业与天津文化》,天津:天津古籍出版社,2017 年,第 153—166 页。比如冯氏与华氏、卞氏、查氏都是姻亲,见冯学彰编:《天津冯介清氏编年纪录》;1990 年 1 月 3 日冯宇澄座谈;徐泓:《韩家往事》,北京:商务印书馆,2024 年。
② 例证参见直隶咨议局 1910 年 1 月 30 日通过的查账议案,以及 1923 年 5 月 10 日《大公报》报道的另一次调查。曹锟垮台之后,无论是否敲诈,每一次北京政府的更替都使李氏家族受到调查,而南京政府的"五纲总案",终于令李家大受打击。见纪华:《长芦盐务的两大案件》,《天津文史资料选辑》第 26 辑,1984 年,第 133—134 页;《大公报》1926 年 10 月 19 日、12 月 13 日、1928 年 10 月 16 日、10 月 18 日、12 月 2 日;《天津商会档案汇编:1928—1937》,天津:天津人民出版社,1996 年,第 2486—2498 页。

家族集体投资是家族多样化投资组合战略的一个组成部分,分散投资于土地、钱庄、当铺和各种买卖,可以累积更多财富。尽管资料不全,但对盐商来说,土地,特别是城市房地产,是一项有利可图的投资。严氏家族通过出卖地产资助地方教育事业,但他们所拥有的房地产与他们的世交、合作办学的"益德王"(又号"麻袋王")相比是小巫见大巫。王氏家族以"德兴裕"引名拥有开州、东明、长垣、濮阳引岸,又租办大名、清丰、南乐、清苑、曲阳、阜平引岸。然而,王氏家族的主要投资是在钱庄和"恒德"字号下的市区房地产,他们因此得来了"王半城"的雅号。①

除了土地和房产,盐商们还乐于经营当铺和钱庄这类稳定而获利颇丰的买卖。据记载,来自陕西的杨氏不仅以"长源"为引名行办邯郸、武安、涉县、成安引岸,还是20多家当铺,以及至少1家钱庄的东家。② 其他的盐商,即使不像"益德"王氏那样从经营钱铺起家,也会投资1家甚至更多的钱庄,以利于资金筹措周转。此

---

① 王氏祖籍山西,道光年间迁天津,以经营钱铺起家,成为"八大家"之一。八国联军之役中,王家被焚,但其窖藏的47万两银子熔成一堆,没受太大损失。辛亥革命,加上天津兵变,钱庄被抢,让王家交出159处房产契约,以清理120多万两银的债务。1991年7月26日访问王之权,又2000年7月23日函;《天津商会档案汇编:1903—1911》,天津:天津人民出版社,1989年,第591—605页;《大公报》1911年10月31日,1915年8月6日。从1900年开始,王氏亦拥有东壩引岸半股,见《大公报》1930年3月13日。

② 徐泓前揭书,第12—13页;王子寿:《天津典当业四十年的回忆》,《文史资料选辑》第53辑,1964年,第35—58页;辛成章:《天津"八大家"》,《天津文史资料选辑》第20辑,1982年,第50页;胡光明:《论早期天津商会的性质与作用》,《近代史研究》1986年第4期,第183页。杨家的家长杨俊元也当过纲总,见《天津城市建设》丛书编委会、《天津近代建筑》编写组:《天津近代建筑》,天津:天津科学技术出版社,1990年,第49页,该处还载有这个家族宅第的平面图。

外,盐商们还开设专营丝绸、中药、木材、粮食的店铺乃至洋货店。①

作为一个经济单位,盐商家族介入了广泛的投资领域,利用像天津这样繁华的商业城市中的许多机会,这使他们的实力得以增长壮大。在具有才干的"当家"和专业经理的辅助下,同时受益于强调孝悌和家族集体的价值观,强有力的家长可以团结全体家族成员,创造家族的财富、社会声望和社会地位,既顺应亲情和人情,也符合经济原则(理)与地方习惯,自行运转。政府也以礼入法,有限度地承认宗族、家长的权力,为盐商阶层的发展提供了条件。

矛盾与冲突

另一方面,盐商家族的兴衰也透露出许多瓦解性因素。② 在家族资财的控制、分配和管理中,家庭成员间周期性地爆发危机。家庭矛盾时常变得公开化,这使得长芦盐运使和地方官总是被家族讼案困扰。诉讼两造可能是一个家族内的任何成员:祖孙、父子往往对簿公堂,争辩关于家族财富的问题,家长的权威因而不断受到挑战。家族内部各支派之间也在权利与责任问题上争讼不已,兄弟之间在安排、管理、共享家族财富的问题上互不相让。寡妇们在

---

① 清末华北工业化伊始,盐商亦投资近代工业(详见第六章),包括持有煤矿、铁路等公司股票,收益远超过出租农地,见拙文《近代天津商人城乡家庭经济型态一例:什季堂李氏文书初探》,《近代中国》第18辑,2008年,第297—321页。什季堂李家祖籍安徽,明弘治年间迁天津,1868年以引名"富有元"租办武强。其后人李玉麒更行办武邑、安平、故安等引岸,并出任纲总。

② 孔迈隆(Myron Cohen):《分家与聚合》,纽约:哥伦比亚大学出版社,1976年。

维护自己利益的过程中很容易成为家族内的羔羊。为了追逐财富,亲戚和朋友都可以成为猎物。

这种种争端源自族产收入、开支和集中管理。家族成员对家族财富所做贡献不同,精明强干者不满许多不事生产的家人与其共享财富,或觉得分配"不公"。粮店后街"李善人"家的李叔同(1880—1942),由于他的才气以及他因庶出身份而受到的歧视,与掌管着家族盐业、钱庄、地产多方面经济大权的长兄不睦。他的儿子李端那时是个少年,没有跟随父亲浪迹上海,他痛苦地回忆了他的堂兄弟们是如何破坏家族同居共财原则的:他们一方面肆意挥霍家族集体的收入,一方面把自己的收入塞入个人私房。①

造成家族不和的另一个原因是,虽然家长和家族内的长者得到照顾赡养,但他们中仍然有人不满。"北华"的"当家"华凤岐,尽管纵横天津商海,但在与家族内的长辈打交道时陷入窘境。由于对家族内"一视同仁"的做法不满,华李氏采用了华凤岐对付商业敌手的一种极其有效的手段。她到通州总店里大吵大闹,声称想让她回天津,非给3000吊铜钱不可,还要求增加月费。不久,家族内的另一位寡居族姊也前来助阵。华凤岐无计可施,唯有诉诸法

---

① 李叔同集画家、作曲家、剧作家、诗人、书法家、教师及名士身份于一身,出家后更成为南山律宗一代宗师。见丰子恺、宋云彬:《弘一法师》,《文史资料选辑》第34辑,1963年,第100—115页;包华德(Howard L. Boorman)等编:《民国名人传记辞典》,纽约:哥伦比亚大学出版社,1968年,第2卷,第323—328页;陈慧剑:《弘一大师传》,台北:东大图书公司,1983年;田涛:《百年家族——李叔同》,新店:立绪文化事业有限公司,2001年;李端:《追忆先父李叔同事迹片断》,《文史参考资料汇编》第6辑,1983年,第26页。

律,动用官府派差递解他的两位族婶回天津。①

给家族经济带来更大冲击的是那些急不可待,或刚愎自用,甚或兼而有之的男丁。作为有份享用和继承家产的后辈,他们通常抵御不住盐业专卖权的巨大诱惑,指产举债,从而干出违背孝道、侵害父祖辈权威的勾当。郑氏家族乃是其例。行办济源的李恩培从郑作霖那里租办孟县引地,自1886年起,期限8年。郑作霖故后,其兄弟郑作楫于1894年续签了租赁合同。4年后,郑作楫的儿子郑林萱擅自将孟县出租给曾季章,租期10年。1899年李恩培提出诉讼时,也曾控告郑林萱一引二租。结果,郑作楫父子反目成仇,相互诘难。直到曾季章接受委任成为山西省沁源知县并撤回诉讼的时候,此案才有转机。李恩培的租约再延长了10年,条件是他替郑林萱赔偿曾季章白银800两。②

犹如父亲难以控制任性的儿子一样,家长们发现自己的权威随着年老而不断受到侵蚀和削弱。1904年,赵氏的女家长起诉她的孙子赵桂馨。她的亡夫经营的引名为"义永昌",把昌平和延庆引岸留给了她的三个儿子:维津、维康和维涛。这些引岸起初由一个侄子经管,1899年后由曹荣萱租办,为期5年。1903年,赵桂馨在没有征得祖母和父亲同意的情况下,擅自将引岸续租给曹荣萱,为期10年,年租4000两白银,其中的2500两用于清还他所欠的债务。女家长被这种不负责任的行为激怒,遂起诉孙子。赵维津夹在母亲与儿子之间左右为难,只好承担了签约的责任,才使儿子摆

---

① 《长芦盐运使司档》173.210,华凤岐1904年9月17日诉状,法庭的命令于1904年10月4日执行。

② 《长芦盐运使司档》173.105,173.292。

脱困境。①

兄友弟恭也是维系家庭和睦的重要原则。虽然按习惯长子在家族中享有特殊地位,但他的弟弟也享有同等的继承家产的权利。② 如此一来,兄弟之间的矛盾便十分棘手,前文提及的冯氏家族足资为证。其九世孙冯恩绶(1775—1844)租办和认办二十多个引岸,1846年因为欠课20多万两银被迫弃产之后,仅剩下涿州、清苑、阜平、曲阳四处引岸。1848—1880年,由女家长冯曾氏主持,这些引岸被租予"长源"杨家,1898—1908年继由"益德"王家租办,押租5万两银,年现租4800两。1907年,当商议续租合同时,矛盾终于在恩绶的三个曾孙学彬(1854—1908)、学彦(1856—1923)、学璋(1862—?)之间爆发。学彬和学璋同意继续出租,但学彦反对,理由是在计算租金时王氏有诈,而且拖欠了租金。学彬对此极为无奈,返回涿州后病故无嗣。

长兄死后,冯学彦认为自己理应继为家长,于是做主签订"草合同"将引地转租给了何福咸。冯学璋和冯学彬遗孀对冯学彦的决定极为不满,1910年他们联名向长芦盐运使呈状要求分家,声称草合同中他们的签名是伪造的。在简要的反诉状中,学彦称分家意味着被迫出卖引地。纲总李士钰提出的一项折衷方案打破了僵

---

① 《长芦盐运使司档》173.180,未经授权的1903年11月25日合同,1904年6月2日的诉状。
② 在中国,年长成员或长子的优先权因地而异,见法政学社编:《中国民事习惯大全》,台北:文星书店,1962年,第13—14页。年长成员或长子可能享有家庭财产的额外份额,如果他有儿子的话,他的儿子也享有此权。在华北地区,长子在父亲死后有权管理家族的财产,见"司法行政部"编:《中国民商事习惯调查报告录》第3卷,第1373—1378页。

局,最终,草合同被取消,众人商订新合同,引地由杨绍熙租办。冯家的三支分爨,但族产没有瓜分,即"分居不析产"。冯学璋在天津用了数月时间仔细清理账目,并起诉王氏以保证顺利交接。然而,当年晚些时候学彦威胁说要废除达成的协议,除非得到 3000 两白银作为他到陕西候补的资助。学璋因无力满足其兄长的要求而心灰意冷,遂把家族事务管理权交给学彦的儿子,离开天津回到涿州,致力于粥厂、贫民学校、弭争会等地方慈善和公益事业。①

如果在一个充斥着儒家思想而又十分重视家庭和睦的社会中,亲兄弟为家产不单阋于墙还对簿公堂的话,家族内各支系之间仅有的血缘关系则更易于被金钱腐蚀。定州王氏家族是从以"复成裕"引名经营望都引地起家的。后来,家族分为三支:王畲、王畯、王承翕。1894 年,王畲以家长的资格将引岸租给了"全益",1898 年转租予"晋益恒",为期 10 年,年租 3000 吊钱。1908 年,当续租合同尚未签订时,王畲企图把引岸卖给"晋益恒"未果,结果引发了一系列讼案,家族分裂了。1907 年 10 月 28 日,王畯状告王畲盗用家族资金。正当这位当家的独断专行初露端倪时,"德源"的经理章礼甫也提出诉讼。根据章氏的指控,王畲从他那里举债白银 3000 两,月息高达四分,以租借期满后的望都地区的引地为抵押。如果王畲无力偿还借款,则章氏或是作为承租人经营望都引

---

① 冯学彰编:《天津冯介清氏编年纪录》。据黄扶先的访谈,冯家口传自己遭查抄的原因是未能满足沈拱辰贪得无厌的索贿。官方文件则指控冯氏没有完课,见《沈拱辰等督宪、盐宪奏稿》,1846 年,南开大学图书馆特藏部收藏。并见冯、王两家 1898 年 9 月 20 日合同,冯学彬遗孀 1907 年 9 月 18 日诉状,冯学彦 1907 年 9 月 20 日反诉状,1910 年 7 月 19 日对王益孙的诉状,以上俱见《长芦盐运使司档》173.101。

地,或是以不超过 8 万两银的窝价购买望都引地。王氏家族第三支系的代理人寡妇张氏和她的儿子王承翕随后也加入诉讼,指责王畲经营无方,并反对出卖引地。王畲则反控家族内的其他分支图谋瓜分公产,篡夺他作为家长的职权。

涉及引岸,长芦盐运使如何解决这清官也难处理的家事?为打破僵局,他建议由这两个支系出资买下王畲的那一股。事未如愿,他又建议把引岸租给第三者。然而没有一个承租人能满足王氏家族的诸多要求,盐运使便把营运望都的责任判租给王畲,条件是他要付给其他两家年租和押租。然而王氏家族仍然无望和好,王夫人还指控王畲企图把个人所欠债务算入押租。无休止的争吵,放任不羁的王畲高达 4.5 万两银、月息达 12% 的借款,使长芦盐运使极为厌烦。他最后威胁说,为保证该地区的食盐供应,将把望都收归官办。为了避免丧失引地,其他两支只有妥协,允许王畲及其合伙人承租,年租铜钱 4000 吊。为了明确产权,望都被划分成三等份,由盐运使抽签派定。合同一式三份,约定王畲及其合伙人按照引岸出租的惯例,支付其他两房押租和年租。这样,王家的血缘关系就演变为商业关系,亲情被契约代替。①

在家族纷争中,妇女和儿媳的特殊地位也扮演了相应的角色。作为门当户对婚姻联盟战略的一部分,她们的婚姻可以涉及大量的资财,包括土地、现金、珠宝,其中不仅有新郎婚前送到新娘家的

---

① 《长芦盐运使司档》173.184,173.317,173.277,1908 年 4 月 5 日诉状,1909 年 11 月 19 日反诉状,1909 年 12 月 11 日裁决。不幸的是,这并非王氏官司的终结,他未能偿还"德源"的 3000 两白银欠款,导致了 1911 年的另一轮诉讼,见《长芦盐运使司档》173.456,1911 年 3 月 27 日诉状。

聘礼,还有作为嫁妆从娘家得到的一份家产。因此,这是一项财源。儿媳,进而可以说已婚夫妻对此享有(如果不是独占的话)相当大的支配权。① 由于这些财产不包括在家族财产内,因此勇于冒险的丈夫可以用他妻子的名义"寄顿"他的家当。无论妻子这样做是为了丈夫、自己或是子女,她自然承担了引起家族纷争的一部分责任。

血亲关系并不足以阻止家族内一个成员被另一个成员伤害,很多遗孀发现她们亡夫的兄弟侄儿辜负了她们的信任。尽管家族成员会感受到她所带来的荣耀,但无论如何一个养在深闺的善良女人或贞节寡妇,经济地位都是不牢固的。她如果不能得到娘家的庇护的话,就只有任随夫家摆布,或者成为众人的猎物。② 天津盐商家族中有相当数量政府褒扬的贞妇和烈女,部分原因是他们能负担所需费用。③ 从 1488 年开始,国家正式承认盐商家族中寡妇的合法权益,允许她们代表亡夫经营盐业,不但保护了私人产权,也作为对她们保持贞节的褒奖。有些寡妇因此而受益,张茂的

---

① 弗里德曼(Maurice Freedman):《中国亲族与婚姻的礼仪》,收入弗里德曼编:《中国社会的家庭与亲族》,斯坦福:斯坦福大学出版社,1970 年,第 182 页;毛立平:《清代嫁妆研究》,北京:中国人民大学出版社,2007 年。关于儿媳对其嫁资支配权的习惯法问题,见"司法行政部"编:《中国民商事习惯调查报告录》第 3 卷,第 1302 页;丈夫试图控制妻子的嫁妆通常被视为耻辱,因为丈夫无权处置妻子娘家的财产。
② 臼井佐知子:《诉讼文书中的清代女性》,《东洋史研究》2015 年第 74 卷第 3 期,第 203—234 页。有关节妇与家产问题,见苏成捷(Matthew H. Sommer)著,谢美裕、尤陈俊译:《中华帝国晚期的性、法律与社会》,台北:华艺学术出版社,2022 年。
③ 高凌雯:《志余随笔》卷 2,第 22 页;高鹏:《清代天津的"闺秀文化"及其近代转型研究——兼论长芦盐商对"江南女学"的传播与改造》,《地域文化研究》2018 年第 5 期,第 9—17 页。

遗孀乃是其例。1908年,她状告已故丈夫的好友周彤辉。据她所言,周某欺凌孤儿寡妇,绑架了她的儿子张致远,强迫她签订一张倒填日期的合同,把引地租给周某,押租保证金1.1万两银,现租1300两。然而,她对这种严重犯罪行为只是一带而过,却声称她只收到1000两押租,其余的被周某扣留以偿还张致远所欠债务。精明的盐运使推测张氏的意图是索取更多的现租,因为她已接受部分押租这一事实表明,她即使不同意,也肯定知道出租引岸的事情。据此,盐运使没有追究张氏关于绑架的指控(或诬告),而是提出了一个妥协方案:增加现租170两,既可恤寡,亦可维持两家的契约关系。结果双方都接受了这一兼顾情理的提议。①

尽管盐商的遗孀或许不像其他的寡妇那样没有自卫能力,但她们拥有的巨资极易令人觊觎。寡妇们拥有的引岸通常委托给侄子经营,好像侄子是晚辈,较为可靠。实际上,遭受侵吞的危险与重用亲属的恶果同样严重。引名"豫泰顺"的王子衡故后,他在商水和淮宁(今河南淮阳)的引地传给了独子王恒孙。可惜王恒孙早亡,留下寡妇徐氏和幼子王嗣昌。作为家族财富守护人的徐氏将这两处引地租给了引名"黄承德"的黄寓翰,自1891年起,为期10年;从1902年起转租给李宝恒,租期15年。依靠年租7500两银的收入和4万两押租,徐氏掌管家务直至她的儿子长大成年。然而她的儿子1916年也英年早逝,不久儿媳亦故去,徐氏重新肩负起经管超过30万两银家族财产的责任,并抚养着幼小的孙子。1920年,当一个名叫王养泉的侄子自愿承担经营责任的时候,这位64

---

① 1896年,张氏变卖400亩土地购入引岸。因当时尚未分家,所以该引岸属家族集体财产的一部分。见《长芦盐运使司档》173.297,1907年7月6日张赵氏的证词。

岁的女家长以为可以息肩。然而,王养泉逐渐地把家族财富攫为己有。当王徐氏发现家族的当铺被卖掉、不动产被抵押时,这位年届73岁的女家长别无选择,唯有诉诸公堂。可是,这位侄子却躲进了一个庇护所——不受中国法律管辖的天津英租界。王徐氏走投无路,将此事公诸报端,以期解决。虽然我们对其结局不得而知,但随后报纸上刊出了一则广告,宣称所发生的不过是一场误会。①

家族商务的风险

血缘给盐商家族以巨大力量,但对商务经营有利有弊。家族成员参与家族所拥有的各种经营活动,在这种情况下,他们会遇到种种潜在的问题,如权限不清、家庭角色延伸至商务、不同辈分间关系紧张、兄弟妯娌间争执、难以确定继承人、劳动量与报酬多寡不相称,这些问题困扰甚至毁掉了很多家族企业。② 从家族之外聘请的专业经理人员在金钱方面可能不那么廉洁,而家族成员自身也不一定会克己奉"公"。确实,家务与商务之间界限不清导致家族经营经常出现问题。令严修极为懊恼的是,一个颇受信任、经管严家商务40多年、被他称为七叔的经理,却辜负了他的信任。当

---

① 《大公报》1919年7月27日。王氏租办永清,并且是"兴泰豫"的匿名合伙人,行办温县引地,见《长芦盐引册》;《长芦盐运使司档》173.289,173.75,173.212。
② 参见罗森布莱特(Paul C. Rosenblatt):《商务中的家族》,旧金山:约瑟巴氏出版公司,1985年。

这位经理身故后,严修在清理账目时发现,他擅自借支了1000多两白银,并把木材和其他建筑材料擅作私用。然而,宽宏大量的严修对此不愿深究,他让"当家"付给这位经理的遗属最后整年薪金的差额。同时,他指示要从严管理会计程序,以免此类情形再度发生。①

另一个问题也经常困扰家族买卖。在这种血缘和地缘关系紧密编织起来的环境中,雇员若与雇主之间无亲无故,就很难有机会提升。同时,雇员还面临着到底听从谁的命令这种两难选择。由于对东家家族中针锋相对的指令难以执行,雇员被迫辞职和自杀的情景并不鲜见。前文述及的栾城刘氏,在天津总店的管事吴凤鸣就陷入了刘氏家族争端的泥沼之中。1904年,刘恩泽控告叔父刘有兰和堂兄弟刘祐之,称他们胡乱经营并侵吞族产。根据刘恩泽的证词,他们这一支拥有栾城的一股以及井陉和获鹿各三股的权益。然而,非但他们拥有的股权得不到承认,他们自己也丧失了参与管理的权利。刘有兰和他的儿子刘祐之作为"出名的当家",控制着家族在盐业和钱庄中的巨额利润,至少私吞了27万两白银。当刘恩泽试图参与天津的盐务管理并审核账目时,刘祐之命令雇员将他赶出店堂。吴凤鸣执行了祐之的命令,而这使他成了刘恩泽控案的共同被告。经过一系列的争辩,此案终于得以解决,刘恩泽同意他这一族支得到一次性津贴2000两银,另外得到200

---

① 《严氏家书》1908年5月8日。

两用于支付他的盘费。①

分家与国家

所有这些争端自然都损害了家族内部的安定。为恢复家族和睦,纠纷通常由第三者出面调停。中间人调停不能成功的话,则要由官府进一步协调和仲裁,尽管以礼入法的律例并非完全中立。虽然国家站在传统大家族一边,但到明清时期分家现象日益普遍,这一趋势或因商品经济扩大造成的诱惑而不断强化。针对这一变化,国家修订了相关的法律。在祖父母或父母准许的情况下,人们可以分家;对于有继承资格的男丁来说,长辈们应该无偏无袒。即使未经批准擅自分家而遭到祖父母控告时,不孝子孙受到的处罚也被减轻到杖一百。到帝制中国晚期,或奉遗命,或守孝三年之后,人们都可以合法地分产析居。②

然而在法律的具体实施过程中,清政府发现分家是一个棘手的问题。在维护家长及父母对晚辈的权威时,国家又不得不维护

---

① 《长芦盐运使司档》173.218,1904年5月22日诉状,刘恩泽1904年5月27日的反诉状,1905年12月24日的判词。雇员卷入家族争端的另一个例子,见《直报》1896年2月17日。
② 这变化可以追溯到至元八年(1271)的"父母在许令支析"条。见《元典章》,北京:中国书店,1990年影印本,第273页;又李文治:《论明清时代的宗族制》,《中国社会科学院经济研究所集刊》1983年第4集,第281页。若非奉遗命,在三年守孝期内分家仍然是犯罪行为,杖八十,见《明律集解附例》卷4,第26页;姚润纂辑:《大清律例增修统纂集成》卷8,第45页。

私有财产原则。实际上,清政府和地方习惯对各种财产都做仔细的区分:哪些是家族共有财产,哪些是家族成员个人劳动所得的个人财产。① 就前者而论,这些财产归家族集体永久所有,并全部传给后代。与此相反,在男继承人分家或继承的场合,父亲的财产可能包括:他继承来的、他自己经营得来的,以及他儿子的劳动所得。

各地区习惯不同,采用的具体做法也不同。总的来看,家族公产是不可转让的。虽然有详尽的族规限制其出卖,但这种出卖并非不存在。王静轩的先祖早在1404年定居天津。他在报纸上刊出启事,谴责未经授权就出卖家族拥有的一块土地的行为。作为族长他赎回土地,但他要人们知道他不容许再度发生此类事件。"所有者"处理这类财产的权力是受到限制的,包括仅仅作为代理人的家长。② 从祖先或父亲那里继承的财产是可以转卖的,但不同地区有不同的习惯监督着转卖过程。在天津,现存涉及转让祖遗产业的契据中亦有卖主标明"父子商议"或"母子商议"(以至子侄甚至"亲生长女"等),或许表明父亲(或家长)的权力并非绝对的。③ 这种财产的转让因地而异,有时需要参与其事的家长或兄弟作担保,

---

① 这里的分析获益于宋隆生对"继承"与"所得"财产的分析,见氏文:《财产与分家》,收入芮马丁(Emily Martin Ahern)等编:《台湾的人类学》,斯坦福:斯坦福大学出版社,1981年,第360—362页。
② 《直报》1901年1月23日。在浙江的长兴地区,族长须经全体族人同意,方可出卖家族财产。见法政学社编:《民初习惯大全》,第107页。
③ 滋贺秀三则认为家长或父母对此种财产有绝对处置权,参见巴克斯鲍姆编:《中国户律与社会变迁》,第129—130页。这类文书,见天津市房地产产权市场管理处编:《天津历代房地产契证》,天津:天津人民出版社,1995年;宋美云编:《天津商民房地契约与调判案例选编(1686—1949)》,天津:天津古籍出版社,2006年;刘海岩编:《清代以来天津土地契证档案选编》,天津:天津古籍出版社,2006年。

尽管这可能只是一种形式甚至有时被忽略。在天津,盐商家族出租或转卖族产的引岸,也没有如"先尽亲邻"等"招眼"。① 一般契约由家长、父亲(或母亲)和子侄们共同签字。为维护引地的购买者或承租者的权益,如果有人提出异议,此类合同中通常表明由卖主或出租者一方承担责任。②

对于自己经营所得的财产,情况则较为复杂。除法律规定父亲在处置其财产时必须不偏不倚外,如何处理他自己赚得的那一部分财产是他自己的私事。另一方面,为家族财富做出了贡献的儿子,依照习惯可以要求得到父亲财产中与其贡献相应的较大份额,从而出现了不遵循"应分家财均平"的情况。与此相反,华北部分农村家族似乎更强调平均,而不管个人贡献的大小。③

就长芦盐商而论,这种财产可以依照购置引地的资金来源加以区分。如果所涉及的引地是用家族集体资金购买的,那么它就应被视为家族公产。张氏家族卖掉400多亩农田购得深泽引地便是一例。④ 另一方面,根据黄氏家族的情形,长芦盐运使认为个人有权处理自己的劳动成果。1840年,黄敷庭在献县积累了一笔财富,1853年他又购得内黄的引地。后来他的儿子黄小庵继承父业,再后来又传给了他的孙子黄典孙经营。典孙没有子嗣。1908年黄

---

① 长芦盐商的租、代、顺契约中,并无"先尽亲邻"的表述。实际上,在房地产买卖中亲邻的优先权也有条件,即价高者得。如亲邻出价不及其他买主,"妄有遮吝、阻滞交易者,亦当深罪"。有关亲邻优先权的发展与限制,见周名峰:《宋代法律价值冲突的整合——以"亲邻法"为例》,《北京社会科学》2019年第9期,第95—106页。
② 例证见《长芦盐运使司档》173.356,冯氏兄弟及其子侄出租涿州引地给刘氏的合同;《长芦盐运使司档》173.135,1902年郭桢与李宝恒签署的顺引合同。
③ 宋隆生前引文,第367页;滋贺秀三前引文,第113—114页。
④ 《长芦盐运使司档》1907年7月6日张氏的证词。

敷庭的侄子黄葆宸起诉黄小庵和黄典孙的遗孀,指控她们把持家族公产。他的父亲黄信庵是家族在献县以"永成"为引名的"业商",虽然黄敷庭可能是直接经营者,但他仅仅是代表家族经营而已。

在第一轮审理中,天津知县驳回了黄葆宸的诉讼请求。他发现,尽管黄信庵是献县的"业商",但献县、内黄两处引地是黄敷庭的个人财产,黄小庵和黄典孙的遗孀应是合法继承人。知县在审理中发现,同一人以两个名字认办两处引岸是长芦盐商的习惯,因而不能作为确定实际所有权的依据。他所依据的是纲总之一杨俊元的禀词:这两个引岸是黄敷庭"一人手创"的。换言之,这两处专卖权是黄敷庭的个人财产,两位遗孀是财产的合法继承人,因而黄葆宸无权过问。

作为尚存男性长辈,而且依照惯例是家长的黄葆宸不满判决,迅即向天津高等审判厅提出上诉。然而,他再次败诉,审判官推理认为黄小庵和黄典孙经办引地多年,如果黄葆宸有异议的话,他应该早就起诉。尽管律例没有明文规定时效,但既然他没有及早起诉,而且对两位遗孀作为合法继承人的地位也没有异议,就进一步证明引地的产权属于被告。1909年黄葆宸再次起诉,闪烁其词给出的理由是黄典孙的遗孀收养的儿子不应作为黄氏家族财产的合法继承人。他仍然没有成功。懊恼的长芦盐运使1909年12月9日下令结案,并警告黄葆宸不得再起诉,违者入狱。①

除了私有财产原则和地方惯例,所谓家长的绝对权力还进一

---

① 《长芦盐运使司档》173.359,张吉人和黄敷庭1853年4月15日合同,1908年7月14日黄葆宸的口供。

步受到盐商家族经济中国家利益的制约。前文提到的好讼的郑氏便是如此。1900年,郑作楫起诉他的侄子郑棠——一个18岁的"监生",指控他未经批准擅自将冀县引地租给郭骏卿。家长郑作楫在法庭上作证说,冀县和孟县的引地是他哥哥郑作霖变卖他们的父亲郑月山遗留下来的家产购买的。1892年郑作霖故后,郑作楫继任家长,拥有处置家族公产的权力,是他出租了孟县引地。然而,郑棠反诉称郑作楫及其儿子郑林萱侵吞了出租孟县引地的全部收入,他不得不维护自己的利益。

如此一来,此案要根据是否曾经分家而定,如果确实分了家,还要看谁拥有哪个引岸。郑林萱在法庭上作证说并没有分家,但三天后他父亲改称确实分过家,至少在表面上如此。为了防止两个引地相互株连,郑氏家族曾于1886年在河南温县禀请立案,约定此后孟县引地由郑作楫经营。然而,实际上这两处的收入仍集中起来,由家族共享。

河南温县知县的回复使得这起家务纠纷再生周折。他肯定郑氏家族确实在1886年备案,但他补充说其不知出于什么原因而未被批准立案,因此从法律层面来看,郑家没有分家。可是另一方面,他又报告郑棠的母亲在1895年12月28日提交过一份诉状,控告郑作楫和他的儿子郑林萱合谋掠夺她这一支在冀县的引地。她作证说,郑作霖生前已经分家;郑作楫此后负责孟县的经营。直隶总督裕禄把此案转发长芦盐运使,并且表示了他的意见:郑氏未曾分家,冀县引地仍是家族公产,这案子只是卑幼与家长权力之争。然而,盐运使杨宗濂对此案别有见解。他认为,根据郑作楫自己承认的,郑氏家族确实已经分家,尽管他们只是把这种做法当作逃避责任的一种手段。虽然这或许是盐商们习惯的伎俩,但杨宗濂认为这习惯侵害了国家利益,"瞒官弄法,咎乃难辞"。结果,郑作楫的诉状被驳回。

郑作楫坚信自己有习惯法作为依据,失望之余迅速提出上诉。他再次争辩道,盐商通常用不同的引名认办多个引岸,这是为了分散风险,避免牵扯引岸,但并不能视为分家。而且,温县衙门也没有立案认可分家,因此盐运使的决定应该被撤销。他主动提出了一项折衷方案,即他作为家长继续掌管两个引地,直到他的侄子成年为止。可惜的是,这一妥协方案提迟了,盐运使杨宗濂已于1900年5月17日向直隶总督报告。1900年5月23日,裕禄也同意了盐运使的看法,认定郑氏已经分家。① 在国家法律与地方习惯法的矛盾中,家长的权威不过是保证国家税收的小小牺牲品。②

分家的遗产

分家标志着家族经济的合法终结,但是当有利于其共同经济利益的时候,如上述冯家在家族成员间的合作仍会继续,从而部分

---

① 《长芦盐运使司档》173.107,1900年1月6日的诉状,1900年1月25日郑作楫的证词,郑作楫1900年1月18日的诉状,1900年3月17日温县知县详禀长芦盐运,1900年5月3日总督的批词,1900年5月6日盐运使的裁决,1900年5月19日和6月7日郑作楫的诉状。
② 在英国普通法系统下,"习惯"必须是由来已久、延绵不绝、明确和合理的,才能得到承认。即便如此,政府还能以"依法无据"(quo warranto)为由来推翻习惯。见娄克思(Andrea C. Loux):《政权的延续:十九世纪习惯的功能与普通法》,《康奈尔大学法学评论》第79期,1993年,第183—218页。

地减缓了由于财产分割而开始的衰落。① 也有因为商业需要,析产以后继续合作的,如定州王氏的新安(归并安州)引地,王家三支在盐运使监督下抓阄,把引岸分成三等份,每支一份。从法律观点来看,每支拥有独立的产权和处分权,可以自行处置。但因为租商要求承租整个引岸,于是三支继续合作,由王莜岩主持,连同侄子和堂孙与租商签订了一式三份的合同。②

分家以后,家族成员间继续合作也会以合伙投资的形式清楚地展现出来。卞氏的情形就显示了这一点。1911年,卞树棠和卞树华兄弟各自的孙子卞绶昌和卞继昌建立了隆顺棉纱庄,这是天津和华北最大的纱庄之一,在上海和大阪设有分号。卞氏家族拥有超过100万两的白银储备,几乎不用从银行借款。1913年卞氏分家,1915年卞氏第七代的六位成员以"和忠堂"的名义集资建立了隆昌海货庄,后来一度拆伙。1927年,当作为全国商会会长的卞樾庭将股份卖给其他五支的时候,他们又重新组织起来。作为华北地区最大的同类商号之一,这家公司在"本利堂"名义下一直经营到1954年。③

在帝制中国晚期,天津盐商家族经济远非静止不变。资金的

---

① 胡英泽、郭心钢:《明清时期中国家庭的"合家"研究》,《开放时代》2022年第3期,第102—125页。
② 《长芦盐运使司档》173.436,1909年。
③ 谢鹤声、刘嘉琛:《记早年的天津竹竿巷》,《天津文史资料选辑》第41辑,1987年,第162页;卞僧慧1986年6月12日的访谈。还可参见《大公报》1929年10月1日;李祝华:《隆昌海货庄兴衰简史》,《天津工商史料丛刊》第3辑,1985年,第31—39页。他们也单独或合伙投资于一系列企业,见天津市政协秘书处编印:《天津"八大家"及其后裔》,内部发行,1974年,第11页。

集中与共享,劳动的分工,成员间的合伙投资,所有这一切都可以使家族经济迅猛增长。通过婚姻联盟扩展的关系网络为盐商与其他地区精英的沟通创造了机会,并为其在全国的崛起奠定了基础。随着家族财富的积累,私人利益或家族分支的利益也在成长。在这种情况下,正如家族和商务难以融合一样,家长的权威也日益受到挑战。盐商的遗孀们只有当发现她们自己成了亲族的猎物时,才会想到家族和睦这一儒家理想。因此,家族经济在成功的同时也种下了自我毁灭的种子。在这一进程中,国家扮演了一个为难而且矛盾的角色。在试图维护财产权利的时候,国家通常面临着两难选择:维护谁的利益?如何处置优先权?地方官可借助中介人和纲总以至自发组织的"民意团体"(如冯学璋等的弭争社)来排解,动之以情(亲情、感情),说之以理,"聚族于斯,休戚与共,各安生业,息事宁人",以维护社会和睦、有序和稳定。但家长的权威与个人财产权利之间也需要保持制衡,有所取舍,酌情立法,法律条文不引亦引,原情定罪,兼顾情理法,尽管国家利益还是放在首位的。①

---

① 关于中、美、日法学史家对情、理、法的争论,郑志华有精辟的分析。见氏文:《试评情理法融会贯通的传统价值追求——对清代刑案裁判论证正当性的剖析》,收入叶孝信、郭健前揭书,第273—320页。

第四章 网络文化

虽然盐商以富豪见称,但按照传统的儒家标准,有财未必有德。出于一种难以明言的自卑心理,一些盐商刻意求名,比如,修造高达五六丈(1丈≈3.33米)的马桶。① 然而,过分沉溺于种种奢侈举动会使盐商不能自拔,导致破产和社会对他们的批评。中国的传统政治经济,跟西方历史中相当长的一段时期一样,对贱买贵卖的行径持否定态度。② 虽然在原始儒家的经典里鲜见轻商的言辞,但后世卫道者认为,商业行为,轻言之不能创造价值,重言之则可以动摇国家根本。商人从事末业,与国家争夺剩余农产品,贱买贵卖,通过操纵价格从中渔利,却没有为商品创造任何真正的价值。他们唯利是图,将无助的农民推入破产境地,从而导致国家为

---

① 李斗:《扬州画舫录》,北京:中华书局,1960年,卷6,第148—150页。
② 参见波斯坦(M. M. Postan)等:《剑桥欧洲史》四卷本,剑桥:剑桥大学出版社,1963年,第573—574页。此种态度在中国的起源及演变,参见张守军:《中国历史上的重本抑末思想》,北京:中国商业出版社,1988年。

了平息民怨而疲于奔命。更为有害的是,他们舒适安逸的生活引诱农民舍本逐末,这就意味着留在土地上的农民不得不养活更多的闲散之人,最终导致更大范围的不满。后世历朝都频繁地干预商业活动,颁布一系列政令以抑商。① 汉代法律明文规定"贾人不得衣丝乘车"。直到宋朝,"工商杂类"仍不得进官学,科举考试和官僚机构至少原则上亦将商人及其子孙拒诸门外。国家为了增加收入,往往垄断盐铁生产,也设有官织造和御窑等政府工业;国家通过在地方市场上的"平准"措施调控谷物的价格。所以,在理想社会中商人位列士、农、工之后,居四民之末,也就不足为怪了。从事末业的代价是"困辱"。对这些富户而言,他们追求奇技淫巧的心态,正是其不被社会接受而导致内心焦虑的结果。

然而,正如前几章所表明的那样,历代政府实际上感到了商业和商人在税收和服务功能方面不可或缺。虽然中国历史上常以官僚机构承担商人的许多功能,但是,其中的花费和潜藏的利益冲突往往表明此种方法行之既久,弊端丛生。而且,要求浸润在儒家正统思想中的官员自贬身份,从事末业与民争利,也不得人心。宋代开始,科举考试对商人及其后代开放。② 唐宋时期一些热衷跻身贵族阶层的家族,或许会在家训里禁止家族成员从商;但明朝的家训表现了一种较为灵活的态度,治学和苦读在此时已经不是唯一出路。手艺人和商贾无论社会地位多么低下,还是被承认为经济中

---

① 参见杨联陞:《中国传统中对城市商人的控制》,《清华学报》1970 年第 8 卷第 1—2 期,第 186—209 页;《原商贾》,《食货》1986 年第 16 卷第 1—2 期,第 15—25 页。
② 对传统观点的挑战,参见杜希德(D. C. Twitchett):《晚唐的商人、贸易与政府》,《亚洲杂志》1968 年第 14 卷第 1 期,第 63—93 页。

的必需。事实上,明代一些思想家,如张居正、黄宗羲,已经提出工商皆本论,他们的这种观点也被拥有商人背景的官员认同。① 其他的批评者从更现实的层面提出了问题:"征之不已,则且并其利源夺之,因而货物不行,有无不通,则向之所谓优农民者,而兹反受其害。"② 对于清代统治者而言,问题已不是如何抑商,而是如何对商业和商人加以控制和利用。可是虽然统治者对商业和商人的态度有所变化,但名正言顺的士人与在某种程度上名不正言不顺的商人之间,依然存在地位上的差异。满腹经纶的文人学士与政府官员,或许会发现从商有利可图,其子孙弃儒从商,他们也可以默许。但是,长期以来的成见或偏见绝非轻易可除的,他们虽然自恃清高,但又为生计而不得不与孔方兄打交道,结交商人。相当一部分最初经商尔后变身为文人学士的人,在其自传里,往往只字不提他们的商人经历背景,而更愿意强调其学术文学成就。③ 那些迫于生计而放弃举业的商人,或强调贾道即儒道,或当其子孙在科举中金榜题名之时,方能得到心理补偿。

长芦盐商富甲一方,其经济势力渗透到华北城市经济体系中,

---

① 庞尚鹏:《庞氏家训》,《丛书集成》本,第 10 页;黄宗羲:《明夷待访录》,北京:古籍出版社,1955 年,第 41 页;张瀚:《松窗梦语》,北京:中华书局,1985 年重印,卷 4,第 80—87 页。更详尽的研讨,参考谈敏:《历代封建家训中的经济要素》,《中国史研究》1986 年第 2 期;宋光宇:《试论明清家训所含着的成就评价与经济伦理》,《汉学研究》1989 年第 7 卷第 1 期,第 195—215 页;李达嘉:《从抑商到重商》,《"中研院"近代史研究所集刊》2013 年第 82 期,第 1—51 页。
② 顾九锡:《经济类考约稿》,1780 年刊本,卷 6,第 110 页。
③ 艾尔曼(Benjamin Elman):《从理学到朴学:中华帝国晚期思想与社会变化面面观》,剑桥:哈佛大学东亚研究中心,1984 年,第 84—88 页;朱宗宙:《清前期扬州商业发展与文人心态研究》,《扬州师院学报》1994 年第 2 期,第 128—134 页。

并延伸到内地。对他们来说,对社会地位的追求就显得更为迫切。富而无权是危险的,对商人巧取豪夺的机会很多,这一点前面已经述及。盐商家族中若有一人在科举中金榜题名,则不仅使他有资格出仕,而且意味着其家族从此有了保护。不论是贪官还是清官,在向该家族敲诈勒索或将其治罪时亦须三思而行,因为他将要应对的是同僚,一个拥有功名的人。这样的人即使触犯法律,也得等到功名被参革后才能被刑求,因此办案的官员必须慎重行事。这种情形说明,一个功名拥有者的家族在危难之际,往往能够凭借功名争取到时间,大事化小,小事化无。而且,办案的官员即使掌握了无可辩驳的证据,也会对此感到棘手,因为盐商能调动广泛的社会网络来保护自己。

这种神秘的网络文化曾经令一些国外学者困惑不已。① 虽然这不是中国所独有的,但它采取的形式以及影响中国社会的深度,有其悠久的历史背景。社会关系网以家庭圈子为基础,经由血缘关系和婚姻纽带建立起来,随着需要扩大或缩小。同乡地缘,不管是同省、府、县,还是村镇,都可以构成社会网络。士大夫的社会网络,还包括同学关系、师生关系、科举考试体系("同年""座师"和

---

① 东方主义折射下的"关系学"一度成为国外中国研究的热点。参见雷丁(S. Gordon Redding):《中国资本主义的精神》,柏林:德古意特出版社,1990年。实际上,欧美的社会学家如格兰诺维特(Mark Granovetter)等研究网络群体,引入制度经济学、交易成本经济学,发展成为经济社会学的一个分支。其理论源流可参看林竞君:《网络、社会资本与集群生命周期研究:一个新经济社会学的视角》,上海:上海人民出版社,2005年,第4—27页。天津社会网络(关系)的研究始于李侃如(Kenneth G. Lieberthal)的《天津的革命与传统》,斯坦福:斯坦福大学出版社,1980年;又拙文:《网络、层级与市场》,收入张忠民、陆兴龙、李一翔主编:《近代中国社会环境与企业发展》,上海:上海社会科学院出版社,2008年,第194—205页。

"门生"所形成的关系),以及共事或一起游玩的同僚。① 这亦公亦私的领域,为个人迈出家庭和亲族的小圈子提供了许多机会,创造了一个亦私亦公,彼此或许没有血缘关系,却可相互影响、支持的社会网络。前文述及的种种关系属性,各有不同的条件或资格,但这些网络的界限决非固定不变、不可渗透的,它们甚至可以相互矛盾。它们在为追求影响或声望而竞争时,便会产生合纵连横的错综关系,网络成员便承担各种各样,甚至可能两难的角色。社会网络的内部组织多种多样,从社会地位或多或少平等的松散地联结起来的群体,到为着某个共同目标由一名盟主举办集会的组织(比如诗社)。这些主办者,犹如网络分析方法中的"结构洞",以赞助或提供物质的形式分配资源。不论一个网络的基础是什么,其共同特点是成员之间相互负有义务。一个在诗社或宴会上以诗艺独占鳌头的人,即使科场失意,仍会在网络里获得友谊和支持。作为回报,主办者会由于其慷慨豪爽、慧眼识才及推举贤能而声名鹊起。因此,社会网络所产生的影响遍及社会、经济、政治生活的各个层面,造成了权力与依附之间错综复杂的关系。尽管文人学士定期参加诗社的唱和,或者为诗友出版著作提供帮助,但这个网络的文学性质可以很快转变。某个文人可能因为是这一网络里的成员而被推荐,从而平步青云,也可能因此受到打击,甚至身败名裂。

盐商赖以致富的经济基础的不稳定性,更加重了他们追求社

---

① 中国社会学研究有"九同""十同""五缘"等说法,涉及同宗、同姓、同乡、同学、同年、同好、同事、同行(业)、同情、同志、同仇,以及各种亲缘、地缘、业缘、善缘、文缘等属性,这些都可以成为人际关系网络的基础。

会认可的压力。① 作为一种国家认可的垄断经营,他们的财富和经济基础与国家政策、贷款、提缴停减种种课税息息相关。为了适应国家不断变化的需求以及承受官僚机构的索求,盐商需要获取官场最新讯息,把握政策的变化,了解御史奏折的内容,以及揣摩皇帝的圣意。为了达到这些目的,他们通过文酒之会,有意识地模仿士大夫阶层生态,这不但提高了自身文化修养,更可以进一步笼络汇聚京城的势要。②

下文将梳理张氏、安氏和查氏这三个盐商家族错综复杂的社会网络文化。③ 他们的故事横亘十八、十九世纪,他们的命运与当时变幻莫测的政治紧密相关。我们将反复地见到许多把这些盐商和高官名士联系在一起的例子。他们都以风雅自命,与诗文书画相随,进而涉足科场,捐官出仕,以这些手段和途径为自己博取原本难以得到的社会地位。他们的经历不仅显示了士大夫的政治文化,也表明了士人与世俗社会之间的紧张关系与冲突。随着盐商的财富与影响扩大,他们自觉或不自觉地被自己的网络策略卷入

---

① 宋良曦:《清代中国盐商的社会定位》,《盐业史研究》1998 年第 4 期,第 24—33 页。
② 园林与文酒之会的社会作用,参见韩德林(Johanna F. H. Smith):《仁慈的社会:明末清初博爱精神的再造》,《亚洲研究杂志》1987 年第 46 卷第 2 期,第 309—334 页;王鸿泰:《流动与互动——由明清间城市生活的特性探测公众场域的开展》,台北:台湾大学历史研究所博士论文,1998 年;明光:《清代扬州盐商的诗酒风流》,北京:社会科学文献出版社,2014 年。
③ 天津盐商文化研究已有丰硕成果,参见刘尚恒:《天津查氏水西庄研究文录》,天津:天津社会科学院出版社,2008 年;叶修成:《紫芥掇实》,天津:天津古籍出版社,2017 年;高鹏:《芦砂雅韵:长芦盐业与天津文化》,天津:天津古籍出版社,2017 年。

皇权及官僚政治之中。① 但是凭借与文人们交往,附庸风雅,一代又一代的盐商也建立起自己的关系网,借以提高自身的社会地位,不单体认自我价值,也塑造了天津独特的市井盐商文化。

社会网络政治与文化

北京是全国政治中心和令人眼花缭乱的社会网络中心,而在这旋涡中心的皇帝一直面临着一些难以解决的矛盾:皇子们为继承大位明争暗斗;汉族官员以汉族文化为中心,轻视其他文化;更为糟糕的是,满洲贵族刚入主中原缺乏行政经验,而一些汉族大臣为了追名逐利,将自己装扮成皇帝的忠诚仆人。鉴于晚明困扰朝廷的朋党政治,康熙皇帝反复告诫官员要克己奉公,切忌培植同党,形成派系。他要求官员戒除徇私倾向,杜绝奢侈宴乐。但是为了处理汉族与满族之间的权力分配这一敏感问题,康熙虽然不止一次地指出"言官山东人太多""南、北党争之非",但还是吹嘘他的统治没有被大臣们的朋党政治损害。然而,这恰好显示出他对这一问题的极度忧虑。所以,他强忍心中不满,大度地称赞汤斌(1627—1687)、李光地(1642—1718)等儒家士大夫,将他们誉为遵循理学信念"道"的典范。但是,康熙也私下或公开地批评他们是"假道学",沽名钓誉,犹如风中芦苇,随着政治风向而摇曳不定。

---

① 吉朋辉:《皇权的力场:清前中期天津大盐商的兴衰》,天津:天津社会科学院出版社,2022年。

他们这种行径,说到底是对他们宣称要遵循的崇高准则的亵渎。①

  康熙表面上的宽容大度,使得北京的政治更加复杂。自1651年以来,朝廷长期禁止文人结社。但是新政权也需要赢得士子的认同,并依靠他们使其合法化,这与防范危险的朋党政治相比显得更为重要,因此这个禁令不得不有所放松。② 康熙如果不是心照不宣地默许,便是宽厚仁慈地视而不见,使各种人才聚集在大臣们周围,以满足他这位皇帝的各种需要。自然,这些"作客长安,争驰逐声利"的人绝大多数是文人和受功名利禄诱惑、被京城魅力吸引的雄心勃勃的准官僚。这批人会聚京城,在权贵主办的文酒之会上发挥他们的聪明才智。这一时期著名的文坛盟主有龚鼎孳和王士禛,诗人大多集结在他们周围。③ 对于旅食的骚人墨客而言,有机会参加这些聚会意味着他们可以在京城生存下去。当时京城消费昂贵,即使是李光地这样的高官,只要"家有二十日粮,看书便有精

---

① 康熙对这些官僚的褒贬,散见于《康熙起居注》,北京:中华书局,1984年,第2册,第877、1114、1488页,第3册,第1759、1902、1995、2166页;李光地:《榕村语录续集》卷15,第3页。

② 清初统治者曾视朋党为心腹之患,分别于1651、1652、1660、1677、1686和1725年下令禁止诗社。但是,从如此众多的士大夫频繁地相互酬唱可知,这一禁令从未认真实施过。参见谢国桢:《明清之际党社运动考》,北京:中华书局,1982年,第205—208页;司徒琳(Lynn Struve):《徐氏兄弟与康熙时期对士人的半官方约束》,《哈佛亚洲研究杂志》1982年第42卷,第257—259页。

③ 龚鼎孳(1613—1673)历任刑部、户部、兵部和礼部尚书,两次主掌会试。参见他的《定山堂诗文集》,1883年刊本;《清史列传》,北京:中华书局,1987年,卷79,第6593—6595页;《碑传集补》,上海:上海古籍出版社,1987年重印,卷44;邓妙慈:《龚鼎孳与清初文坛》,上海:上海古籍出版社,2021年。关于王士禛(1634—1711),参见他的《渔洋山人自订年谱》,北京:中华书局,1992年,第9页;张玉书:《张文贞公集》,1790年刊本,卷5。王与张亦是姻亲。

神,对客亦欢笑"。① 参加这些宴会、诗社成为这些人的生态,更何况还有与之相伴随的各种机遇。他们的诗文可以得到赏识和刻印资助,从而提高主人与门客的名声。康熙让人推荐一位京城最优秀的诗人时,王士禛因为领袖文坛而声名卓著,一次又一次被举荐。1678年,王士禛继张英、高士奇之后,入值南书房,当上了皇帝的文学顾问,此后一直位居显赫。

可是,并非每个人的诗作都能赢得美誉。比如方苞,他的诗作就不如他的古文。② 对少数像吴雯这样的人来说,诗也许意味着重要的进身之阶。③ 吴雯的父亲与王士禛是同年进士,他本人作为一位名士,在京城的文坛广为人知。如果吴雯老老实实地扮演这个角色,保持不洗澡等怪癖,那么,以他的名声以及作为王士禛门人的身份,飞黄腾达指日可待。的确,他被推荐参加1679年的博学鸿词科考试,证明他的努力没有白费。遗憾的是,狂放不羁的才气和诗风毁了他。据说当时被指定的阅卷者之一——大学士冯溥,曾向他索诗,而他在冯的纸扇上胡乱写了两句诗。这一举动断送了

---

① 李光地:《榕村语录续集》卷18。李号榕村,安溪人,事迹见《清史稿》,北京:中华书局,1977年,卷262,第9895—9900页;《清史列传》卷10,第703—718页;恒慕义编:《清代名人传略》,台北:成文出版社有限公司,1970年;林华东主编:《李光地研究》,厦门:厦门大学出版社,2020年。北京的消费,参见张德昌:《清季一个京官的生活》,香港:香港中文大学出版社,1970年。
② 方苞(1668—1749),号望溪,桐城人,其事迹见下文,又见《清史稿》卷290,第10270页;《清史列传》卷19;恒慕义编:《清代名人传略》,第235页;陈康祺:《郎潜纪闻》,北京:中华书局,1983年重印,卷6,第135页。
③ 吴雯(1644—1704),蒲州人,王士禛极欣赏他,称其为"仙才"。其事迹见下文。

他辉煌的前程。①

诗社和宴会还是官僚们派系斗争的重要场所。在那里,满人与满人相斗,汉人与汉人相争,也有北人与南人相斗。索额图同康熙皇帝一道策划并成功地击垮了鳌拜,从此以后,他与李光地和高士奇一样成为皇帝的心腹,飞黄腾达,官拜大学士,并将自己的侄女嫁给皇帝,成为显赫人物。然而,他恃宠生骄,最终导致了他的失败。②

相反,他的最主要对手明珠成功地联络满、汉官僚,组成所谓"北党"。在康熙皇帝的"削藩"行动中,精明干练的明珠获得了皇帝的信任。③ 随后,他官运亨通,历任兵部和吏部尚书、大学士(1677)及内阁首辅(1684),也跟皇帝结成姻亲,将自己的妹妹送入宫中。在这一过程中,明珠一方面大量聚敛财富,一方面也树立了不少政敌,索额图就是其中之一。他们之间的仇怨可以追溯至索额图参劾明珠招致"三藩之乱"。当索额图的侄女为皇帝生下太

---

① 当时科举考试的阅卷者,包括王士禛,往往看重考生的名声。参见李光地:《榕村语录续集》;袁枚:《随园诗话》,台北:鼎文,1974年重印,卷4,第37—38页。
② 关于索额图(1636—1703),参见《清史列传》卷8,第527—530页;《清史稿》卷269,第9989—9992页;恒慕义编:《清代名人传略》,第413—415页。索额图"于朝士独亲李光地",参见萧奭:《永宪录》,北京:中华书局,1959年,卷1,第57页;汪景祺:《读书堂西征随笔》,上海:上海书店,1984年。李、高事迹见下文。
③ 明珠(1635—1708)在康熙"削三藩"决策中的作用,参见凯斯勒(Lawrence D. Kessler):《盛世的奠基:康熙与清朝统治的巩固(1661—1684)》,芝加哥:芝加哥大学出版社,1976年,第81页;《东华录》,北京:中华书局,1980年,卷14,第228—230页;昭梿:《啸亭杂录》,北京:中华书局,1980年,卷10,第325页。明珠的传记材料,见《清史稿》卷269,第9992—9994页;恒慕义编:《清代名人传略》,第577—578页;《清史列传》卷8;《皇清诰授光禄大夫议政内大臣前太子太师礼部尚书武英殿大学士明公墓志铭》,1926年北京海淀区上庄村出土。

子,他自己也极力支持其堂外孙继承皇位的时候,两人之间的争斗日趋激烈。但是,康熙的其他儿子不愿皇位继承问题被如此轻易决定,尤其是康熙的长子——明珠的外甥,他运用包括巫术在内的各种手段影响皇太子的行为及康熙的抉择。① 在这场政争中,明珠依靠他掌管翰林院达十年之久的儿子揆叙(？—1717)以及佛伦(后任大学士)这样的满族同僚,还有像余国柱(后任大学士)和靳辅(主管水利工程)这样的汉族高层官僚。②

明珠还吸引了一个由徐氏兄弟领导的著名文学集团。徐氏昆仲是明朝遗民顾炎武的外甥,出身于苏州昆山书香世家。他们兄弟三人都是进士:徐元文(1634—1691)是1659年的状元,徐乾学(1631—1694)和徐秉义(1633—1711)都是探花。③ 除了主持朝中许多修书文学活动,他们还参与了康熙的有关政事,位居要津,主掌文衡,广植门生。他们在北京的宅邸内宾客如云,包括明珠的儿子容若(1655—1685)。容若曾是徐元文主掌国子监时的一名学

---

① 有关继承人之争,见吴秀良(Silas Wu):《通往权力之路:康熙和他的继承人》,剑桥:哈佛大学出版社,1979年;王佩环:《试论康雍时期朋党之争及其危害》,《故宫博物院院刊》1992年第1期,第21—28页。
② 明珠的党羽,亦即所谓"北党",也曾包括像徐乾学这样的南人。据传,郭琇在徐的策划下参劾明珠时,列举了这个派系的主要人物,参见《东华录》卷14,第228—230页。关于揆叙,参见《清史列传》卷12,第875—877页。关于佛伦,参见《清史稿》卷269,第9995—9996页;《清史列传》卷8,第536—539页。关于余国柱,参见《清史列传》卷8,第539—541页。关于靳辅,参见《清史稿》卷279,第10121页;《清史列传》卷8,第559—572页。亦可参见凯斯勒前揭书,第127—128页。
③ 有关徐氏兄弟的传记材料,参见《清史列传》卷9,第644—649页,卷10,第678—688页;《清史稿》卷271,第10008页;《碑传集》,上海:上海古籍出版社,1987年重印,卷20,第137—139页;李元度:《国朝先正事略》,长沙:岳麓书社,1991年重印,卷6,第165—170页,卷10,第257—259页。

生,后在徐乾学主考时成为举人,在徐元文门下成为进士。容若后来成为广受欢迎的诗人,并随着他的《通志堂经解》由徐乾学编辑刊行,声名鹊起。这一切都非常有利于徐乾学影响的扩大。徐乾学曾为明珠尽心尽力,就算不是明珠许多计划的幕后策划者,至少也暗中参与其事。徐氏兄弟也明智地安排他们的子女,最终与官位同样显赫的高士奇和张玉书(1642—1711)结成姻亲。张玉书的儿子便是在徐乾学门下成为进士的。①

通过与徐氏兄弟的亲密关系,明珠又吸收了一批汉族文人,"尤喜寒士……其生平所献纳荐达者,虽亲子弟莫得闻"。这一批成员中便有查慎行。与他的老师明朝遗老黄宗羲不同,查35岁时赴京城参加科举考试,经表兄朱彝尊(1629—1709)引荐,投到徐乾学门下,一举成名,引起明珠的注意。明珠请他教授自己的两个儿子:揆叙和容若。由于有了这一层关系,查成为明珠府上备受尊敬的客人,俨然权贵。② 据凌廷堪《校礼堂文集》:

---

① 韩菼:《有怀堂诗文集》卷18。关于容若,参见《清史稿》卷271,第13361页;《清史列传》卷71,第5808页;《碑传集》卷138,第693—694页;恒慕义编:《清代名人传略》,第663—664页。关于高士奇,参见《清史列传》卷10,第684—688页。有关张玉书与徐氏兄弟结成姻亲之事,参见张玉书:《张文贞公集》卷5、9;《清史列传》卷10,第699—703页。对徐氏兄弟的弹劾,参见李光地:《榕村语录续集》卷13、14;王家俭:《昆山三徐与清初政治》,收入"中研院"近代史研究所编:《近世家族与政治比较历史论文集》下册,台北:"中研院"近代史研究所,1992年,第699—720页。

② 查慎行(1650—1727),本名嗣琏,字夏重,又字悔余,海宁人。其事迹见下文,以及陈敬璋:《查慎行年谱》,北京:中华书局,1992年,第18—26页;《清史稿》卷484,第13366页;《清史列传》卷71,第236—246页;恒慕义编:《清代名人传略》,第21页。查氏献给明珠的诗作,参见他的《敬业堂诗集》,《四部丛刊》本,1982年,卷8、17。

康熙丙寅(1686),查初白在京师,馆于明相国珠之自怡园,揆恺功总宪兄弟皆从之读书。时安麓村岐在馆中执洒扫之役。后十年丁亥,圣祖南巡阅河,初白方以编修请假在籍,偕其弟查浦侍讲恭迎銮辂。后同舟返浙,道经扬州,而安岐已为相国鬻盐于两淮,势甚喧赫。闻初白来,谒见于舟中,执礼甚恭。初白不命之坐,但云:"汝小心贸易,勿为尔主生事。"安唯唯而退。查浦潜遣人持刺往拜,于是安馈初白赆仪三百金,而查浦则倍之。①

与查慎行齐名的是诗人唐孙华(1634—1723)。他是太仓人(太仓从前隶属昆山),1685 年入国子监,很快获得徐乾学的赏识。他被徐乾学引荐给明珠,成为明珠儿子们的另一位老师。在明珠家中任教的这一段时期,唐孙华实现了科场上的目标,于 1687 年中举人,次年连捷,成为进士。随后,他跟查慎行、朱彝尊和姜宸英一起南下,参加徐乾学主持的《大清一统志》的编纂。两年后,明珠邀请他回京。1691 年,康熙驾幸明珠宅邸,明珠将他举荐给康熙。其后他应召进入内廷,成为南书房的一员。②

对踌躇满志的文学之士和官员们而言,有机会如此亲近皇帝,是他们无上的荣耀。毫无疑问,从制度上说,南书房与皇帝及大臣

---

① 凌廷堪:《与阮伯元阁学论画舫录书》,收入《校礼堂文集》,北京:中华书局,1998 年,第 23 卷,第 210 页。凌(约 1755—1809)的说法不无疑点。若安岐生于 1685 年,则他此时还是稚龄小孩。他的事迹详见下文。
② 关于唐孙华,参见《清史列传》卷 71,第 5809—5810 页;《碑传集》卷 59,第 309—310 页;以及他的《东江诗抄》,1694 年刊本,卷 2、3。

们在内阁所商议的国事无关。① 康熙自己也将南书房的职责限制在无关政治的范围内：只备文学顾问，"勿得干预外事"。确实，南书房的成员整天忙着侍候皇帝读书习字，撰拟诏书和密谕，为朝廷庆典赋诗填词，或者撰写对联装饰宫殿。但是，查昇并不认为自己的工作没有意义。康熙命令五名南书房成员整理他的一千多幅御笔，查参加了此项工作，无暇与徐乾学会面。为此，他修书一封给座师，传达另一项同样急迫的任务：康熙需要一本宋版《四书纂疏》。查暗示，徐若能从自己的藏书中找出此书呈献皇帝，即可得到皇帝的赏识。②

正因为南书房成员身处内廷与皇帝日夕相伴，至少在许多官僚看来，南书房变成了一个富有影响力的地方。就连像明珠这样的权势人物都要靠高士奇下直后加以"指点"，"九卿肩舆伺其巷皆满"，等候高接见。③ 通过这些南书房成员，大臣们不仅仅能够知晓

---

① 南书房建立于1677年11月14日，参见《康熙起居注》第1册，第331页。尽管朱金甫可能低估了南书房的作用，但他对于南书房在清朝中央政权运行中所充当的角色有敏锐的洞察。有关南书房的争议，参见吴秀良：《南书房之建制及其前期之发展》，《思与言》1968年第5卷，第6—12页；朱金甫：《论康熙时期的南书房》，《故宫博物院院刊》1990年第2期，第27—38页；李娜：《清初南书房述论》，《清史论丛》，2008年。

② 吴修编：《昭代名人尺牍》，台北：文海重印本，1980年，第620—621页。整理康熙御书事在1702年12月26日，见《皇清文颖》卷99，第13页。查昇（1650—1707），号声山，海宁人，有《澹远堂集》。他是康熙二十七年（1688）进士，徐为主考，陈元龙为同考，见徐乾学：《封征士郎翰林院庶吉士查公墓志铭》，收入查燕绪等编：《海昌查氏宗谱》，1909年重葺本，卷9，志状3，第11—13页；陈元龙：《查宫詹墓表》，收入洪永铿、贾文胜、赖燕波：《海宁查氏家族文化研究》，杭州：浙江大学出版社，2006年，第247—249页。查昇及其后人事迹见下文。

③ 赵翼：《檐曝杂记》，北京：中华书局，1982年，卷2，第42页。

皇帝正在读些什么书,还可以了解皇帝的情况和议论,进而揣摩上意。皇帝随意的评论或一句话,往往使这些才智之士绞尽脑汁。一名深得皇帝信赖的文学侍从还可以呈报密折,内容可以是重大案件的报告、等待处理的要务,或者是"有所闻见"的任何值得皇帝关注的问题。这些密折的丰富内容,从供奉南书房的王鸿绪密折中可见一斑。① 京城里刚刚传播的小道消息,御史正在处理的案件,只要被认为是对皇帝有价值的,都可能包括在内。这些密折不经内阁渠道传递,而是由专人面交南书房首领太监,从内密达收发,"以避多事者耳目"。这些事务由皇帝及这些"文学"侍从商议决断,没有任何公开的争议和辩论,一句话往往足以决定一个人的命运——成全或毁掉一个人的前程。南书房的许多成员退值后会被委以重任(或兼差),如内阁大臣,各部尚书、侍郎。这愈发提升了南书房的重要性。实际上,这些"文学顾问"的地位与朝中一品大员相埒,朝会时站班在六部大臣之前。自康熙朝以降,彼此竞争的派系一直将向南书房输送自己的亲信视为一个重要战略。用南书房元老方苞的话说,南书房是一个"争地"。②

在这种激烈竞争下,友情容易受到损害,文酒之会结成的交谊很可能被嫉妒和残酷的争斗代替。1663 年来到京城之后,高士奇一直是一位寂寂无闻的内阁中书,在此期间他与同样郁郁不得志

---

① 王鸿绪:《奏请由南书房交密折缘由》,现藏台北故宫博物院,编号 002550;亦见《文献丛编》。有关王氏辉煌的仕途,参见李元度:《国朝先正事略》卷 10,第 688—695 页;《清史列传》卷 10,第 688—695 页;《碑传集》卷 21,第 192—193 页;恒慕义编:《清代名人传略》,第 826 页。

② 方苞:《方望溪全集》,北京:中国书店,1991 年重印本,卷 12,第 291 页;杨钟羲:《雪桥诗话》,北京:北京古籍出版社,1989 年重印本,第 221 页。

的朱彝尊结为好友,二人相互酬唱,还彼此为对方的著作题写序言。但是,高士奇的命运很快改变了,他的书法获得了明珠的赏识,明珠将他举荐给康熙,他从此成为南书房的一员,不单与康熙讨论文学、鉴定书画,向皇帝献上自己的政论文章和诗作,还为康熙起草密谕诏书。康熙对他的功劳给予了很多褒奖。1683年,朱彝尊也入值南书房,作《题高侍读江村图二首》,其中有"双桥尽许通舟楫"一句,隐约点出二人矛盾。朱彝尊在南书房任职仅仅一年,就被高士奇伙同徐乾学,从南书房排挤了出去。①

文人在激烈的竞争中因竭力向上攀附而产生矛盾,这在文酒之会上同样有所反映。在京城的文人圈里,哪怕是一件小事,也会酿成极大的仇怨。赵执信即一个明证。赵执信是山东益都(今博山)人,与同乡孙廷铨的孙女结婚。孙廷铨曾任大学士,其同僚大学士冯溥是赵执信会试时的主考。②赵执信参加了京城的许多诗会,很快赢得了王士祯的赏识。王士祯也是山东人,以及冯溥的"门生"。赵执信最终续娶了王的甥女为夫人,供职翰林院(徐元文为掌院学士)。据传他得罪了《福惠全书》的作者黄六鸿,锦绣前程也随之断送了。据载,黄为了博取名声,拿着自己的诗集和礼品遍访京城名士。当他拜访赵宅时,赵执信正与朋友饮宴,竟然说"土

---

① 《清史列传》卷10,第685页;李光地:《榕村语录续集》卷15;朱彝尊:《腾笑集》,上海:上海古籍出版社,1979年重印,卷4、6。朱(1629—1709)号竹垞,晚号小长芦钓鱼师,秀水人,应1679年博学鸿词试,以布衣入选;1683年入值南书房,备受康熙赏识,招致"资格自高者"妒忌,"合内外交构",1684年被弹劾罢官。

② 关于赵执信(1662—1744),号秋谷,博山人,参见《山东盐法志》,1734年,卷19;李森文:《赵执信年谱》,济南:齐鲁书社,1988年;《清史稿》卷266,第9952—9954页;恒慕义编:《清代名人传略》,第831—833页。关于孙和冯,二人都是博山人,参见《清史列传》卷5,第326页,卷7,第487—491页。

物拜登,大稿璧谢"。不论这事是否属实,赵的狂放不羁让他付出了惨重的代价。1689年,正值举国哀悼孝懿皇后之际,赵执信与其他京城文人观看洪昇的名剧《长生殿》。徐元文唆使黄氏抓住这一机会参奏一本,赵执信把所有责任包揽在身上而被革职。① 然而,借口官员犯错将其弹劾只是表面现象。从当时人们及本案中其他被告的间接叙述中可以看出,赵不过是当时朋党之争的一个牺牲品。赵的朋友王泽弘和查慎行都认为他的不幸结局与当时在京城激烈进行的派系斗争密切相关。据载,那次演出活动的真正主办者是梁清标,他取代明珠为大学士后,明珠及其同党怀恨在心,终于找到了机会对梁施以报复。此举一箭双雕,洪昇亦与高士奇过从甚密,是同一文学圈中的人,因而也成为目标,最终被革职。② 文人学士一旦在有意无意中被牵连进政局,要么受益,要么遭殃。盐商的命运同样如此。

---

① 徐元文时为文华殿大学士兼掌翰林院。事见赵执信:《翰林院编修文林郎鹿关田君墓志铭》,《饴山文集》,收入《赵执信全集》,济南:齐鲁书社,1993年,第441、533页;《饴山堂诗文集》卷3、5,台北:台湾中华书局,1965年;《康熙起居注》第3册,第1906页;梁绍壬:《两般秋雨庵随笔》,上海:上海古籍出版社,1982年,第227页;章培恒:《洪昇年谱》,上海:上海古籍出版社,1979年,第284—285页。
② 此案与南、北党争和梁的关系,参见章培恒上引书,第371—404页。关于梁,见陈耀林:《梁清标丛谈》,《故宫博物院院刊》1988年第3期,第56—67、96—98页。洪昇与高士奇的关系,可以从他与高的许多唱和中得到清楚的印象,参见洪昇:《稗畦集》,上海:上海古典文学出版社,1957年,第89、195页。有关高在明珠革职事件中扮演的角色,参见李光地:《榕村语录续集》卷14。

张氏家族

张氏家族的远祖于1371年从安徽凤阳迁居河北,最初定居河间,后来移居临榆。早在顺治时期,张希稳便开启了这个家族奋力向上的漫长历程。在涉及他的传记里,他被描绘成一个善于随机应变的农民,通过与当地满族驻军卓有成效的联络,使人民免受骚扰。不久,他来到京城,奔走于达官显贵之间,充当一名忠诚的顾问。自1661年开始,张加入长芦盐商行列,认办冀州、遵化、丰润、玉田、三河、香河、宝坻和平谷等引地。他两年以后去世,留下了年仅七岁的儿子张霖,引地由弟弟张希思继续经营。①

张霖是廪贡生,地方志描绘他聪慧而富有才能。在他的经营下,张氏家族兴旺发达起来。为了追求更多的财富与权力,张霖将盐业托人经理,自己开始涉足官场,当上了工部营缮司主事。他在京城时期声名鹊起,不仅因为他稳步升迁,而且因为他广泛结交许多杰出的文学之士。他在京城的住所"一亩居"(又名"一亩山池"),成为北京文坛的另一知名聚集地。有名的赵执信便名列其中。被康熙皇帝称为"四大布衣"之一的姜宸英,抵达京城后不久

---

① 张霖(1658—1713),号鲁庵。张氏的家族历史,参见于鹤年:《天津思源庄考》,《河北月刊》1934年第2卷第7期;许同莘:《河朔氏族谱略初编稿(续)》,《河北月刊》1935年第4卷。姜宸英应张霖的请求为张希稳撰写墓志铭,参见姜宸英:《张公墓志铭》,收入《姜先生全集》,1889年刊本,卷10。有关张家垄断经营盐业的情况,参见《长芦盐法志》,台北:学生书局,1966年,卷7。

便成为张的座上客。① 到1693年,张由兵部车驾司郎中外放到贵州黔西历练以后,很快被提升,转任陕西驿传道、安徽按察使(1695)和福建布政使(1698)。他尽管因任职陕西时应对饥荒不力,在安徽时疏察属吏,于1700年被降职,但不久即被起复为云南布政使。②

然而,张霖昔日的盐商背景最终阻碍了他的仕途。工科给事中慕琛以张氏盐商出身,官方有玷、舆论不孚为由,把他参革。③ 然而,张的厄运才刚刚开始。康熙末年,时为康熙亲信的步军统领托和(合)齐递上密折,建议让"富而不仁,凶暴贪利"的天津大盐商张琳(霖)捐修广宁门外石路。密折中说,盖张以"万引运出十万引盐而贸易……偷取每年应贡皇上之银十、二十万两入己,……成为巨富,盐政、科道官员、户部皆知",区区修路小事,"其家业不致凋敝"。康熙朱批道:"深知此人,向来声名不好。"④ 1705年夏,直隶总督李光地终于弹劾张假称奉旨,贩卖私盐,牟取暴利达1 617 800两银。⑤

---

① 姜宸英(1628—1699),号湛园,慈溪人。参见姜宸英:《姜先生全集》卷10;吴雯:《莲洋集》,扫叶山房本,卷6;赵执信:《饴山堂诗文集》卷9。
② 《天津县新志》,1931年修,卷21.1,第32页。有关张在贵州的经历,参见吴雯:《莲洋集》卷9;张磊:《张氏遂闲堂考述》,《河北工程大学学报(社会科学版)》2011年第28卷第2期,第22—25页。
③ 《清实录·康熙朝》1700年4月21日、9月9日、12月17日,1701年1月10日。
④ 《步军统领托和齐(陶和气)奏请盐商令张琳(霖)修石路折》,见中国第一历史档案馆编:《康熙朝满文朱批奏折全译》,北京:中国社会科学出版社,1996年,第1640—1641页。托于1702年5月28日任职,折子内提到康熙将到天津。查康熙曾于四十二年(1703)二月和四十四年(1705)二月南巡回銮时经过天津,因此托的折子日期也许为1703年3月18日或1705年2月24日。
⑤ 《清实录·康熙朝》1705年7月22日条;《东华录》卷20,第322页。

张霖巨大的关系网无疑使他坐拥巨资。内务府曾给他贷款白银37万两,资助他经营冀州等八个引地。他还伙同八名盐商于1704年又从内务府获得41.9万两的贷款。随后的调查表明,八名盐商中有五人是他在冀州的雇员,其余三人包括他的兄弟和查天行(引名"查瑞昌",详后),以及查的姻亲金大中。① 据传,他结交御史,并在京城内外的各级官员中培植了广泛的社会网络。尽管张氏的这些行为都是合法的,但这同时也表明,他为了自身的利益,卷入政治网络太深了。

虽然张霖供出他河南七县引地的经营资本来自明珠,但是,张氏与朝中高官的联系是什么,以及这些关系如何导致他的麻烦,仍然扑朔迷离。② 但有资料表明,张霖有意识地培植了一个文人网络,包括上文提到的吴雯、朱彝尊、姜宸英、方苞、赵执信、查慎行、梅文鼎等人。正是这一网络不单使他与明珠的关系得以密切起来,更使他的耳目经由南书房通达皇帝身边。③ 查慎行曾教授张霖及明珠的儿子,被牵连进"长生殿事件"之后,改号悔余,再次参加科举考试,于1693年中举。张玉书将他举荐给康熙皇帝,他的命运

---

① 中国第一历史档案馆编:《康熙朝汉文朱批奏折汇编》,北京:档案出版社,1984年,赵弘燮奏折,1706年9月6日。
② 同上书,赵弘燮奏折,1709年5月28日、1710年5月3日。
③ 戴璐:《藤阴杂记》,上海:上海古籍出版社,1985年重印,卷12,第141页。查慎行的弟弟查浦在天津的时候与密友姜宸英也是这里的常客,见查为仁的《莲坡诗话》。除查氏外,其他的宾客在不同时候也曾供职南书房,包括数学家梅文鼎和古文家方苞,见吴振棫:《养吉斋丛录》,北京:北京古籍出版社,1983年重印,卷7,第340页;《清史稿》卷506,第13944—13951页;恒慕义编:《清代名人传略》,第570—571页。根据编年,梅氏1691—1692年在天津,见李俨:《梅文鼎年谱》,《清华大学学报(自然科学版)》1925年第2卷第2期。

从此改变。1702年底,他应诏与族侄查昇(事迹见下文)一道在南书房供职。半年之后,他终于成为进士,实现了夙愿。那时,明珠已经倒台,但仍任内大臣。查从南书房下直去看望他时,也未感到有何不妥。①

另一位与明珠关系密切的人是姜宸英。他既是查和朱彝尊的挚友,也是徐乾学京城文学圈里的常客。1693年,姜与张霖的儿子张坦同年中举。1696年的大部分时间里,姜氏客居天津张家。在这里,他将自己生平三件事讲述给同时旅食张家的方苞,让他记载下来留传后世。他讲道,作为朋友兼学生的容若表示不能向父亲明珠举荐姜,但其若与安三(详后)"一与为礼,所欲无不可得"。姜认为自己受到了侮辱,为了维护自尊不惜绝交。然而,当姜因容若早逝而奉上哀婉动人的祭文时,一切也就获得了宽谅。1697年,姜氏年届七旬,终于考取进士,并且康熙在认出了他的笔迹之后,将他拔置一甲第三名。两年之后,他在顺天乡试中当副考官,被牵连入舞弊案而死在狱中。②

与张氏家族交往甚密的还有查和姜的许多文友,包括上文提到的剧作家洪昇和赵执信。赵被卷入"长生殿事件"后,一蹶不振。仕途中断之后,他四处漫游。1704年的大部分时间,他在天津为张

---

① 查慎行:《敬业堂诗集》卷31,第6页;又查慎行:《查悔余文集》,天津:天津古籍出版社,1987年,第2册。
② 姜的事迹见李元度:《国朝先正事略》卷40,第1089—1091页;《清史列传》卷71,第5806页。姜氏还自豪地叙述了他如何不屑依附权贵如徐乾学和翁叔元,见姜宸英:《姜先生全集》,1889年,卷18,第23页,卷27,第18页;方苞:《方望溪全集》,第350—351页。关于姜的顺天科场案,见李元度:《国朝先正事略》卷40,第1090页;吴振棫:《养吉斋丛录》卷4,第305—307页。

霖的儿子教诗。在离津时写给张的一封极其客套的信里,他道出了离别的痛楚,同时也对张氏的盛情款待(包括优厚的赀敬和一名可人的姬妾)表示感激。他认为,旅食张家是非常愉快的,这种愉悦恐怕在其他地方不会再重享。确实,当他漫游到扬州时,他尽管也具有商籍背景,却拒绝与当地挥金如土、附庸风雅的盐商为伍。①

张氏家族在天津的遂闲堂和许多别业举办的诗文之会,可以视为天津盐商文化的荟萃之所。如果说张霖的诗作里充满了陈词滥调,那么这与他的宾客们无关。吴雯在北京失意之后的十余年间"入主"张霖家,整天忙于献诗吟咏,亦使张家门前车水马龙,席间高朋满座。他的昔日文友纷纷来到天津,重叙旧谊。张霖和他的家人不但待客丰备,而且任侠豪奢。比如,吴雯曾提到担忧退休后的生活。当他告老回里时,他惊奇地发现昔日的茅舍已变成一处青竹掩映、李花吐香的雅致乡居了。②

但是,在通过明珠和自己的网络追逐权势和财富的过程中,张霖所结下的仇敌或许比他自己意识到的多。网络的可逆性法则发生了作用:正如朋友的朋友是自己的朋友一样,敌人的朋友会成为自己的敌人。他与明珠的密切关系,使他成了被打击的目标。在高士奇和徐乾学"南党"的联手下,明珠于1688年被参革,但宽容

---

① 吴修编:《昭代名人尺牍》卷22,第580—583页;又前引《赵执信全集》,第628页。他与张氏兄弟在遂闲堂的唱和,见他的《饴山诗集》卷9,第1—6页,卷10,第8—9页;《海鸥小谱》卷4,第3304—3306页。
② 参见吴雯:《莲洋集》卷3、14、19;杨钟羲:《雪桥诗话》,第106—107页。

的康熙指派他到内务府任用,让他继续聚敛财富。① 明珠与索额图余党之间的争斗并未停止,他们的党羽也为着一些大大小小的问题(包括令康熙皇帝头痛的继承人问题)争斗不止。张霖一旦遭到参劾,即使不被毁掉,也会给他的网络带来麻烦。李光地公开参劾张霖,私下也毫不掩饰与徐氏兄弟及明珠的矛盾。在旁推波助澜的王鸿绪,当时是工部尚书,与高士奇、陈元龙(本姓高,见下文)结成同党,一起成为"南党"的首领。②

由于是李光地负责调查此案(李升任大学士入阁后,康熙指派赵弘燮继任),明珠想保护张霖也无能为力。最后给张霖定下的罪名是假称奉旨,贩卖私盐。当地方官员查问他盐业经营的情况时,他要他们别管闲事。他告诉地方官,他经营盐业的资金来自皇帝的私库内务府。张霖的说法虽然不无根据,却是大逆不道的行径。为此,张霖及其同党被判死罪,定于1706年秋后斩决。但是,他那

---

① 罢免明珠、余国柱的谕旨,见《清实录·康熙朝》1688年3月9日。高、徐在幕后的作用,见《清史稿》卷269、271;《川陕总督佛伦奏报郭琇等人情形折》1694年10月15日,见中国第一历史档案馆编:《康熙朝满文朱批奏折全译》,第63页。明珠落职后,"勋名既不获树立,长持保家之道可也",见昭梿前揭书,卷3,第448页。

② 参见李光地:《榕村语录续集》卷10、14、8,特别是卷13;王鸿绪:《奏陈加捐马匹之票虚假情形及张霖行盐反借币金》,现存台北故宫博物院,编号002537。未几,御史郭琇参劾高、王;许三礼与江南江西总督傅拉塔又相继参劾徐等。康熙对"内外各官……彼此倾轧伐异……知之最悉",参见《清史稿》卷271;《清实录·康熙朝》1691年12月27日。康熙虽然表面宽容,但私下还是不断收集他们的行动言论,如《川陕总督佛伦奏陈徐乾学等人情形折》1694年10月15日,又朱批王鸿绪"老奸巨猾",俱见中国第一历史档案馆编:《康熙朝满文朱批奏折全译》,第63—64、1640页。

把珍贵的雷氏琴挽救了他,审判程序被拖延了下来。① 包括天津的价值5万两白银的房地产在内,他的财产总值接近100万两,统统被没收。可是这还不足以清偿他的拖欠,所以,康熙皇帝修改了刑部的建议,命令将张霖、查日乾(查天行)、金大中缓决。大度的康熙皇帝还决定,限一年内追完,"则犹有可原"。各地官员受命严查张霖的财产,不少因为追比不力而被免职。② 与此同时,昔日那些忠诚的宾客没有避嫌,不断探访狱中的张霖,奉上诗篇,聊作慰藉。现存最晚的一首诗是查曦的《张方伯狱中盆梅》。③

安氏家族

在张霖入狱之前,明珠及其手下已经做出安排。张霖供称他在长芦经营的大部分引地——河南陈州七属已经于1696年以每引4两白银的价格卖与钱仁,用来偿还明珠的贷款;河南的另外四处引岸两年前已经转让给金义;徐州的引地也于1703年卖给了何

---

① 《清实录·康熙朝》1705年11月28日。这把琴为求助而赠送给了一位权势人物,参见董潮:《东皋杂钞》,北京:中华书局,1985年重印,卷3,第24页,又见下文查天行与查昇的讨论。
② 中国第一历史档案馆编:《康熙朝汉文朱批奏折汇编》,赵弘燮奏折,1707年1月20日;《康熙起居注》第3册,第2013、2034、2036页,1706年11月29日和1707年1月1日。
③ 高凌雯:《志余随笔》,天津:天津古籍书店复印,1982年,卷3。

体仁(何英,亦为明珠家人)。① 后来查明,钱仁和金义这两个名字都是安尚仁的化名,他还化名安尚义或者安三,真正身份是明珠的宠仆。② 当长芦的其他盐商指控安氏强占他们的引地时,赵弘燮诚惶诚恐地禀报康熙皇帝,认为有权有势的安氏及其后台明珠确实有罪。他又建议皇帝为了平息事端,可以对安氏罚款16.9万两银。进一步追查此案,势必牵连太多的官员——是他们安排贷款给安氏,而且让他的经营不受监控。后来,当赵弘燮请示皇帝是否将此案具题时,康熙皇帝朱批道:"此不必。"③ 正因为康熙皇帝的仁慈和宽容,安氏家族得以显赫一时。安尚仁之子安岐(1683—?),又

---

① 中国第一历史档案馆编:《康熙朝汉文朱批奏折汇编》,赵弘燮奏折,1709年5月28日和1710年5月3日,原件存台北故宫博物院,编号000482。据1794年的《长芦盐引册》(天津社会科学院图书馆藏),钱仁的名下有怀宁、西华、商水、项城、沈丘、舞阳和郾城引地,金义名下有易州、涞水、魏县、元城、氾水和荥泽引地。

② 安尚仁的身份备受关注。萧奭认为,安三是安图的父亲、安岐的祖父,参见萧奭前揭书,卷4,第260页;金钺在其《屏庐文续稿》(油印本)中推测,安尚义是安图的父亲。另外,高凌雯认定,安图是安尚义的化名,参见氏著:《志余随笔》卷3。笔者以为安尚仁及安三(山?)可能是同一人,理由如下:安岐的父亲被认为是在明珠家做仆人的安尚仁,这在赵弘燮前面述及时和随后的奏折里可以看得很清楚,这两份奏折在《康熙朝汉文朱批奏折汇编》里所署的时间分别是1710年1月15日和5月3日。安用这许多化名,很有可能是想隐藏他明珠家人的身份。按规定,满族人不得经营盐业。当然,亲贵如明珠和索额图等是例外。皇帝也可以通过内务府介入盐业经营,而满洲势要也有汉人商伙如张霖。见刘小萌:《清代京师的旗籍商人》,《中国史研究》2015年第4期,第141—164页。

③ 中国第一历史档案馆编:《康熙朝汉文朱批奏折汇编》,赵弘燮折朱批,1714年7月7日,原件存台北故宫博物院,编号000770。康熙亦掌握明珠家人安山(安三?)和商人范世泰在山西、索额图投资让家人在天津行盐的情况,见《山西巡抚噶礼奏报大盐商范世泰种种劣迹折》1702年9月27日;《胤祉等奏报审讯索额图家人及其口供折》,1703年9月2日。以上俱见中国第一历史档案馆:《康熙朝满文朱批奏折全译》,第272、289—292页。康熙对噶礼的奏折朱批:"知道了。将尔所参范世泰,从公审理便罢,何必涉及京臣?"

名安仪周、安麓村、松泉老人,被认为是"后来居于扬州的华北最富有的盐商"。①

安岐像他的父亲一样,是当时的一位传奇人物。他从不讳言自己的家世,但是,关于他的财源,以及他令人难以置信的发家经历的种种说法,却一直在毫无疑心的文人圈里流传。一种说法是,他曾是朝鲜贡使团中的成员。一天他在书店里买到一部神秘的手稿,然后发现这部手稿乃是藏匿金银财宝的地图,并且辨认出其中的一个地点就在明珠的宅院内。于是,他自愿来到明珠府上,做了一名仆人。明珠确如其名,根本不把第一次挖掘出的10万两白银放在眼里。安岐得到了这些银子,便将这笔资金投入长芦,成为一名盐商。三年以后,他带回了30万两,而这仅仅吊起了明珠的一点胃口。之后,安氏在他的宅邸中又挖掘出了不少银子,他带上这笔资金来到扬州,进行了更有收益的投资。又是三年过去了,他将资产翻了一番,一举成为当时扬州最富有的盐商。安氏毫无疑问是值得信赖的,他点盐成金的能力也无可争议。然而,明珠为何决定把那么多银子交给安氏?或者,一个朝鲜使团成员为何降贵屈尊,又如何能成为盐商,而且是一名相当成功的盐商?或者,明珠为何不索性将自己的府邸全面发掘?这些仍是有待澄清的问题。②

---

① 何炳棣:《扬州的盐商:十八世纪中国商业资本主义研究》,《哈佛亚洲研究杂志》1954年第17卷,第130—168页。据吉朋辉的考证,在扬州从事盐业的应该是安图的二弟安尚,三弟安岐则在天津长芦。见萧奭前揭书,第260页;刘小萌:《旗籍朝鲜人安氏的家世与家事》,《清史研究》2013年第4期,第1—19页;吉朋辉前揭书,第146—147页。
② 周凯:《内自讼斋文集》,1840年刊本,卷8;陆以湉:《冷庐杂识》,北京:中华书局,1984年,卷5,第280页。

不论财富来自何处,它都有助于安岐赢得鉴赏家的名声。他在天津的古香书屋,收藏之富,鉴赏之精,誉满海内。① 与张霖一样,安岐也被认为是一位好客的主人,吸引了一大批杰出的文人雅士。比如,查慎行的门生符曾便是他相互酬唱的诗友。他的《祝古香六十寿》(作于1744年)写道:

> 当时津门集群彦,
> 结客曾致千金装……
> 筹花斗酒兼卧月……
> 古玉彝鼎善鉴赏……
> 城西另辟一小圃,
> 前临沽水后柳塘。
> 中构高阁拟清闷,
> 寻常未许人窥张。
> 插架子史一万卷,
> 绕阶花木三千章。②

他还与陈奕禧交流鉴赏收藏品和书法作品。陈也是一位收藏

---

① 这便是著名的"沽水草堂"。安收藏品的目录,参见他的《墨缘汇观》,南京:江苏美术出版社,1992年;罗覃(Thomas Lawton):《安岐的墨缘汇观》,《故宫季刊》特辑,1969年。
② 符曾:《春凫小稿》,载《清代诗文集汇编》编纂委员会编:《清代诗文集汇编》,上海:上海古籍出版社,2010年,已巳卷,第10页;甲子卷,第2页。又,符作于1729年的《寿古香》,亦提到安时年45岁,即他出生于1685年。符后来成了查礼的女婿,参见杨钟羲:《雪桥诗话续集》,北京:北京古籍出版社,1991年,第300页;《雪桥诗话三集》,北京:北京古籍出版社,1991年,第277页。

家、书法家和诗人。他曾跟王士禛和吴雯学诗,1702年供职于南书房。在陈的帮助下,安氏将唐人孙过庭的书法著作《书谱》摹写上石,这一作品奠定了安在清代艺术史和收藏家中的地位。① 曾获雍正皇帝高度赞赏并且被乾隆皇帝誉称"恬淡"的钱陈群,在安50岁寿辰时敬献寿文。钱氏也没有感到丝毫不妥。②

但是,财富与声名并不能解除安家政治上遇到的麻烦。明珠和儿子揆叙卷入皇位继承人的争斗,使其家族元气大伤。在康熙做出不让长子继承的决定之后,明珠及其党羽转向支持允禩(八阿哥)、允禟(九阿哥)。雍正登上皇帝宝座之后便大泄怨忿,不但把两个弟弟削爵开除宗室籍,改名阿其那、塞思黑,还明确表示,明珠及其党羽所进行的活动是不能被宽容的。因为揆叙已经死去七年,所以雍正只能磨掉他的墓碑碑文,重新刻上:"不忠不孝、柔奸阴险揆叙之墓。"③

死者已矣,活人也难受。为了自保,安氏开始培植与皇舅隆科多的关系,赠送给他价值超过30万两白银的财物。不料雍正又把矛头指向隆科多,这些投资皆化为乌有。于是,昔日的馈赠成为勒

---

① 陈奕禧(1648—1709)的传记材料,见《清史列传》卷71,第5820页。
② 钱陈群(1686—1774),号香树,嘉兴人。作于1734年的《麓村五十寿序》,见其《香树斋文集》卷13。有关钱的事迹,见《清史稿》卷305,第10507—10510页;《清史列传》卷19,第1443—1447页;《碑传集》卷34,第197—198页。
③ 《清史稿》卷287,第10224页。揆叙故后,康熙特谕允禵(胤禵)第三女下嫁揆叙承嗣子永福,家财交允禵管理,家务由安尚仁总管。据萧奭《永宪录》卷4记载,安图弟安对在允禵门下,在扬州行盐。

索。① 1725年,天津洪水成灾,地方官想重修天津城墙,但苦于缺乏资金。他们将情况禀报雍正,雍正让其亲信、长芦盐政莽鹄立授意安家。安家急于讨好,父子二人不仅自愿为工程提供资金,而且亲自监工,因而错过了董其昌的山水画册妙品。② 尽管他们的慷慨大方之举赢得了地方志的赞扬,但雍正对其急公好义并没有留下多少好印象,而安图更以"夤缘隆科多"被诛。安岐的那些闻名天下的藏品,早为权势者所觊觎,在他死后不久,便被收入大内,成为皇家的珍藏。据负责处理此事的沈德潜说,如此精美的艺术品,遗憾的是"文人学士不能有之,而为之主者,惟侈宝玩之多,贾直之重,以为豪举,此卷亦未为得所也"。③

查氏家族

张氏和安氏败落之后,查氏继起,成为天津盐商社会文化网络的领袖。查氏在天津的两个主要支派可追溯至江西临川。1590

---

① 萧奭前揭书,卷4,第259页;《清实录·雍正朝》1726年3月1日及1727年11月17日。有关隆科多的沉浮,参见黄培(Huang Pei):《独裁政治的运作》,布卢明顿:印第安纳大学出版社,1974年,第108—110页。
② 安岐前揭书,第222页。
③ 沈德潜:《沈归愚诗文全集》,1751年刊本,卷19。

年,以查聿和查秀为首的一支迁徙到今天的北京郊区宛平。① 这个家族经历了明清之际的改朝换代,以"义不可辱身于贼",一门"七烈女"自杀,被文人称颂。查秀的孙子查如鑑曾任扬州府江都典史,他去世时,其子查天行(1667—1747)才3岁。自此以后,这个家庭尽管陷入了贫困之地,却拥有相当多的社会关系。查天行由其任仪征知县的姐夫抚养成人,在他父亲诸多朋友的帮助下,事业迅速发展。他定居天津,先供职于工部关。这是一个虽地位低但有油水的世袭职位,缺份可以随意买卖。②

但是,在查天行看来,长芦似乎更有诱惑力。于是,他成为张霖的合作者之一,牵涉入案,亦被查参,只有 125 081 两银的资产,却向内务府称贷 21 万两。他被投入了监狱,并被判死罪。但是,查天行不像张霖,他与亲家金大中清偿了所欠的 117 500 两银。③ 察察为明的康熙甚至批评办理此案的官僚,因为贷款时议定

---

① 查天行的远祖,即查秀一支,在明朝时迁移至宛平,是为"北查"。参见杭世骏:《道古堂文集》卷43;查禄百等修:《宛平查氏支谱》。这个家族的海宁一支,是为"南查",包括查慎行和查昇,元朝时从安徽迁居而来。参见查慎行:《敬业堂诗集》卷下;查燕绪等编:《海昌查氏宗谱》卷4。两支远亲的复杂关系,见陈玉兰:《海宁查氏与天津查氏关系论——关于海宁查氏世家文学之生态网络的考察》,《浙江社会科学》2013年第7期,第120—129页。
② 关于工部大关一个缺份的价格,参见《直报》1896 年 9 月 4 日。
③ 当时北京传闻"张琳(霖)借债银七十万两时,查昇言因伊努力捐助,故取银二万两……李光地参劾张……(天行)为张琳(霖)父子事到查昇之子所……请……尔父……为此事尽力而为……数日后(查昇)寄语……已遣人往巡抚处,复求要员……必从轻审理……复以我拯救尔为辞,又向其亲家索取银两"。康熙朱批:"朕深知此人,尔所言似皆是实。朕所以用之,皆以字写得好。"见《步军统领托和(合)齐奏报火漆可疑并翰林官行贿折》,见中国第一历史档案馆编:《康熙朝满文朱批奏折全译》,第 1646 页;《康熙起居注》1706 年 7 月 19 日、11 月 29 日。

分八年本利清还,而查、张案发时并未满八年,户部本利一并全追,康熙认为这样做"于理不合",命令户部解释。大学士马齐为户部辩护,"恩出皇上,部中何敢议免"。这复奏让康熙阐释他对法律的看法:"虽朕之恩,亦据理断之而已。若无理,岂可断乎?"查获得了赦免,1709年被释放。①

可是,此次教训似乎并没有抑制查天行的野心。三年后,他再次身陷囹圄,罪名更为严重:为他的儿子在科举考试中串通作弊。据赵申乔的奏折:"本生(查为仁)卷面大兴与册内开宛平不符,榜发十日本生尚未赴顺天府声明籍贯,有无情弊,难以悬定,据实题明,乞敕部查究。"②后来查明查天行雇举人邵坡冒名为他的长子查为仁(1694?—1749),参加1711年顺天府乡试。这一舞弊行为的暴露,原因倒不是枪手失败,而恰恰相反,是枪手考了第一名。在市井传言中,作为解元的查为仁目不识丁,因而舆论哗然。朝廷准备再次调查,父子二人仓皇逃往南方,躲在浙江绍兴一个亲戚家里。1713年,两人被捕受审并被判处死刑。但是,蒋良骐惊异地发现,查氏父子最终竟得到赦免,不像其他的盐商,也不像1711年江

---

① 《康熙起居注》1707年1月15日。查氏家谱还记载,他的母亲刘氏曾三次去热河求情,参见查禄百等修:《宛平查氏支谱》卷2。
② 《清实录·康熙朝》1711年10月31日。

南和福建的相同科场案犯——他们都被立即处死。①

关于查氏父子是如何化险为夷的,现存史料只有零星的载录。查为仁在刑部西曹的难友张照为查为仁的诗集《花影庵集》(花影庵是查给自己的监牢取的斋号)所作的序言里提供了一条线索。张照的同年进士赵熊诏告诉他,他的父亲赵申乔作为1711年顺天府乡试的主考官,自感对查氏的处境负有责任。② 步军统领陶和气(托合齐)也介入了此案,目的是报复赵申乔建议参革铜商金、王两姓。陶(托)氏四处散布言论,说这科榜首与取中者多是富人子,是

---

① 有关此案的史料和分析,参见中国第一历史档案馆编:《康熙朝汉文朱批奏折汇编》,赵弘燮奏折,1712年10月5日;《清实录·康熙朝》1713年3月19日;《东华录》卷22,第361页。查为仁的传记材料,参见恒慕义:《清代名人传略》,第20页;《碑传集补》卷45,第1528页;刘尚恒:《查为仁事迹编年》,《天津史志》1990年第1期;叶修成前揭书,第72—79页。赵的传记材料,参见《清史稿》卷263,第9912—9916页;《清史列传》卷12,第834—838页;恒慕义:《清代名人传略》,第80页。
② 赵申乔(1644—1720),号白云旧人,武进人,李光地门生。是科因为发榜延误,违反定例,吏部曾建议处分赵,罚俸三月,后经康熙从宽免议,见《圣祖仁皇帝圣训》卷12,第12页。康熙对赵申乔的许多批评如暴躁多疑,苛刻不能容人,经常两议导致满、汉诤讼争胜,等等,散见《圣祖仁皇帝圣训》1709年11月10日、《康熙起居注》1715年3月2日等条。雍正帝亦批评赵讲究门生关系陋习,"同年师生之谊,党比成风,平日则交相固结,有事则相互袒护……往来嘱托……植党徇私",见《世宗宪皇帝上谕》1727年1月3日。

因为他们有行贿勾当,借以打击赵申乔。① 赵跟托是否有其他过节、赵对查的赦免是否真的起了作用还不清楚,但是,银子能使他们化险为夷。据说,查天行的妻子用2万两银子赎罪,查氏父子分别于1718年和1720年被释放。②

无论如何,查为仁成为一位传奇人物,被载入史册和乡土教材。文人雅士们视他为天才,为他能在恶劣的环境下,从目不识丁成长为诗人中的翘楚,为天津文学增光而感到自豪。这些传奇式的说法,自然真假混杂。假如查为仁1713年入狱时目不识丁的话,那么他在创作《花影庵集》(集中最早的诗作于1714年)之前,仅有一年的时间学习诗作的格律与技巧。这是一件有可能却令人难以置信的事。当然,这亦不排除枪手代笔的可能。

不论是否目不识丁,查天行父子继承张氏和安氏余绪,成为天津盐商文化网络的领袖。他们在城西三里购买了一百多亩地,建

---

① 张照的说法见其为查为仁《花影庵集》所作的序言。《天津县新志》卷21.1,第39页亦援用这说法。张后来被赦免。在转任刑部尚书之前,他入值南书房,参见《清史稿》卷304,第10493—10495页;《清史列传》卷19,第1450—1455页。查康熙四十八年(1709)己丑科赵姓进士有6人,其中状元赵熊诏(1663—1721)是赵申乔长子。但张的说法似有问题。赵建议暂停商人采买铜斤以供鼓铸一案,事在康熙五十四年(1715)五月,距离他首告科场案已有四年,而托合齐亦于康熙五十年(1711)十月"以病乞假"去任。赵请将铜商王纲明解职的面奏,见《清实录·康熙朝》1715年7月4日。康熙对赵的建议,先是不愿更张,后来亦同意改由各关差官员负责。见《康熙起居注》1715年6月30日、8月7日,1716年8月1日各条。更详尽的叙述,见杨钟羲《雪桥诗话》卷4,第178页;沈兆沄:《蓬窗附录》,1924年,卷1;叶修成前揭书,第69—79页;高鹏前揭书,第228—231页。但赵与托是否曾有过节,于文献无征。
② 高凌雯前揭书,卷3。

成"水西庄",这里便成了查氏网络的大本营。① 水西庄位于运河南岸,庄里绿树成荫,假山奇石遍布,歌台舞榭等大小建筑掩映其间,房中罗列书籍、画卷、古玩。陈元龙与查昇是总角之交,二人曾同在南书房共事,陈还在各部及内阁担任过要职,如文渊阁大学士兼管礼部,致仕后旅次水西庄作《坐揽翠轩与天行述旧》一文,回忆两人总角之时,又作《水西庄记》,称"斯园乃尘世之丹邱"。② 陈的侄子、当时任户部侍郎的陈世倌称查天行为叔叔,在查氏七十寿辰的时候,敬献祝寿词一篇。③ 另一位高官、湖南人陈鹏年,经查慎行和查浦的引介,亦作客水西庄,为查为仁的诗集题写序言。④

地方官也是查氏网络的成员。首任天津直隶州(设于1725年)知州宋晶,1725年到任的长芦盐运使张璨,都常到水西庄酬唱。⑤ 1726年任长芦盐运使的陈时夏撰文赞颂查天行的继室,言

---

① 有关长芦盐商建造的园林和休憩之所,参见王翁如:《谈天津的明清建筑》,《天津史研究》1986年第1期。关于水西庄,参见郭鸿林:《清代乾隆初期天津文化中心——水西庄》,《天津文博》1989年第3期;刘尚恒前揭书。

② 陈元龙:《水西庄记》,收入《爱日堂诗集》,1736年,卷27。陈元龙事迹见《清史稿》卷289,第10263—10264页;《碑传集》卷10,第277—278页;《清史列传》卷14。查和陈之间的亲密关系,查为仁的《莲坡诗话》中卷曾有记载;又1696年,陈为天行生母刘氏祝寿献诗,见查禄百上引书8。上引《水西庄记》亦提到"甲申(1704)假……道出津门,与君相见"。

③ 陈世倌(1680—1758)是1754年会试主考,查善长是科成进士。陈的辉煌仕途,参见《清史列传》卷16,第146—149页;李元度:《国朝先正事略》卷10,第275—277页;《碑传集》卷26,第166—167页。

④ 有关陈鹏年(1663—1723)的事迹,参见李元度:《国朝先正事略》卷12,第327—332页。其他高官如钱陈群、秦蕙田、钱载、曹秀先、刘墉、纪昀等与查氏的交往,参见刘尚恒、叶修成、高鹏诸先生的论著。

⑤ 查为仁:《蔗塘未定稿》卷中。1725年11月4日朝廷下令将天津提升为直隶州,参见《清实录·雍正朝》卷36。

及他与查之间近二十年的友谊。① 英廉在担任天津河防同知时,曾频繁与查氏交往,与这里的诗人唱和。② 水利专家陈仪(第一章已述及)不无骄傲地宣称,没有人比他更了解查天行了。③ 陈宏谋任职天津河道期间,亦与查氏论交,为查日乾侧室王氏撰写八十寿序。查为义(为仁弟)故后,陈宏谋应查礼(为仁三弟)的请求,作《集堂府君小传》为纪念,"以俟后世之采风者"。④

来到水西庄的更多是文人骚客。查氏海宁支系(南查)的查慎行(曾任职南书房,前已述及)视查为仁如同亲子,教他作诗。慎行的弟弟查浦在1700年成进士之后的两年时间中旅食水西庄,与查天行以兄弟相称,视水西庄为"隐逸之所"。⑤ 厉鹗、杭世骏、万光

---

① 查禄百等修:《宛平查氏支谱》卷5。陈(?—1738)的贺文时间为1737年,此时他已致仕。
② 英廉(1707—1783)在天津时的诗作,参见其《梦榭诗稿》,1783年,卷6、8;厉鹗:《樊榭山房全集》,1884年,卷7;符曾前揭书。
③ 陈仪:《陈学士文集》,1750年,卷6。其他地方官还有长芦运台秦广和,见《查善和自述》,收入刘尚恒前揭书,第203页。
④ 陈宏谋(1696—1771)1738—1740年任天津河道,事迹见罗威廉:《救世:陈宏谋与十八世纪中国的精英意识》,斯坦福:斯坦福大学出版社,2001年。寿文见其《培远堂文集》卷4;小传见叶修成前揭书,第82—84页。
⑤ 查为仁的《花影庵集》里有查慎行的《无题诗序》,所署日期为1720年;查浦:《查浦诗集》卷3、7。查的另一个弟弟查嗣庭被认为依附隆科多,又有诽谤嫌疑,遭到雍正皇帝的严惩,参见《清史稿》卷295,第10354页;《清实录·雍正朝》1726年10月21日、11月9日,1727年2月24日、6月25日;顾真:《查嗣庭案缘由与性质》,《故宫博物院院刊》1984年第1期,第11—15、24页。查家被抄后,嗣庭在狱中病故,慎行获赦后不久逝世,余下的查氏家族成员,包括查浦,亦被流放。见洪永铿、贾文胜、赖燕波前揭书,第114—118页。查氏兄弟的合传,参见《清史稿》卷271,第13366—13367页。

泰、汪沆和符曾等来到水西庄时无不感到宾至如归。① 由查为仁命名的水西庄诗集《沽上题襟集》刻印后,一纸风行。查为仁笺注《绝妙好词》,厉鹗将查的笺注与他的笺注相比较,认为查氏堪称第一。这样,查作为诗人和学者日益声名远扬。②

然而,当乾隆皇帝驾幸水西庄时,所有这些达官贵人和文人雅士都黯然失色。乾隆皇帝于1748年首次到水西庄,他认为这是一个惬意之所。随后他几次来到天津,也都下榻水西庄。只是这一特殊的荣耀,也使查氏付出一定的代价。既然皇帝如此厚爱此园,查氏便深感责任重大,于是将庄园的一部分修缮一新,专门奉献给皇帝。1771年,乾隆皇帝将此园御笔命名为"芥园",从此这里成为皇帝亲临的圣地,其他人无论拥有多大权势、多少财富,也不能僭越了。③

然而,这样的代价并不算大,查氏因此实现了他们追求的梦

---

① 这些客人的名单,参见下列材料:沈兆沄:《蓬窗附录》卷1;《天津县新志》卷21.1,第39—40页;高凌雯:《志余随笔》卷5;厉鹗:《樊榭山房全集》卷2;杭世骏:《道古堂文集》卷13;以及刘尚恒、叶修成、高鹏诸先生前揭书。关于杭氏(1696—1772),参见《清史稿》卷485,第13374页;恒慕义编:《清代名人传略》,第276—277页。他还自称是查为仁的姻亲。汪沆(1704—1784)从厉鹗学诗,与杭齐名,南北称诗者奉为坛坫。关于万光泰(1712—1750),参见《清史稿》卷485,第13384页,以及他的《柘坡居士诗集》,1756年;王小恒:《万光泰与津门查氏水西庄》,《兰州文理学院学报(社会科学版)》2014年第2期,第93—95页。朱彝尊、查慎行、杭世骏和厉鹗等都是浙中诗派的代表人物,参见《清史稿》卷485,第13386页。
② 参见《绝妙好词笺》序言,《四部备要》本。这些序言中也有高士奇的一篇。厉鹗(1692—1752)的传记材料,参见《清史稿》卷485,第13373页;《清史列传》卷71;恒慕义编:《清代名人传略》,第454—455页。据载,厉鹗曾赴京,期望谋得一官半职以便养家。他旅食天津以及合作笺注《绝妙好词》,显然获益匪浅,回里后再也不曾赴京,参见全祖望:《鲒埼亭集》,《四部丛刊》本,卷20。
③ 刘尚恒前揭书,第74页;叶修成前揭书,第297—298页。

想——获得社会的尊重。尽管地方志编纂者对查氏是"流寓"抑或"乡贤"持有争议,但查氏宣称他们自参加科举考试起就入籍天津。他们的姓名甚至进入了本地方言,"阔查"成为富有的同义词。① 查为仁的二弟查为义曾任安徽太平府通判,致仕返回天津后成为一名盐商、诗人和业余画家。② 查为仁三弟查礼,1748年在户部任职,外放后领兵参与大小金川之役,最终于1782年任湖南巡抚(未到任)。③ 查礼之子查淳,官至湖北布政使。确实,自查天行之后的查氏五代人,代代至少有一人中举人或成为进士。④ 他们与海宁陈氏(本姓高)源远流长的关系也得到进一步的发展,查为仁次子查善和是陈邦彦的女婿。陈邦彦进士出身,是一位造诣颇深的

---

① 戴愚庵:《沽水旧闻》,天津:天津古籍出版社,1986年,第15页。
② 查为义(1700—1763)的传记材料,参见纪昀:《纪文达公遗集》上,1812年,卷16。纪与查氏家族的关系跨越两代人:纪与查为义的侄子查善长是进士同年,查为义的孙子查曾印于1784年在纪的主考下成为进士。
③ 查礼(1715—1783),见其《铜鼓书堂遗稿》,1770年,卷32。他的传记材料,参见《清史稿》卷332,第10962—10963页;《碑传集》卷85,第431—432页;恒慕义编:《清代名人传略》,第19—21页;《查礼事迹编年》,收入刘尚恒前揭书,第100—111页。
④ 查为仁的长子查善长(1729—1798),1754年进士。次子查善和(1733—1800),事迹见《查善长自述》,收入刘尚恒前揭书,第198—204页。善和子查诚,1777年举人。查诚的长子查讷勤1801年成为进士。查为义的孙子查彬是1784年进士,另一位孙子查毅勤,是1843年举人。查礼的孙子查咸勤是1821年解元。查为义的玄孙查以新是1858年举人,查丙章是1864年举人。查为义五世孙查恩绥(1867年)和查双绥(1888年)都是举人。参见陈塏编:《津邑选举录》,1874年;查禄百等修:《宛平查氏支谱》。

书法家,曾入值南书房,官至礼部侍郎。① 但是北查到了善和这一代,家道已经开始衰落。科场无论得意还是失意,候补或捐官,都耗资巨万。加上族人"花时载酒,累月流连",不事生产,所托非人,连年涉讼,"遗赀几荡然矣"。②

查昇的后代作为查氏的另一族支(南查),也曾在长芦兴盛一时。查昇供职南书房时虽然经济不无拮据,但因为有天津的北查支持而生活稍得舒缓。③ 他的儿子查昌洵蒙父荫当上了广东长宁县知县,孙子查懋也依附北查从事盐业。④ 懋子查莹是1766年进

---

① 关于陈邦彦(1678—1752),参见陈其元:《庸闲斋笔记》,北京:中华书局,1989 年,卷 1,第 11—12 页。陈少孤,由伯父陈元龙抚养。上文提到的查慎行、陈世倌和陈邦彦是同年进士(康熙四十二年)和同乡(海宁)。关于南查、北查与陈家的联姻,如查嗣庭(康熙四十五年[1706]进士)娶陈恂永女,查嗣庭孙女查昌鸰适陈咸备,查嗣瑮仲子查学娶陈素,查继甲女适陈诜(康熙十一年举人、礼部尚书),查虞昌娶陈克鉴女,查祥(康熙五十七年[1718]进士)二女先后适陈邦彦子陈延嗣、陈世侃子陈昶(乾隆元年举人、知府),查嗣琪女适陈恂永,查嗣昌娶陈之仲孙女,等等,参见刘尚恒前揭书,第 199 页;丁辉、陈心蓉:《嘉兴历代进士研究》,合肥:黄山书社,2012 年,第 276—278 页。
② 《查善和自述》,收入刘尚恒前揭书,第 198—204 页;亦见《天津县新志》卷 21.1,第 41 页。
③ 有关查昇的传记材料及其"官贫身后甚苦",参见方苞:《方望溪全集》卷 12,第 177—178 页;徐倬:《詹事府少詹事查公墓志铭》,收入查燕绪等编前揭书,卷 10,第 1—3 页。查一封谈到经济拮据的信函被收入吴修编:《昭代名人尺牍》卷 13,第 662 页。根据这个家族的口述历史,查天行将自己在北京的盐业赠送给查昇,参见 1994 年 8 月 14 日查禄百采访录。
④ 查懋(字端木,1701—1775),引名"江公源",见台北故宫博物院档案 074389。事迹见王杰:《晋赠中宪大夫候选知县查公墓志铭》,收入查燕绪等编前揭书,卷 10,第 11—13 页。他曾为"北查"经理盐业,月费 2400 两银;其后两家争讼多年,见《查善和自述》,收入刘尚恒前揭书,第 198—204 页;洪永铿、贾文胜、赖燕波前揭书,第 127 页。

士,其弟查世俅(1750—1821)四年后成举人;他的孙子查堂也中了举人。① 与曾祖父相比,查莹作为监察御史,仕途平平,也没有在文学上取得卓著的成就。但是,他继承了家族巨大的财富。他的女儿查有蕙嫁给伯爵孙均,据陈文述的《孙古云传》,孙在故乡和北京俱无恒产,但因为"厚于故旧不能节缩……恒惧不继",幸亏"外舅给谏查君映山(查莹),世业长芦鹾务,饶于财。病卒无子,以犹子有圻为子。君配查夫人,给谏爱女也。外姑祝恭人以给谏遗言,分质库四,得二十五万金。查夫人贤明知大体,尽以所分属君"。孙在爵位被革后退隐,"不意司事者耗费十七八,岁入不给",富贵有如过眼云烟,身后萧条。②

查氏的这一族支到了查有圻的时候,无论财富还是名声都达到了巅峰,以"江公源"的引名,成为芦纲公所的纲总之一,引地遍布河北和山东。③ "计产三千万……中外大僚困乏,无不资之,如陶

---

① 战效曾修:《海宁县志》,1848 年重印,卷 8;《山东盐法志》卷 19。世俅儿子元俩 1808 年成进士,生二子:长绍篯(号玉彭),次彦钧,事迹见下文。
② 杨钟羲:《雪桥诗话续集》卷 9,第 306 页;施淑仪:《清代闺阁诗人征略》,上海:崇明女子师范讲习所,1922 年,卷 7。关于孙,参见李元度:《国朝先正事略》卷 20,第 594—598 页;陈文述:《颐道堂文钞》,《续修四库全书》本,上海:上海古籍出版社,1995 年,卷 13,第 8—11 页;恒慕义编:《清代名人传略》,第 680—682 页。因为嘉庆皇帝认为他的祖父孙士毅(1720—1796)是和坤的同党,孙的爵位亦被裁撤。
③ 查莹无后,过继弟弟世荣独子有圻(1775—1827)兼祧两房,见查燕绪等编前揭书,卷 4,第 18、20 页;洪永铿、贾文胜、赖燕波前揭书,第 28 页;高鹏前揭书,第 126—128 页。黄掌纶等修《长芦盐法志》,1805 年,卷 9 将"江公源"列为京引。在《山东盐法志》卷 9,这个引名又作为票商出现。票制最初设立,旨在准许票商在纳银领到盐票之后从事盐斤买卖。但是,最迟到 1741 年,票商也变成了世袭,参见《山东监法志》卷 19。

文毅(澍)、百文敏(龄)每贷银率以万计。"①跟张霖一样,他最终的目标还是在仕途上飞黄腾达。可是当1807年朝廷考虑任命他为户部郎中时,他应否回避的问题被提了出来。那时在京城的官员中还没有回避制度,但是当时主管户部的戴衢亨(1755—1811)是查有圻的姻亲,吏部感到应该实施京官回避制度,对不同的品级和关系予以规定。皇帝终于了解到这两个家族是儿女亲家,关系非同一般,极有可能在共事中串通一气,于是同意以后出现类似情况时应当采用回避制度。查于是转到刑部待缺。次年,查就以"仰沐主恩……身家赡给之资悉荷高厚生成之德",又恭逢御驾亲临天津,敬进银10万两,以备赏需。②

然而,对都察院给事中花杰来说,这种关系不仅会导致失职。1809年,花氏提出了一连串对查氏、戴氏、户部和长芦盐运使的弹劾。他声称,其时正值南运河工程展开,国用浩繁,唯是长芦连年缓征,积欠至700多万两,而查有圻"任性挥霍,骄奢淫佚,京城人谓之为查三嫖子",与他的同族查庆余、查世兴等虽然坐拥厚资,却置国用课币于不顾,承办官引地后既不交窝价,亦不付官租,建议严催积欠"以惩奸商"。③他更指控查氏凭借姻亲的庇护,图谋扣

---

① 欧阳兆熊、金安清:《水窗春呓》,北京:中华书局,1984年重印,第43页;亦见陈其元:《庸闲斋笔记》卷2,第27—28页。
② 《清实录·嘉庆朝》1807年2月24日;《长芦盐政李如枚为盐商查有圻情愿捐银十万两事奏折》1808年4月11日,见中国第一历史档案馆等编:《清代长芦盐务档案史料选编》,天津:天津人民出版社,2014年,第233—234页。关于戴的辉煌仕途,参见《清史稿》卷341,第11099—11100页;《清史列传》卷28,第2142—2152页;李元度:《国朝先正事略》卷21,第618—619页。查与另一高官曹振庸亦是姻亲。
③ 花杰:《奏为严催长芦连年积欠以裕南河工用奏闻请旨事》,1809年6月15日,嘉庆朱批:"所奏甚是户部议奏。"现存台北故宫博物院,宫中档奏折编号099983。

压应上缴户部的窝价。另外,在母亲的丧礼上,查有圻让三位大学士当知宾,这虽然算不上罪行,但也是滥用名器,有损朝廷尊严。对戴衢亨及其同党的指控更为严重,花杰称他们阴谋操纵会试,广植门生,在户部滥用权力,又企图把他的门生和党羽塞进南书房。朝廷的调查似乎没有得到多少证据,花杰亦因弹劾失实而被降职。但是,戴衢亨也遇到了麻烦,他盘根错节的关系网被揭露了。由于戴的叔父戴均元时任仓场侍郎,所以,潜在的利益冲突使戴衢亨降职调至工部。①

尽管查有圻在这事件中相对而言未受太大冲击,但是他作为与官僚政治密切相关的盐商,树大招风,成为一个极其方便的攻击目标。据传御史李仲昭曾向查索取贿赂,查拒不顺从,李对此怀恨在心。后来,李重新挑起事端,参奏长芦盐商串谋倒换户部颁发的称盐的砝码。② 后来的调查虽然找不到查氏直接勾结户部官员和工匠的证据,而且查本人事发时远在苏州,但是查仍然被认定是主犯,因为他作为长芦纲总,是通纲"造谋之首",玩忽职守,对业务不闻不问,纵容内司冯昶(前文提到的"亦政堂"冯家)、外司樊宗澄牟

---

① 征瑞:《奏为遵旨严查据实覆奏给事中花杰参奏查有圻札致长芦商总称与大农言明可以不交积欠窝价等语一案情形伏乞睿鉴》,1809 年 5 月 30 日,现存台北故宫博物院,宫中档奏折档号 100707;《清盐法志》,北京:盐务署,1920 年,卷 23;《清实录·嘉庆朝》1809 年 8 月 17 日、8 月 18 日、8 月 29 日;高鹏前揭书,第 128—131 页。
② 顺治、康熙年间户部颁发的砝码,实际重量为十七两三钱,行用百多年。嘉庆十二年(1807),户部以"权衡不能紊乱"为理由,坚持应按规定十六两为一斤,商人每年将短收三四十万两银。见中国第一历史档案馆等编:《清代长芦盐务档案史料选编》,第 228—229 页。案件亦见《清实录·嘉庆朝》1812 年 9 月 12 日、9 月 19 日、10 月 3 日及 10 月 26 日各条;《清史稿》卷 356,第 11318 页;叶志如:《嘉庆十七年长芦盐砝舞弊案》,《历史档案》1989 年第 4 期,第 20—35 页;夏维中、张华:《嘉庆十七年长芦盐砝舞弊案初探》,《盐业史研究》1991 年第 2 期,第 40—47 页。

取暴利75 620余两银,被判追加五倍罚款,共计455 652两,严加追比,查封北京、天津、苏州等地的家产以备罪罚。长芦众商总共应罚银1 478 134两(后修正为1 479 486两),所有职衔顶戴全部革斥。① 查虽然在限期内提前两个月把罚款交清,但仍得发遣。其母查祝氏(查莹遗孀)以次房独子有圻过继兼祧,"母子相依",若有圻被戍远行,恐无相见之期,因此愿比照四品官赎军流罪银3000两之例,以十倍即3万两为儿子赎罪。嘉庆以查氏在限前清缴罪赔,加恩宥过,才避免了查有圻的流放之苦。② 现存史料尚不能证实曹振镛(亦是查的儿女亲家,继戴衢亨为户部尚书,任期至1813年9月)在处理此案中的作用,但1813年,有圻(已革四品卿衔)随同长芦通纲恭进13万两银以备赏需,觉得还未尽"捆忱",次年又连同查世俨各捐银3万两抗洪救灾,开复了六品官衔。③ 但是经过这一番挫折,南查这一支已经元气大伤,有圻终于1824年告退,次年更因为尚拖欠正杂币利官租27万多两,所呈房产家什作抵不敷而被参革,余项严追。④

查昇后代的另一支传至查世倓,绝意科场,协助父亲查恋(引

---

① 《长芦盐政祥绍为革员查有圻请于半年限内完交罚赔事奏折》1812年11月15日;《内务府大臣征端呈长芦通纲各商砝码案内应交银两清单》1812年11月27日。俱见中国第一历史档案馆等编:《清代长芦盐务档案史料选编》,第293—294、298—299页。
② 《致长芦盐政祥绍查祝氏为吁恳带代子查有圻赎罪事呈》1813年3月13日;《谕内阁著芦商查有圻应交罚赔银两全数完纳免其发遣》1813年3月13日。见中国第一历史档案馆等编:《清代长芦盐务档案史料选编》,第305—306页。
③ 《长芦盐政广惠为芦商查世俨等呈请捐银三万两事奏折》1814年4月15日,见中国第一历史档案馆等编:《清代长芦盐务档案史料选编》,第309页;昭梿:《啸亭杂录》卷2,第418页。
④ 《清代钞档》1824年9月奏折;《清实录·道光朝》1825年4月6日条。

名"江公源")经营长芦盐业,主持有圻兼祧两房,经理其家后退隐嘉兴。其子元俪(1772—1855,1808年进士)分家,南方产业传与长子绍镁(号玉彭,1804—1854,1846年举人),长芦盐业交予次子彦钧(1806—1861,兵部候补郎中,引名"查庆余"),行办长芦引地十九处(不计京引)。可是彦钧重蹈有圻覆辙,不事生产,"托名在京当差,一切假手商伙冯相桂,任其贻误课运……恃系职官,置若罔闻"而被参革。绍镁虽然已经与彦钧分家,但仍然驰赴天津,倾其所有协助而不济,北京、天津、海宁、苏州等地的产业,尽行查封备抵。其后人虽然继续以"查庆余"引名从事盐业直至民国时期,但仅限于大兴、宛平京引。①

---

① 查昇后裔的这一支经营长芦盐业的情况,自1797年查有圻、查世兴接办内务府皇商介邱范家行办的二十余处引岸,年租银2万两,见《清朝续文献通考》卷34;《清盐法志》卷23,第39页;杜堮:《诰赠中宪大夫刑部福建司郎中查公墓志》、《玉彭公墓表》,见查燕绪等编前揭书,卷10,第34—36、49—51页;洪永铿、贾文胜、赖燕波前揭书,第127页;高鹏前揭书,第127—128页。又《长芦盐政崇纶为兵部候补郎中芦商查彦钧欠款误运请查封家产事奏折》1849年10月8日;《两江总督陆建瀛为查封芦商查彦钧苏州府财产情形事奏折》1850年2月22日,俱见中国第一历史档案馆等编:《清代长芦盐务档案史料选编》,第431、432页。查《清实录·道光朝》1849年11月18日条,彦钧被革职,解押回津查封家产抵补。冯相桂是上文提到的冯昶(查有圻内司)的侄子。据前引《天津亦政堂冯氏家谱》(油印本,1923年),冯相桂除代办二十余处引岸外,亦认办完县、满城(1772年入官,后招商承办,输租内务府)。京引到清末已是"著名滞销之岸",从前额引70 686道,1870年停引2万道,每年实销3万包左右,"乃纳7万道之课,赔累不支"。见《长芦盐运使司档》,北京:中国第一历史档案馆,173.339,"京引商人查庆余等禀……原停京引仍难复额",1907年9月6日。

游园、诗社和书画的世界

虽然盐商还是难逃法网,但是通过这些网络,他们确实获得了许多实惠,这不仅体现在延期纳税等政府实施的影响商业活动的政策上,还表现在他们可以更多地发展个性,比如举办游园会、诗社,以及收藏昂贵的艺术品。这些表面上并非必要的活动,正是长芦盐商的一项精明投资。那些闻名遐迩的文学之士,为了参加科举考试,或者赢得皇帝赏识及权贵的举荐而往来京城,路过天津时,都会得到盐商们热情的接待和馈赠。即使这些人在京城失意,由于日夕与这些文名远播的雅士为伍,盐商也能沾光。对于那些不屑应酬这些铜臭的天津地方文人,这不啻一种小小报复。

另一方面,如果像查慎行或查昇这样的文人一朝飞黄腾达,盐商们的投资就会得到加倍的回报。这些文学侍从,朝夕在南书房与皇帝相处,若能与他们保持关系,盐商便可能获得大量难以估价的讯息。1704 年,康熙在南书房询问一个名叫李秀的光棍是什么人,无人知晓。于是,王鸿绪着手查访。结果表明,此人就是牵连进张霖一案的李骏公,在李光地的参折中,他被误写为李靖公。在王鸿绪的密折里,李秀不但是张霖的管事,而且是京城里腐败的权势人物——他频繁往来于各个衙门,公行贿赂,弄法作奸,"真大光棍也"。然而,"不知何人传信与他,说皇上在外说他是大光棍",王鸿绪深感惊骇,不得不请康熙注意保密,提防有人偷看他的密折传播消息，以确保他的情报收集活动。①

盐商这些行为自然招致不少批评。昭梿斥责朝中权贵，说他们不顾体面与安氏家族联姻。② 同样，查氏热衷于广交权贵，以此作为牟取财势的手段，然而这只会招惹都察院和御史台来找麻烦。事实上，不少高级官僚的仕途会因为他们与盐商的交往受到影响。即使是正常的交往，若出现利益冲突也会影响一个人的前程。裘曰修就是一例。裘曰修作为户部侍郎和军机处行走，因与长芦商人牛氏的往来而陷入窘境。牛氏是长芦富豪，他经营引地的窝价至少30万两银，在天津涉及许多讼案。正因为与牛氏过从甚密，裘曰修退出军机处，仅保留了户部侍郎的职务。③

尽管所有这些指控都表明盐商的社会网络文化容易招致不测，但是，他们的谋略及长期积累的网络资源可以让其重振家业。张霖在狱中病故后，所欠赃银100多万两由儿子张坦和孙子张瑄负责，"祖孙父子相仍三十年，身无立锥，形同乞丐"。④ 经过雍正宽免以后，张霖的曾孙张映斗徒步前往桐城拜访古文大师方苞。方苞也曾在南书房和朝中担任要职，只是在高斌（1683—1755）把

---

① 《文献丛编》12，第11页。原件现存台北故宫博物院，编号002525。
② 昭梿：《啸亭杂录》卷2，第434页；卷3，第456页。
③ 关于裘曰修（1712—1773），参见李元度：《国朝先正事略》卷18，第544—549页；《清实录·乾隆朝》1758年12月29日，1759年1月9日。
④ 《长芦巡盐御史三保为查明盐商张霖应追侵贪利息数目请旨宽免事奏折》1736年1月24日，见中国第一历史档案馆等编：《清代长芦盐务档案史料选编》，第26—27页。实际上，张霖名下禹州等八处引岸，加上代领宛平等六处，已于康熙五十五年交由内务府买卖人李天福行办，条件之一是带销代偿"张霖所欠钱粮……倘不能完结，将李天福交内务府从重治罪，勘产追完"，见《康熙起居注》1716年12月4日条。

他为同党营求的私函公之于众,导致他被弹劾后才致仕在家。他为张映斗写下"方伯遂闲之孙也"拜帖。① 虽然内容极其简略,但这对于这个19岁的后生来说已经足够了。张映斗继续拜会了许多亲戚和他曾祖父的故旧,从他们那里筹措到一笔资金,在他精明能干的弟弟盐商张映辰的经营下,这个家族又重振家业。张映斗之子张虎拜1768年中举,次年连捷进士,后任河南学政,身故后更被天津人尊为冥官。张虎拜之子张凤翔也官至贵州铜仁知府。②

出于对足以影响他们的财富、生活及前程的诸多压力的回应,长芦盐商跟两淮盐商一样,组织诗社、游园会,收藏古玩字画,广泛结交文学之士及朝中官僚,换取社会地位。③ 可是,尽管当时的文豪们对他们进行褒扬,包括盐商在内的商人们也不遗余力地仿效文人学士的高雅情调,他们还是四民之末。为了赢得社会的敬重,求得家族的长盛不衰,盐商采用了本为文人及士大夫所用的社会网络策略,这种策略创造了机会,但也让他们有可能遭遇朝廷及

---

① 《天津县新志》卷21.1,第33页。
② 陈垲编:《津邑选举录》,第19页。有关张虎拜的传记材料,参见周璠:《张啸崖先生传》,收入华光斆编:《天津文钞》,1920年,卷4。据地方的民间传说,张故后担任了冥官。参见李庆辰:《醉茶志怪》,天津:天津市古籍书店,1990年重印,卷3,第261页。他的后人继续居住在天津,得意科场,家族中的女性成员都谨守妇道,因而这个家族声名远扬。参见徐世銮:《敬乡笔述》,天津:天津古籍出版社,1986年,第43—47、114—119页;《天津县新志》卷21.1,第34页。
③ 长芦、两淮、自贡、两广盐商的网络文化行为,足资比较研究。参见王振忠:《明清徽商与淮扬社会变迁》,北京:生活·读书·新知三联书店,1996年;陈凤秀:《徽商江春社会网络的构建及其影响》,《安庆师范学院学报(社会科学版)》2012年第4期,第63—66页;吴玉廉:《奢华之网:十八世纪的徽州盐商、社会阶层和经世之道》,斯坦福:斯坦福大学出版社,2017年;魏登云、莫宏伟:《论清代扬州盐商与自贡盐商之异同》,《遵义师范学院学报》2017年第3期,第23—28页;段雪玉:《南海孔氏:清代广东大盐商家族研究》,《盐业史研究》2020年第3期,第20—29页。

官僚政治带来的危险。盐商在他们舒适惬意的书斋里罗列画卷、古玩和书籍,在园林里为奇花异卉流连忘返,成为社会网络的一部分。尽管他们的园林或许位于城墙和衙门之外,但盐商在其诗社和文酒之会上营造了一个亦公亦私的空间,使政治、经济、文化及社会融为一体。① 这些活动花费巨万,亦不无风险,但收益也可以同样可观。

---

① 对影响深远的南诗、南画、南乐北渡、园林人工化以至城市精神等方面的研究,可参考李瑞豪:《水西庄雅集与雍、乾之际的畿辅诗坛》,《河北师范大学学报(哲学社会科学版)》2015年第1期,第78—84页;陈玉兰、项姝珍:《天津查氏水西庄雅集的江南文化特质》,《苏州大学学报(哲学社会科学版)》2014年第4期,第132—139页;王小恒:《论查礼在浙派诗文化活动中的东道主地位及其贡献——兼论浙派宗主厉鹗的水西缘》,《图书与情报》2016年第4期,第138—144页;吴映玫:《从安岐与王翚的交往看清初北方商贾的书画收藏趣味与行为》,《艺术史研究》2021年第5期,第64—77页;陈嘉瑞:《从历史看天津音乐文化的主要特点》,《音乐学习与研究》1992年第1期,第17—21页;朱宗宙:《清代扬州盐商与戏曲》,《盐业史研究》1999年第2期,第44—48页;秦翠红:《试论明清商人的家班》,《社会科学辑刊》2006年第2期,第151—157页;梁银辉:《雅士与盐商的超时空对话——明代士大夫与清代盐商的昆曲家班比较研究》,《华南理工大学学报(社会科学版)》2013年第6期,第69—72页;芦玲:《盐商的文化消费与京剧的形成——以18—19世纪的扬州为中心》,《兰州学刊》2017年第10期,第108—117页;张亦弛:《从文人纪事题咏看康雍乾时期天津盐商私家园林的转折》,《中国园林》2013年第6期,第87—91页;宋立杰:《空间社会学视域下的明清商人园林研究——以淮扬地区为中心的考察》,《社会科学论坛》2020年第6期,第103—116页。

第五章　社会

对于盐商来说,如何在社会再生产中不断追求并积累财富是个非常重要的问题。他们的买卖如前面的章节所述,从属于国家垄断。由于诸多原因,盐商在各社会层面中并不得人心。他们惊人的豪奢举动在京津市民间广为流传,皇帝也不断劝谕他们要循礼安分,"不致蹈僭越之愆",否则必"从重究治",但他们的生活方式还是常常招致物议。① 一方面,就上流社会而言,他们的诗词歌赋、文酒之会,以至商鼎周彝、附庸风雅侵犯了士人的领域,从而招来了当地世家的讥讽;另一方面,老百姓认为盐商沽名钓誉,"天下之恶习染人深者莫过于盐务……谋食之道甚多,何必为此哉"。②

---

① 肖国亮:《清代两淮盐商的奢侈性消费及其经济影响》,收入陈然、谢奇筹、邱明达等编:《中国盐业史论丛》,北京:中国社会科学出版社,1987年,第452—468页。劝喻商人节俭的谕旨,见《清实录·雍正朝》1723年2月5日、9月1日等,北京:中华书局,1986年,第3卷,第75页;第10卷,第180—181页。

② 李庆辰:《醉茶志怪》,天津:天津市古籍书店,卷4,第404—405页。

有些盐商或许对他们的形象问题无动于衷,有些更为自己的声名远播沾沾自喜。但是,也有盐商超越了他们的社会圈子,参与了当地以至华北的诸多公益事业并做出了贡献。有学者把此归结为"儒家思想"。[①] 此种解释的欠缺在于,儒家思想从汉代(如果不是更早的话)开始在中国历史上就已很有影响,而这里讨论的有组织的社会慈善活动始于宋代,是一个相对晚近的现象。而且,盐商的诸多家庭争讼恐怕跟儒家传统的伦理标准更是背道而驰。这些由地方商人(包括盐商)主导的慈善活动是否代表政府与民间力量的消长,以及绅商的崛起等问题,都值得进一步探讨。[②]

为了理解盐商这一行为特点及其动机,我们必须重新构建这些行为发生的历史情境,从诸多方面考察他们为天津民众所做的公益事业,并由此分析在盐商与天津市民之间,公共空间与私人空间是如何交织成一种爱恨关系的。[③] 盐商的社会活动在许多方面和政府曾经承担的民政事业是重合的,在很多情况下,他们填补了

[①] 朱友渔(Tsu Yuyue):《中国慈善事业的精神:一项关于互助的研究》,纽约:哥伦比亚大学出版社,1912年;余英时:《中国近世宗教伦理与商人精神》,《知识分子》1986年第2卷第2期,第37—40页;罗威廉:《汉口:一个中国城市的商业和社会(1796—1889)》,斯坦福:斯坦福大学出版社,1984年,第91页;韩德林:《仁慈的社会:明末清初博爱精神的再造》,《亚洲研究杂志》1987年第46卷第2期,第309—334页;任云兰:《近代天津的慈善与社会救济》,天津:天津人民出版社,2007年。关于天津缺乏市民意识的论点,参见李侃如:《天津的革命与传统》,斯坦福:斯坦福大学出版社,1980年,第181页。

[②] 任云兰:《从天津长芦育婴堂的变迁看慈善事业中国家与社会的关系》,《理论与现代化》2009年第5期,第123—125页。

[③] 对慈善活动社会性质的探讨,是否有"民间"而无"市民",公共领域以至公民社会之有无,见梁其姿:《施善与教化:明清的慈善组织》,北京:北京师范大学出版社,2013年,第247—253页;黄波:《近代盐商慈善活动的行为逻辑》,《兰台世界》2012年第6期,第69—70页。

政府不愿或不能填补的空白。他们以慈善活动及组织水会发轫，在太平天国运动和第二次鸦片战争期间涉足团练和教育，逐渐扩大了他们在地方事务中的作用。对当地的官员和居民来说，盐商变得越来越重要了。不过在这一过程中，盐商并没有挑战地方政府乃至国家政权。相反，在动荡的年代里，他们在巩固其地位的同时也给天津社会提供了相对的稳定。换言之，这发展并不是一失一得、正负相抵的零和博弈，而是公共领域和私人空间都得到拓展的过程，同时构成了天津城市精神的基础。①

骄奢的生活方式

长芦盐商与他们的扬州同道们同样以豪奢而闻名。1737年8月10日，查礼与他的文友观赏了海光寺。当年天津大水，"平波百里，俱在履下"，"小溪放水灯，自寺门至城闉数里不绝"。② 他的两个侄子善长、善和各有月费，这足以使他们扩建水西庄，在庄园增添令人叹为观止的竹林及各种各样的洋菊。③ 然而，这些排场与他们的族戚查有圻相比，要逊色得多。据传，查有圻因违反宵禁，夜叫正阳门（北京城南门），一次就被罚白银80万两。与此齐名的是

---

① 关于这些社会服务活动的理论探讨及其争议，如能否将其视为公民社会、市民自治的一部分，可参看吴佩林、孙雪玲：《近三十年来的清代育婴慈善事业研究——以育婴堂为中心》，《西华师范大学学报（哲学社会科学版）》2013年第3期，第5—10页。
② 查礼：《铜鼓书堂遗稿》，1770年，第29卷，第1页。
③ 查善和：《静喜草堂杂录》，未刊稿，天津图书馆藏。

他在12个侍女身上"费金数十万",而她们只不过专司传餐。他的豪举被编入戏剧,得以流传下来,从而向公众证实了他们是多么富有。①

盐商的奢华宅第今日早已烟消云散,但是当年规模犹存。宅第四周围以高墙,对缝墙砖精雕细琢。前院是账房、仆役住的房间及厨房。往里走,是一座又一座相互连通的院子,一个爷一个院。② 这里的生活日夜颠倒,早饭在下午两点半,美其名曰"大家饭"。为维持庞大家庭运转,宅第里有数十名侍女、厨师及侍奉诸公子、千金的仆人,此外还有专人侍候主人吸食鸦片,以及乐师、家班和负责饲养花鸟鱼虫及其他宠物的能人巧匠、训蛐蛐的把式。盐商白天的时间经常花在斗蟋蟀上,胜负很快会传遍全城,被人们津津乐道。③ 侯家后一带的茶馆、饭庄、戏院、浴堂、高等妓院都有他们的足迹。

从富足的日常生活到每年的各个节日,许多盐商都追求一种极度豪华奢侈的生活。繁闹的节日吸引了四面八方的人们,如三月庆祝"天后诞辰"的"皇会",四月的"出会"。这些节日给盐商耀

---

① 李伯元:《南亭笔记》,上海:上海古籍出版社,1983年,第3卷,第2页;戴愚庵:《沽水旧闻》,天津:天津古籍出版社,1986年,第14页。
② 1986年7月6日李世瑜访问录。
③ 赵元礼:《藏斋随笔》,1934年,第8页;李燃犀:《津门艳迹》,天津:百花文艺出版社,1986年,第346页。

富夸豪提供了方便的场合。① 长芦公所出资备办的八个"抬阁"经过精心装饰,每一抬都取材于民间戏剧的主题。有些盐商资助他们的邻里去出会,也有盐商将精心装饰的豪华陈设与市民共享。盐商们不漏过一个细节,不省用一两银子,一切都是为了娱乐公众,博得他们的喝彩。哪怕是落魄盐商,也会使用定织的暗龙黄陵绸、大红杠套、红花染成的丝绸、由江宁织造制作的盖阁布和太阳伞,为的是让人人都看得见他手上价值连城的祖母绿扳指,这对他们来说是再重要不过的了。②

由盐商和其他商人资助的这种活动,不单让盐商们夸豪竞富,促进京津地区以至华北的城乡交流,也让市井小民表达他们的心声。如南门内诚议杠箱官的演出,不单是文戏(说唱故事)、武戏(动作)、陈设,也会"先在下处逮辏(攒凑)几套"玩笑戏。肃静、回避牌大书梅桂县(谐音"玫瑰馅")正堂,全印田酱州(甜糯粥),定亲快鱼府正堂,后选二牛道正堂开道,身穿衙役、捕快服饰的出会演员,簇护着戴锁人犯,由官帽插上两串糖葫芦、项挂蒸饼朝珠、手执鹅毛扇、骑在骆驼上的"玫瑰馅"太爷问案。尽管有许多地方官员在座观看,或许"完(玩)笑不为尊贵,观睄不雅",但既然是民众

---

① "皇会"或因曾得乾隆御览而得名,同时也是周边农村进行贸易的集市,见羊城旧客编:《津门辑略》,1898 年,第 5 卷,第 2 页;望云居士:《天津皇会考记》,天津:天津古籍出版社,1988 年;冯骥才编:《天津皇会文化遗产档案丛书》,济南:山东教育出版社,2013—2014 年;肖海明:《关于天津皇会的几个基本问题》,《艺术与民俗》2023 年第 1 期,第 25—32 页。有关城隍巡游,见华鼐文:《城隍会论》,《天津史研究》1986 年第 1 期,第 70—73 页。
② 李燃犀前揭书,第 348—349 页;辛成章:《天津"八大家"》,《天津文史资料选辑》第 20 辑,1982 年,第 51 页;望云居士前揭书,第 47 页。"海张五"(详后文)张氏资助"龙亭公义井音法鼓","龙亭"是张氏住宅所在的居民区。

的节日,在这狂欢气氛中,官威体统荡然亦无可奈何。窑洼村的秧歌圣会,尽管别字连篇,批评世道却说得明白:

> 人生在世天地间,
> 有几件大事不周全。
> 贫的贫来富的富,
> 忙的忙来贤(闲)的贤(闲)。
> 吃(痴)傻呆滅(煞)偏毫(豪)富,
> 怪(乖)巧灵理(伶俐)受监(艰)难。
> 满付(腹)的经纶不德重(得中),
> 旬长学文座(寻常学问做)高官。
> 郡(骏)马陀(驮)定无义汉,
> 巧付长办(妇长伴)鲁夫眠。
> 若问此是因何顾(故),
> 皆阴未(因为)他前世阴功无修全。①

盐商子弟们耽于安逸,以邻里"终日排演"的秧歌会、弹弦随唱为乐事,对死记硬背式的四书五经教育更难以接受。② 毫无疑问,

---

① 中国历史博物馆编:《〈天后圣母事迹图志〉〈天津天后宫行会图〉合辑》,香港:香港和平图书有限公司,1992年,第123、132页;高惠军、陈克整理:《天后宫行会图校注》上册,天津:天津古籍出版社,2017年,第130、186—187页。"官方"节日维护合法权力与"民众"节日,狂欢节概念对社会批判的功能,可参考巴赫金(Mikhail Bakhtin)的《拉伯雷与他的世界》,剑桥:麻省理工学院出版社,1968年;王孝勇:《Mikhail Bakhtin 狂欢节概念的民主化意涵:从批判取向论述分析的理论困境谈起》,《新闻学研究》2011年第108期,第183—223页。
② 冯学璋编:《天津冯介清氏编年纪录》,未刊本,1919年。

作为显学的佛教和儒家的思想都倡导节俭和正确理财,并发展了一套精致理论为其辩护。然而在实际生活中,盐商的宗教行事趋向儒佛合流,使之更加实用,许多宗教仪式则由家中妇女履行。① 人们认为,天后和送子娘娘掌握着生育(尤其是生男孩)的大权。如果婚后不育,人们往往向她们敬献祭品,许愿求子。这种做法虽然不是总能应验,但带有强烈目的性,韦伯称之为"实用理性"。②

其他涉及盐商的婚丧嫁娶、寿诞之类的场合,其奢侈豪华会吸引全城的市民,往往造成交通堵塞。1890年,冯家为家长冯老太太庆祝六十大寿,精细策划了几个月,专门在景德镇瓷窑定烧了瓷器。除了数日的盛宴,还有北京八角鼓、胡十大鼓、九龙李戏法、唱曲助兴。③ 为适应此类需求,天津兴起了一系列的专门服务,从备办食物到出租家具应有尽有。④ 在婚嫁场合,脚夫们身着从銮仪卫借的制服,抬着嫁妆和聘礼,绕城炫耀,不免招致围观的人讥讽"新婚所用万物俱备,只欠一对寿材"。⑤

---

① 关于盐商的宗教思想几乎没留下什么记载。这里的材料得自1994年8月10日与李世瑜、黄扶先和王益孙的后人赵琚的访谈。有关盐商思想的变动及其背景,见余英时:《中国近世宗教伦理与商人精神》,台北:联经出版事业股份有限公司,1987年。

② 斯蒂芬・卡尔伯格(Stephen Kalberg):《马克斯・韦伯的理性类型:理性过程分析史上的基石》,《美国社会学杂志》1980年第85卷第5期,第1145—1201页。

③ 冯学璋前揭书。

④ 1986年7月6日徐景星访谈录;杨绍周:《解放前天津吃红白饭儿的》,《天津文史资料选辑》第46辑,1989年,第234—244页。

⑤ 金大扬:《天津"李善人"》,《天津文史资料选辑》第7辑,1980年,第70—101页;李燃犀前揭书;杨绍周前揭文。

耗资巨万的丧事活动也成为天津民俗的一部分。① 白事经营者为死者家属提供效率极高的服务,按丧主"家业大小量体裁衣"。更有"笃庆社"一类的组织,专为丧事提供催人泪下的场面。② 从北京雇来的僧尼、道士、喇嘛每天都做法事诵经,超度亡灵。这样的活动通常持续数周。盐商的丧葬队伍长达数里,成为一景,其宏大规模可以跟皇会游行相媲美。进入20世纪以后,针对丧葬造成的交通堵塞状况,外国租界往往向其收取几千两银子,方才放行。③ 丧事仪式之后,死者并不立即下葬,通常浮厝好几年。每次天津洪灾都会有棺材随水漂流的情形。

为了自乐娱人,长芦盐商也热衷于传统戏剧,如昆曲和京剧,这在天津文化中留下痕迹。盐商出资组织的演出为他们提供娱乐,从北京高价请来的戏班在剧园和会馆出堂会。另外,有的盐商家中还设有戏台和家班,以供自家娱乐。④ 他们又组织了天津最早的票房之一:雅韵国风社。为促进演唱技艺,盐商票友组织起来,其中的佼佼者极受尊重,甚至职业演员也要听取他们的意见,民国

---

① 韩书瑞(Susan Naquin):《华北葬礼的异同》,收入华琛(James L. Watson)等编:《晚清和现代中国的葬礼》,伯克利:加州大学出版社,1988年。关于天津葬礼,见张鸿来:《婚丧礼杂说》,北京:北京文化学社,1928年;陈恩荣:《天津丧礼说略》,1918年油印本。
② 老乡:《解放前天津"白事"行业见闻》,《天津工商史料丛刊》第2辑,1984年,第74—94页。天津社会科学院图书馆存有笃庆社的材料。如果有丧葬场合的话,每个社员每年至少应参加一次活动。
③ 《大公报》1930年11月17日。
④ 冯学璋前揭书;李英斌:《天津的堂会戏》,《天津文史丛刊》第6期,1986年,第216—225页。

时期的纲总王君直就是其中之一。① 作为流行的大众娱乐形式,各个剧种、剧目在规范个人和集体行为方面,是对道德教化的补充。

盐商们的这些活动虽然使他们得到了自我满足,也取悦了他们的邻里,但仍不能改善他们的公共形象。周楚良《津门竹枝词》批评道:

> 捐职充商纲总当,一时奢丽众称扬。
> 吾津富贵无三辈,净洗双眸看后场。
>
> 商纲炫富最雄豪,二秉归山继二皋。
> 占尽便宜欺尽世,余殃留待后人遭!②

天津的世家文人自恃身份而看不起这些俗不可耐、满身铜臭的市侩。朱洁臣鄙视张霖品德低下、附庸风雅,当别人纷纷趋炎附势时,朱严词拒绝了张的邀请,朱的风骨受到了陈仪和李光地的高度赞扬。③ 王介山(1681—?)事件充分体现了盐商与天津文士之间的这种紧张关系。1711年秋的一天,王介山刚刚在乡试中落榜,与他的友人赴乡,留饮皆醉。④ 他们路过一豪商园林,请求入内游览,

---

① 姚惜云:《天津的票友和票房》,《天津文史资料选辑》第 21 辑,1982 年,第 198—212 页;姚亮畴:《天津名票友王君直》,《天津文史资料选辑》第 39 辑,1987 年,第 164—166 页。
② 周楚良:《津门竹枝词》,收入郝富森编:《津门闻见录》,未刊稿。
③ 陈仪:《陈学士文集》,1750 年,卷 10,第 41—42 页。
④ 王又朴:《介山自定年谱》,1924 年刻本,天津社会科学院图书馆藏,第 10、12 页。他继续参加科举考试,后来成为进士。

竟为阍人所拒。对于这样的侮辱,他们怒气冲天,最终与阍人发生冲突,王和他的朋友都被打伤。尊严驱使他们聚集在知县衙门前,要求伸张正义,挽回尊严,知县却拒绝审理此案。激于义愤,他们发动了罢市,成千的人袭击了这家盐商的宅第,砸碎了宅院的大门。直到盐商迫于压力解散了护院,这场风波才告平息。

公益和慈善事业

如果说金钱买不到尊敬的话,那么地方官员和政府只能提供有限的公益服务这一现实,恰好给了盐商改善自己形象的机会。当然,公益事业和赈济早已成了中国政府责无旁贷的职责。① 在宋代,地方政府就组织了一系列公益事业,内容涉及施舍粥饭和御寒的棉衣、看病以及收容无家可归的穷人等。明清时期,地方官员职责包括救助穷人,以及在必要的时候减免租税。② 然而,在繁冗的官僚政治下,国家有限的资金要保证公共救济事业的充分实施非常困难。针对此种情形,尽管不同地区实施的步调不尽一致,但学者们已达成共识,即原属国家的种种职责逐渐从官府转移到

---

① 郑寿彭:《宋代开封府研究》,台北:编译馆中华丛书编审委员会,1980年,第436—438页。
② 郑寿彭前揭书,第438—448页;张廷玉等撰:《明史》,北京:中华书局,1974年,第1850页;赵尔巽等撰:《清史稿》,北京:中华书局,1977年,第3357页。

民间。①

虽然天津的历史相对较短,但文献表明天津这方面的发展与大趋势一致。② 明代文献记载的公益事业如建筑桥梁和公墓、修补城墙、开设照顾鳏寡孤独的养济院等为穷人和寡妇提供住所,都是地方官员动用国家的专款实施的(见附录三B)。到清代,随着人口增长,天津府和天津县用于公益的国家资金显得捉襟见肘。③ 当地官员实施救济的时候,往往难以令人满意。1820年,当地官员发放棉衣姗姗来迟,导致人群骚动,13人被挤死。就连基本的救济工作如赈济饥荒,地方政府也左支右绌。1877年,政府兴办的一个施粥的房舍起火,赈灾官员慌忙逃离现场,却忘记了收容难民的房舍大门已经落锁,从而导致2000多难民被烧死。④

盐商的介入弥补了这方面的不足。他们为自己的邻里提供了一系列公共服务:建立育婴堂,义务种痘,为穷人、寡妇、无家可归者提供住所、施粥、建义冢,以及其他慈善事业。到19世纪晚期,城市中私人组织或出资赞助的慈善机构提供的服务非常广泛,据

---

① 斯波义信:《宁波及其腹地》,收入施坚雅(G. W. Skinner)编:《中华帝国晚期的城市》,斯坦福:斯坦福大学出版社,1977年,第422页;梁其姿:《明末清初民间慈善活动的兴起——以江浙地区为例》,《食货》1986年第15卷第7—8期,第304—331页。
② 郝红暖:《明末至民国前期天津慈善组织的演变与特点》,《安徽史学》2011年第6期,第61—68页。
③ 《天津府志》,1899年编,第7卷,第12页。
④ 《号寒行》,收入梅成栋编:《津门诗抄》,1824年,第4卷,第4—5页;《光绪朝东华录》,北京:中华书局,1958年,第562页。另一方面,魏丕信(Pierre-Etienne Will)认为,一旦国家动员起来,其救济措施也是非常有效的,见他的《十八世纪中国的官僚制度与荒政》,斯坦福:斯坦福大学出版社,1990年。

说"甲于他处"。① 除了这些制度化的慈善活动,盐商还常常提供其他公益服务,如应对突发性的饥荒、洪水,或冬天提供救济棉被,此类的例子很多。上文述及的李氏家族很早就被人们传颂,天津"李善人"声名远播整个华北地区。② 盐商在其引地进行的慈善活动也有助于改善公共关系。以涿州的同济善堂为例,冯学璋不但热心资助,而且被选举为善堂总理。尽管存在家庭矛盾及当地官员不合作等问题,他还是在天津盐商同行中募捐 600 元,救济被地方官员视而不见的水灾受害者。③

水　会

除水灾(见第一章)外,火灾也是不断困扰天津市民的一个严重问题。宋代,消防是地方政府的责任。此后,老百姓越来越多地参与其中,以保护自己的财产。④ 为了应对席卷天津的周期性火灾,早在康熙年间盐商武廷豫就捐置了数台水龙,并组织了同善水会(见附录三 B)。此后,长芦盐政莽鹄立捐置了四台水龙,并为全

---

① 见《直报》1895 年 3 月 1 日。扬州盐商亦有与此相似的举动,见刘淼:《清代徽州盐商和扬州城市经济的发展》,1982 年,未刊本,第 16—24 页;张海鹏、王廷元主编:《明清徽商资料选编》,合肥:黄山书社,1985 年,第 318—357 页。
② 金大扬前揭文。
③ 有关冯家,见冯学璋前揭书。他还捐资建立了一所小学——养正学堂和几处粥厂。
④ 宋代开封守军兼有消防职责的记载,见孟元老撰,邓之诚注:《东京梦华录注》,北京:商务印书馆,1961 年,第 120 页;郑寿彭前揭书,第 393—416 页。有关消防职责由官府向民间的转移,见斯波义信前揭文。

城性的水会网络打下了基础。这些水会由盐商捐置器具并由志愿者组成,其中包括查天行资助的尚善水会。①

十九世纪晚期,天津的水会之法"尤善":②遇灾"串锣"示警,沿锣道各局共同奔赴火场扑救,分别负责清理火道和供水。救火人员包括武善、文善,他们的社会成分不定,小商贩、混混儿,以及他们手下的脚行工人构成了救火人员的主力。③ 作为志愿者,他们服务的报酬仅仅是几斤点心。这表现了救火者的热情、勇气和力量,但同时他们之间的协调合作也变得越来越困难。争先恐后,各自为政,令水会之间经常发生矛盾,而且愈演愈烈,以至在1880年发生了一次冲突,导致六人受伤。地方官员不得不出面调停,加强管理与协作,规定了70个水会各自负责的区域,采用规划锣道、先到先救等办法,从而改善了混乱状态。到1892年,水会增至80个,天津府将此作为固定数量。但随着城市的不断发展,这规定不久就过时了。④

---

① 王守恂:《王仁安集》,1937年,第12卷,第2页;陆以湉:《冷庐杂识》,北京:中华书局,1984年,卷6,第304页。北京、汉口亦有类似的组织,见今堀诚二:《北平市民之自治构成》,东京:文求堂,1947年;罗威廉前揭书。
② 羊城旧客前揭书,第6卷,第5页;陆以湉前揭书,卷6,第304页。
③ 陆以湉前揭书,卷6,第304页;阎润芝、李维龙:《天津脚行的始末》,《天津文史丛刊》第4期,1985年,第161—175页。关于天津运输工人的概述,见《天津历史资料》第4辑,1965年,第1—29页;李侃如前揭书,第10—27页;耿捷等:《天津的搬运工》,《天津工运史资料》1985年第6期,第1—35页;贺萧:《天津工人:1900—1949》,斯坦福:斯坦福大学出版社,1986年,第115—139页;咸树娜:《近代天津脚行研究》,南开大学硕士论文,2013年。
④ 他们的规章及其运作情况,见《续天津县志》,1870年修,卷8,第3—4页;羊城旧客前揭书,卷6,第4页;李燃犀前揭书,第287页;《直报》1881年2月5日;《天津府志》卷7,第13页。

尽管存在地盘之争，各个水会仍旧联合起来筹措资金。每年春秋两季，水会公所（水会的公共管理机关）和各个水会的首领（通常是袍带混混儿——发了财的混混儿，成为各城区、街道的代表，从而在社会上有影响力）聚在一起，在全城范围内向盐商和商铺进行募捐。筹得的款项用以举行宴会、请戏班唱戏慰劳救火人员，维修和购买器材，并支付各水会和水会公所运作的经费。盐商们每年至少捐助1000两银，虽然各水会账目公开，但敛财的指责也时有所闻。①

尽管天津居民对水会的越轨行为不无微词，但这些文善、武善对自己的地盘乃至整个天津确实怀有满腔热忱，人们对此并无异议。当他们保卫桑梓的传奇式英雄行为广为传颂时，当地人民也获得了强烈的自豪感。1850年和1853年，他们驱逐了来自宁波的"野蛮"水手；进驻天津的粗暴骄横的淮军，受过几次教训之后也变得规矩多了。尽管时代动荡，水会组织还是得到改进和扩充。无论什么时候，只要天津受到威胁，他们都会构成天津民防的核心。②

---

① 《天津府志》卷7，第13页；《直报》1896年1月20日。还可参见李然犀：《旧天津的混混儿》，《文史资料选辑》第47辑，1964年，第208页；又拙文，刘海岩译：《乱世：天津混混儿与近代中国的城市特性》，《城市史研究》第17—18期，2000年，第18—37页。

② 郝缙荣：《津门记事诗》，未刊稿，天津图书馆藏，卷3；戴愚庵前揭书，第101—102页。

盐商与太平天国运动

这种集体主义的地方精神在盐商身上也有所体现。他们或许不是土生土长的天津居民,却在通过实际行动维护地方利益。1853年9月,号称8万人的太平天国北伐军向天津进发,矛头直指北京。① 八旗、绿营混乱不堪,仅仅尾随太平军却不敢与之交战。国家财源枯竭,天津的驻军大部分已经被调到江南,守城兵卒仅剩800人。② 万般无奈之下,当地官员约见地方绅士,共同商讨组织团练保卫天津。这项任务落到了官位最高的前两广总督梁宝常身上。然而,他和他的僚属却更多地关注个人如何发财。很快,城里就出现揭帖,指责他和下属中饱私囊。③

如此一来,组织城防和筹款的任务就落到了以张锦文(1795—1875)为首的长芦盐商身上。他几乎没费什么时间就招募了各色人等,组成民团以增强城防力量。各个水局迅速动员起来承担了新的任务。他还把在押犯人(许多是混混儿)从天津监狱中保释出

---

① 有关太平北伐军实力的说法颇多,见梅谷(Franz Michael):《太平天国运动历史和文献》,西雅图:华盛顿大学出版社,1966年,第1卷,第94页脚注55。逼近天津的兵力,据估计有4万。
② 尹福庭:《试论太平天国革命时期清政府中央和地方权力的消长》,《清史研究集》第4辑,1986年,第367—385页。
③ 郝富森:《津郡兵火纪略》,收入《津门闻见录》,未刊稿,第5卷。其他的地方团练组织,见孔飞力(Philip A. Kuhn):《中华帝国晚期的叛乱及其敌人:1796—1864年的军事化与社会结构》,剑桥:哈佛大学出版社,1970年。

来,支援城防,并自费雇佣 1000 多民工修建路障和炮台。① 他还组织了一个 180 人的后备队,由他的儿子指挥。张锦文亲自操办后勤,特意准备辣椒以提高来自四川的 500 驻兵的士气,负责提供弹药火枪、双筒望远镜以及机动性能超过兵部所供器具的旋转炮架。在筹备城防过程中,他该花的钱都花了,该做的事都做了,包括准备两石大蒜以对付太平军的"妖法"。② 其他盐商,如倪虎榜、"李善人"家的李春城,在民团的活动中也同样活跃。

或许张锦文的作用被夸大了,但毋庸置疑,他的忠诚和奉献精神是无可挑剔的,即使他的家世不无疑点。有关他的发家史至少有三种说法。带有褒扬性的说法是:他还在襁褓中的时候父亲就去世了,家庭非常贫穷以至供不起他上学。③ 然而,他的母亲从小就教育他立志,因此他去闯关东,在那里为他的同乡帮工。他很快就以机警果断而闻名,深得友人信任。因此,人们让他管理财务,他自己也一跃成为长芦最富有的盐商之一。这说法把张锦文描绘成了一个白手起家的人物。

第二种说法则是,他的发家另有原因。据他的一位亲戚称,张锦文出生于静海县一个贫穷的家庭。他起初是海仁(满族人,据传

---

① 见侯桢:《燹余遗稿》,同治刊本,第 1 卷,第 15 页。甚至英国领事也被这些人的勇猛震惊,摩根(J. Morgan)1871 年 4 月 3 日向北京的报告,见《英国外交部档》FO647.19。
② 《天津府志》卷 43,第 41—43 页;丁运枢、陈世勋编:《张公襄理军务纪略》,1910 年。
③ 《天津县新志》,1931 年修,卷 21.3,第 42—44 页。

曾任盛京将军)的管事,因此又被人称为"海张五"。① 他的主人对他的机智、才干产生了深刻的印象,因此交给他1000两银子为本钱,委托他在关里关外跑生意。他在买卖过程中认识到,要想真正发财,长芦是宝地。但他对盐业一无所知,所以在1840年到查家效力。那时,查氏家族已经衰落,张锦文在查家收债的难题上显示了才能。据传查家一直为追收一笔已经过期的贷款而为难,因为这样做会暴露出他们手头拮据。张锦文让欠债人相信查家因为要在春节期间陈设六座金山和六座银山而需要2万两银子,从而解决了这一难题。基于他卓越的才能,再加上从查氏那里获得的1万两银子的奖励,张锦文跻身长芦盐商行列。到1865年,其财势已经超过了查家,以"益照临"为引名行办或租办安阳、林县、汤阴、淇县、房山、良乡、临漳,又用"庆德丰"引名经营着文安、保定。②

第三种说法可能最接近实际,它对于张锦文作为盐商时的一个关键性细节——资金的来源与前两种说法不同。据称,他是麟庆(1791—1846)的一个帮厨。麟庆发现了张氏的才能,把他的丰厚宦囊,包括传说中天下肥缺之一的河道总督的收入,交给张锦文

---

① 金大扬、刘旭东:《天津"海张五"发家始末》,《天津文史资料选辑》第20辑,1982年,第75—89页。另一种说法是,张锦文是海仁的养子,见天津市政协秘书处编印:《天津"八大家"及其后裔》,内部发行,1974年,第9页。然而据《清史稿》,盛京将军中没有"海仁"一名。其他说法见高鹏:《芦砂雅韵:长芦盐业与天津文化》,天津:天津古籍出版社,2017年,第168—170页。但麟庆的长子崇实1874年3月18日至1875年11月19日任盛京将军,次子崇厚继任,一直任职到1878年6月22日,见《清史稿》第208卷,第8253—8257页。
② 《长芦盐运使司档》,北京:中国第一历史档案馆,173.186;天津市政协秘书处编印:《天津"八大家"及其后裔》,第9页;金大扬前揭文,第77页;戴愚庵前揭书,第17—18页。

去经营。① 太平军逼近天津时,长芦盐政正好是麟庆的女婿文谦。张锦文受命尽力帮助文谦,在太平军撤退后,花去了他或主子的3.9万串铜钱处理善后事宜。他的慷慨大度使得麟庆之子崇厚(1826—1893)被赏戴花翎。②

无论人们对张锦文发迹怎么看,在随后的第二次鸦片战争中,足智多谋的张锦文对于地方官员来说已是必不可少之人。据张自述,他在文安处理商务时,一封急信从天津匆匆而至,由天津道、府、县具名,催他见信速归。从上海传来的消息说,英法联军已开拔前往天津,兵临城下,挟逼清廷进行谈判。可能是朝廷注意到群众的力量曾经使广州成功地抵制了外国要求,北京下诏,指示费荫樟、华树和张锦文等人组织团练。但他们在究竟由谁指挥的问题上发生了争执。张锦文最后退出,在1858年4月19日自己出资组织了一支由商人和店伙组成的团练,称为"铺勇"。③ 为了激励铺勇,张锦文说服知县公开宣布,铺勇只管城防,不会被调往其他地方。他将城市及郊区划分成64区,遇警以击锣为令,2400多人立

---

① 薛福成:《庸庵笔记》,南京:江苏人民出版社,1983年。有关麟庆,见他的自传《鸿雪因缘图记》,1849年。
② 《文谦奏津郡绅商士民捐输不力情形》,1853年7月20日、9月27日,现存台北故宫博物院,档号故宫123049、123557。又文谦1854年3月5日奏折;丁运枢、陈世勋前揭书,卷2,第24、30页。崇厚后任长芦盐运使署理盐政、三口通商大臣、代理直隶总督、户部侍郎和吏部侍郎。他因在与沙俄的谈判中割让新疆土地,使清廷认为有辱国体而被解职,见《鹤槎年谱》,1930年;恒慕义编:《清代名人传略》,台北:成文出版社有限公司,1970年,第1册,第209—210页。
③ 丁运枢、陈世勋前揭书,卷3,第1—2页。费生于天津,曾任甘肃道台。事后他被指控挪用公款而被流放。"高台阶"华氏则当上长芦纲总,见佚名:《天津夷务实记》,天津:南开大学图书馆藏,未刊稿。

即迅速布防。

但清军的迅速溃败未能使团练派上用场。1858年5月20日,由张锦文捐资1.4万吊铜钱加固的防御工事大沽炮台——被奥立芬特(Oliphant)讽刺为"装饰漂亮的糕点",在密集的火力攻击下不到两个小时就坍塌了。总督见状从阵地上仓皇逃窜,撇下天津和一首写给他太太的绝命诗。侵略者继续沿海河缓慢推进,整座城市处于极度恐惧之中。张锦文及其助手维持着城市的秩序,以防抢掠事件发生。1858年5月25日,八艘外国军舰抵达天津,张锦文派遣下属迎候这些不速之客,给他们送礼、提供必需品,许诺继续通商,并请求他们放过这座城市。在清廷决定和谈之后,天津的秩序逐渐恢复了正常。

经过一个多月的谈判,清廷与英法签订了《天津条约》,张锦文在此期间向外国人供应一切日常所需,从住宿到草帽、轿夫和轿子等。张锦文尽管身无官职,但工作非常出色,从而得到侵略者的赞许。[1] 他婉拒了其他盐商的资助,到英法联军撤出天津的时候,他已经耗费白银35 090两。[2] 因为已有二品顶戴,他不再也不可能请求加官进爵,而且他的意图也不在于此。相反,他非常希望得到一幅御笔的"福"字,但这个要求被置之不理,他只好接受直隶总督赠

---

[1] 劳伦斯·奥立芬特(Laurence Oliphant):《额尔金勋爵出使中国和日本纪事》,伦敦:牛津大学出版社,1970年重印,第1册,第330、428页。
[2] 丁运枢、陈世勋前揭书,卷4,第13、31页。美国代表给了175两银,其中75两是付第一章提到的"天成"韩家的房租。奥立芬特描绘这宅第"充满黎凡特气息,使人留恋"。他提到韩家曾建议支付6000西班牙银元(皮阿斯特,piastres),请求不要征用他的房子,见奥立芬特前揭书,第1卷,第333页。当"客人"撤离的时候,住宅中的所有古玩和摆设被洗劫一空,见佚名:《天津夷务实记》。

送的花红匾额。①

晚清的外患再次为张锦文提供了一展才干的机会。列强将于1859年来换约,咸丰皇帝却改弦易辙,决心不让列强在京城开设使馆。他命令僧格林沁积极备战。大年初二,焦急万分的天津官员又联名给张锦文写了一封信,请求张锦文继续协助组织团练。此时,张锦文的团练已有2700人,负责维持天津城市秩序,一旦发现形迹可疑之人,立即押送到团练总部进行审讯。清政府重修了大沽炮台,封闭了海河的运输。当年晚些时候,英法代表来换约时,清政府请他们改由北塘前往北京。但外国使节仍坚持己见,强行闯进海河。但这次他们大炮数量有限,只能在美国海军掩护下暂时撤退。在此期间,长芦众商为僧格林沁的部队捐资2000两银。相比之下,张锦文自己就捐资万两,购置5000斤弹药,还有兵勇的制服。②

一场战争已是势在必打。为了防御敌人再次入侵,清政府计划修筑天津外城,即所谓"僧格林沁墙"。"现值军需支绌……应由该郡富绅竭力捐助,倘有传不到……即系有意抗违,阴挠防务……决不姑宥。"③僧格林沁给当地官员的命令更明确:"迄今日久劝捐无成效……天津守令(应)破除情面,赶紧认真设法劝谕绅富商民。……如有从中阻挠,即行拿办严参,毋谓言之不予也。"④这些

---

① 丁运枢、陈世勋前揭书,卷4,第26页。张的要求是僭越的,因为只有亲王和内阁大学士才能得到皇帝赏赐的福字。见昭梿:《啸亭杂录》,北京:中华书局,1980年,第1卷,第376页。
② 丁运枢、陈世勋前揭书,卷4,第28、38—39页。
③ 《长芦盐运使司档》173.32,直隶总督1859年12月24日札。
④ 同上书,僧格林沁1860年1月8日札。

威胁收到了预期的效果,捐资总额达白银31 980两,铜钱4400吊,其中张锦文捐助白银千两。① 张锦文更建议用过去装盐的麻袋装上沙土,加固炮台,给僧格林沁留下了深刻的印象。张的足智多谋,让天津至今还流传着与他有关的谚语:"海张五修炮台——小事一段。"

然而,胜利的喜悦只是昙花一现。三万英法联军去而复返,这次有备而来,很快突破海防,以迅雷不及掩耳之势攻占天津,继续向北京进发,使得咸丰帝狼狈出逃到热河。② 张锦文不得不重操旧业,维持城市的秩序,并为外国人做后勤。无计可施的清政府命令天津的团练进攻留守大沽的一万英法驻防军,张锦文则建议天津官员不要执行这项命令。他警告说,以两千余人去进攻超过自己数倍的敌人,无疑是自杀,况且也违反了对他的团练只负责天津城防的承诺。张锦文尽管抗旨不遵,却没有被控以"夷奸"的罪名,反而被邀请到北京,恭亲王以礼相待,对他言听计从。谈判期间,他周旋于清廷和外国使团之间,以其才略和胆识,建议朝廷起用外国雇佣兵帮助镇压太平天国。这个主意很快变成了现实,清廷正式批准建立了"常胜军"。③ 因其功绩卓著,朝廷奖赏接踵而来。虽然还没有御笔"福"字(倒是据传英国维多利亚女王赠张一顶六角

---

① 《长芦盐运使司档》173.32,1860年3月1日。
② 沃尔斯利(G. J. Wolseley):《1860年对华战争纪实》,威尔明顿:学者资料出版社,1972年,第87—319页。
③ 丁运枢、陈世勋前揭书,卷5,第18页;卷6,第2—3、8—10页。这说法不无夸大。杨枋和吴煦在清廷默许和地方督抚支持下,已经资助组织外国雇佣兵,保卫上海。见罗森(David H. Lawson):《雇佣兵与买办:上海绅商与外国兵团,1860—1863》,辛辛那提大学硕士论文,2024年。

形的帽子和一根手杖),但张锦文被特赐一品顶戴、花翎,他的儿子荣获盐运使头衔,他的孙子则被恩赐举人。① 因为天津士民(包括张)踊跃捐输,朝廷1853年增加县学学额文、武各3名,并一次性增加8名(当年考生文、武各多录4名);1858年又因张锦文多次捐赠,再增加学额4名。1866年芦商又捐输请增6名。② 银子终于战胜了笔杆子。

地方教育

在太平天国运动后的一段时期内,盐商们的作用在社会上稳步扩大,延伸到文人世界的核心——书院。在本书所涉及的大部分时期内,书院教育一直是朝廷以及当地文人和科举出身的士绅的领地。明代地方政府曾多次修建卫学(见附录三A)。但到了19世纪末,人们逐渐意识到,教育改革是救国御侮的重要手段。从李鸿章起,历任总督建立起一系列的军事学堂,以加强北洋军。盐商逐渐改变方向,不但出资修整学宫、捐赠房地产作学堂,为家塾和贫民义塾提供经费,等等,还进一步有系统地建立一系列新式学校,为清末教育改革奠定基础。

对教育实施广泛改革并对天津和直隶的教育产生重要影响的

---

① 丁运枢、陈世勋前揭书,卷6,第27页。
② 张绍祖:《长芦盐商对天津教育之贡献》,《盐业史研究》2012年第3期,第55—73页。

是严修和他的社会关系网。① 严修任职贵州学政时,就曾上奏建议在科举中设经济特科代替八股文考试。② 他因这些变法言论而被迫退隐。1898年他回到天津,致力于发展当地教育。在家塾的基础上,他建立了蒙养学塾,课程设有英语、数学、地理、化学。首期学生由毕业于北洋水师学堂的张伯苓管理。③ 其后严修目睹了中国在八国联军劫后的惨况,更坚定了他以教育救国的信念。1902年,他自费去日本考察教育制度。④

除用自己的私财外,严修还动员盐商们从事这项事业。义和团运动后不久,"益德王"的家塾与严家的家塾合并,由张伯苓负责管理。由此发轫,这所学校逐渐发展成了南开小学、中学,并最终

---

① 齐植璐:《天津近代著名教育家严修》,《天津文史资料选辑》第25辑,1983年,第1—2页;麦金农:《中华帝国晚期的权力与政治:袁世凯在北京与天津1901—1908》,伯克利:加州大学出版社,1980年,第145页;鲍雪侣(Sally Borthwick):《中国教育和社会的变迁》,斯坦福:胡佛研究所,1983年,第61页;李冬君:《中国私学百年祭——严修新私学与中国近代政治文化系年》,天津:南开大学出版社,2004年,第142—163页。又见张绍祖前引文。

② 清政府在1679、1733、1735年曾举行"博学鸿儒"和"博学鸿词"特科,吸引有才能的名士入仕。所以,作为提拔人材的一种方式,经济特科并非史无前例,但严修的提议引起轩然大波,大学士徐桐更把严逐出门墙。见《光绪朝东华录》1897年12月16日;王芸生:《严修与学制改革》,《文史资料选辑》第87辑,1983年,第97—107页;李冬君前揭书,第67—81页。

③ 《大公报》1911年9月3日。第一期毕业的学生有11名,其中5名来自严家,其中有严智怡(后来任直隶实业厅厅长);其余学生来自林家(严家盐业的经理)、"益德"王家,经营海船及钱庄的"天成"韩家和陶孟和。陶后来到伦敦经济学院修读社会学,归国后在北平建立和领导了北平社会调查所——后来成为中国社会科学院的组成部分。见严仁赓:《回忆陶孟和先生》,《工商经济史料丛刊》第3辑,1984年,第1—6页;徐泓:《韩家往事》,北京:商务印书馆,2024年,第98—99页。

④ 齐植璐前揭文。

建成南开大学。① 严修的盐商同事和亲戚争相效仿。1902年春天,王贤宾(与"益德王"无涉)和"李善人"家的李宝恒就天津建立小学事宜咨询了严修的助手、教育改革活动家林兆翰。感其所见,王贤宾和李宝恒以严修的蒙养学塾为蓝本,捐资建立了两所学校。② 同年晚些时候,这两所学校又同长芦盐商纲总王文郁捐资兴建的另一所学校合并,在原汇文书院校址基础上,扩建并更名为天津民立第一小学。在严修的鼓励下,张、卞两家亦捐资在文津书院的校址上兴建了一所小学。③

1902年8月,天津交还中国政府管理。新任直隶总督袁世凯不仅发现了一批热心公益的活动家,而且看到了经过改良的地方教育体制的雏形。袁此前就通过徐世昌认识了严修,1904年,他任

---

① 1904年,由严和王捐资兴建的这所学校发展成为拥有70名学生的私立第一中学堂,一年后重新命名为"敬业中学堂",学生人数超过了100人。几名成绩优良的第一期毕业生后来被严、王送到日本继续深造,以便为学校日后的发展准备师资。两年以后,在徐世昌及其他盐商的资助下,这所学校继续扩大,发展成为南开中学。第一期毕业生中有梅贻琦(后为清华大学校长)。梅的父亲亦曾在天津从事盐业,见徐泓前揭书,第227页。校友中最著名者可能要数周恩来,他后来由严修资助到法国勤工俭学。
② 《大公报》1911年9月3日。有关林氏,初为严氏经理盐务,见高凌雯:《林君兴学碑记》;王守恂:《天津林先生墓志铭》,见《王仁安集》1937年,卷4,补遗第4—6页。有关王和李的情况,见下文。
③ 张炳是张锦文之孙。卞世清是前文谈到的卞氏家族的成员。参见《大公报》1903年3月1日;张绍祖:《天津近代教育的沿革》,《天津文史丛刊》第8期,1988年,第84页。

命严修为直隶提学使。① 就任之前,严修与张伯苓再次出访日本,重点考察初等教育。归国后,严修雄心勃勃,着手对直隶教育制度进行彻底改革。在直隶的每个地区,在由当地绅商领导的劝学所的支持下,私塾被学务处管理的学校代替。在天津,劝学所由严修的助手领导,其中包括严的姻亲林兆翰、华泽沅、卞禹昌。② 在严修的领导下,直隶省的学校迅速发展,从而被清政府树立为全国的典范。到 1911 年,直隶成为学校制度推行最广泛的省份之一,仅天津一处就有从招收男女儿童的幼稚园到一所大学的共 156 所各类学校。③

教育的迅速发展急需大量资金,而财政本来就拮据的中央和地方政府根本无力负担。各个地区便利用各种渠道筹集资金,包括减少官俸、征收新的土地注册费、出租国有土地、将庙宇的财产

---

① 徐世昌(1855—1939)是"寿岂堂"徐家的后人,家族曾经理芦纲京引,又以"永积善"和"增裕"为引名行盐。见高鹏前揭书,第 157—162 页。严修与徐世昌既是天津同乡,又是同年举人,进而成为挚友,见齐植璐前揭文。1898 年,严通过时任营务处总参议的徐认识了袁世凯。

② 华泽沅父亲世镕是严的同年举人。严氏的次女嫁给了华世奎之子华泽宣。有关卞的家世,上文已经谈到,见《卞庚宣先生讲录》以及《大公报》1908 年 9 月 22 日。他的长子娶了冯学璋的女儿,侄子则娶了严的长女。

③ 到 1905 年,天津各学校注册的学生有 3804 人,见《大公报》1905 年 2 月 10—11 日、4 月 16 日。直隶省入学的学生 36 344 人,见哈里·金(Harry E. King):《近来重建的中国教育制度》,华盛顿:政府印刷社,1911 年,第 56 页;金淑琴:《清末直隶新式教育述论》,《河北学刊》1988 年第 3 期,第 58—63 页。其他各省的代表来津考察教育之事见《大公报》1906 年 5 月 2 日;刘炎臣、汪桂年:《天津近代教育事业发展概略》,《天津文史资料选辑》第 27 辑,1984 年,第 95—102 页。然而,外国观察家对这发展评价不高,见弗拉赫梯(Flaherty):《天津西化的发展》,1909 年 1 月 14 日向朱尔典(John Jordan)公使作的汇报,《英国外交部档》FO228.173。

充公,以及征收货物行李税。① 这样做势必导致当地士绅、民众的反对,或者贪污及骚乱——尽管一项研究表明,相对于其他地区而言,在直隶这样的情况并不严重。②

　　天津被树为典范,全国各地的代表都来考察取经。然而,这里也遇到了集资的问题。城郊宜兴埠的乡绅分为保守、改革两派。村民把庙宇改建成学校,并且通过出租、变卖庙宇的财产筹资维持学校的日常开支。这导致了意见分歧,蔡家台的村民便遇到了此问题。③ 从1902年开始,连续几任天津知县都采取了向越来越多的行业强行征收牙纪执照费的办法,商人和经纪人之间的争端及物价飞涨的抱怨不绝于耳。到1911年,天津每年集资2.7万吊铜钱和300块银元,仅够支付劝学所、一所农业中学和工艺局的开支。④ 为了弥补经费之不足,以严修为中心的同僚、亲戚及朋友网络出资支援。由于办学经验丰富、业绩卓著,1906年严修被任命为学部侍郎。他游说他的同乡和同年徐世昌(刚刚被任命为新设的

---

① 麦金农前揭书,第57—61、149—150页;天津图书馆、天津社会科学院历史研究所编:《袁世凯奏议》,1902年8月18日奏折;《大公报》1906年10月30日,1905年7月20日,1910年3月11日,1906年10月20日,1911年4月10日,1919年5月23日,1920年3月25日。
② 麦金农前揭书,第51页。对现有资料的考察表明,直隶因教育改革筹资而产生广泛动荡,而且持续达十年之久。见中国第一历史档案馆、北京师范大学历史系编选:《辛亥革命前十年间民变档案史料》,北京:中华书局,1985年,第1卷,第49页;《大公报》1910年8月28日。
③ 见《大公报》1909年4月3日、3月13日、3月15日,1906年10月20日、11月17日、12月9日,1910年4月24日、4月30日,1911年3月3日。
④ 胡商彝:《内省录》,未署日期,附录。关于牙纪和农业税问题的综述,见曼素恩:《地方商人与中国官僚,1750—1950》,斯坦福:斯坦福大学出版社,1987年。

东三省总督)向私立中学捐资白银 1200 两。①

这种筹资虽然有效,却仍有其局限性,因为严修不得不小心谨慎地避免自己的网络被卷入官场争斗的旋涡。在袁世凯的暗示下,他建议王益孙给北京的北洋小学而不是他们自己在天津筹办的中学捐资。② 同样,继严修出任直隶提学使的卢木斋也因为向严家倡办的幼稚园和中学提供更多的公款资助而"颇遭指摘"。严修为此写信给"当家",指示"补助之款,万不可再领"。③ 天津新建的学校所需资金主要来自对盐商征收额外的费用,或盐商的捐献(见附录三 A)。供盐商子弟上学的长芦中学堂,盐商每年筹集 1 万两银资助。④ 仅 1905 年,他们就出资 69 400 两银建立了七所男子小学和六所女子小学。另外又向省学务处捐资 2 万两银。⑤ 1908 年,朝廷从每引盐中抽税 0.15 两,以资助北洋师范学堂及其附属小学。⑥

到了晚清,长芦盐商已逐渐与天津居民水乳交融,密不可分。官僚为了应对纷至沓来的内忧外患已经疲于奔命,既无余力,亦乏

---

① 《严氏家书》,天津图书馆藏,严修 1908 年 2 月 15 日和 1908 年 8 月 18 日。
② 同上书,1906 年 11 月 20 日。
③ 同上书,1908 年 6 月 9 日和 1908 年 6 月 17 日。严与卢亦是姻亲。
④ 此校始建于 1904 年,1908 年并入南开中学,2000 两的经费于 1911 年移交给中等商业学堂,见《长芦盐运使司档》173.466。
⑤ 《长芦盐运使司档》173.257,173.260,173.261,173.265。根据档案资料统计的这个数字还是不充分的,因为它并没有提供精确的捐献额和盐商向其他教育机构的捐款。有关天津各级女学(私立严家女塾、保姆讲习所、小学以至女子公学)的发展和经费,见高鹏前揭书,第 315—319 页。
⑥ 《长芦盐运使司档》173.383,纲总 1908 年 10 月 25 日向盐运使提交的报告。每年盐商集资超过 9 万两银,其中 6 万多两用于学校,其余作为长芦盐区官员的津贴。

财力来解决天津的许多问题。盐商们的所作所为,虽然可以说是沽名钓誉,但亦不无代价。考虑到从事这些广泛的社会活动付出了大量的资金,盐商们积累财富的速度可能会减慢。但是对于积累无形资产——社会的尊重,或许还可为来世积德来说,这一代价是微小的。所有这些以公益名义进行的慈善活动和其他社会事业,也表明了盐商把天津作为自己的家。然而这种精神是否代表了逐渐显露的城市自治倾向还不明晰。盐商发现自己在当地的社会事务中越来越主动,但他们的组织和各项活动的正常运行仍需政府的认可。盐商与国家之间是一种共生关系:盐商广泛的社会活动及其所从事的公益事业,在内忧外患之际,对政府维持地方社会的稳定是一种补充。① 在这方面,盐商和国家的影响可以共同扩大,而不是作此消彼长的零和博弈。盐商无意与政府对抗,更不用说推翻政府了。

---

① 义和团运动、八国联军占领天津后,地方"义绅"(包括盐商)如严修、华萍州、李士铭、杨俊元等"倾囊协办"赈济,维持治安,或支应清军和都统衙门,又一次做出了他们保卫桑梓的"义举"。见侨析生等:《京津拳匪纪略》,香港:香港书局,1901年,卷4。

第六章　变革的时代

对中国的政治、经济和社会来说,晚清是一个混乱的时代,但这动荡同样创造了机遇。19世纪末20世纪初,政府忙于应对各种政治、经济和社会问题;同样,商人也在反对混乱的币制、各种各样的苛捐杂税及外国赔款。他们的信念是为生存而战,这一口号得到了信奉商战救国的知识分子的支持。① 许多改良派人物,如郑观应和王焘,都极力主张摒弃传统的抑商轻商观念。他们提出"商战":救亡图存的真正战争并不仅仅在于坚船利炮的较量,还在于中国经济和外国资本的争竞。外国资本主义在通商口岸登陆把中国产业逼入绝境,不进则退,民族经济和贸易不发展,中国就会被殖民和瓜分。用改良派的话说,商人不可缺少,"与他国较锱铢,犹其被甲执戈而为国家效力于疆场也,其货物则其兵刃也,其资本则

---

① 李陈顺妍:《晚清的重商主义运动》,《"中研院"近代史研究所集刊》1972年第3期,第207—221页。

其糇粮也"。①

天津的盐商从缓慢发展中走出来,应对新的挑战。他们力图通过铁路运输扩展业务,开拓市场。也有人把资金转移投于工业,在1911年前,这些工业在天津现代工业中占相当大的比例。商人力量逐渐膨胀,形成"商绅"阶层,也促成了天津商会的成立和发展,商会在会长王贤宾领导下,团结一致稳定天津市场。作为国内金融市场的一部分,天津把沿海和内陆的各个商业中心联结在一起,在清朝的最后十年显得日益活跃。②除了解决一连串地方和国家金融危机——1902年的现金短缺、银价暴跌和1908年的洋货风潮,以至企业和钱庄的破产,商会还建立了多种公益事业,并积极维护商人的利益,包括抵制清廷开征印花税。③利用政治的缝隙,商会时而与中央和地方政府合作,时而反对他们,或联合一方抗衡另一方。商会的影响已远远超出官方构想的辅助政府或充当政府

---

① 郑观应:《商战论》,见麦仲华编:《皇朝经世文新编》,1898年,卷10上,第4—5页。关于郑观应,见郝延平(Hao Yen-ping):《郑观应:作为改良者的买办》,《亚洲研究杂志》1969年第2期,第15—23页。关于王韬的研究,见柯文(Paul A. Cohen):《在传统与现代性之间:王韬与晚清改革》,剑桥:哈佛大学出版社,1974年。
② 有关这一连串破产和危机,见根岸佶:《支那经济界的危机》,《东亚同文会支那调查报告书》1911年第2卷第11期,第1—5页。
③ 见《大公报》1905年1月27日。

与商人之间中介者的作用。① 在这一过程中,商人和商会扩展其活动领域,联合天津各行业的商人,共同维护他们的利益。

盐业的发展

作为国家盐业专卖权的经营者,盐商没有什么办法反对国家强征新税及提高盐价。由于垄断经营,他们也没有改进盐业生产的兴趣。在20世纪初,因为缺乏竞争,盐商们并不着意改进盐业。外国使节认为中国盐质量低劣,不卫生,需要从外国进口精盐。鉴于这种情况,直隶总督端方在1909年命令长芦盐运使开发精盐,以保护国家这一税源。芦纲公所推荐李恩普管理鼎新精制芦盐公厂,从长芦购买官盐加工。产出的精盐价格高达每斤3角,无法与外国租界内销售的进口精盐竞争。有鉴于此,李不是降低成本以降低盐价,而是试图垄断:请求官府禁止食盐进口。长芦盐运使则不愿招致外来交涉,遂命令李以每斤1角的价格出售精盐。精盐

---

① 近代中国商会的研究已有丰硕成果,见曾田三郎:《商会的设立》,《历史学研究》1975年第422期,第43—55页;陈锦江(Wellington K. K. Chan):《清末现代企业与官商关系》,剑桥:哈佛大学出版社,1977年,第213—234页;徐鼎新:《旧中国商会溯源》,《中国社会经济史研究》1983年第1期,第83—96页;又氏著:《中国商会研究综述》,《历史研究》1986年第6期,第81—91页;朱英:《清末商会研究述评》,《史学月刊》1984年第2期,第112—116页;又氏著:《近代中国商人与商会》,广州:广东高等教育出版社,2020年;冯筱才:《中国商会史研究之回顾与反思》,《历史研究》2001年第5期,第148—167页;又氏著:《最近商会史研究之刍见》,《华中师范大学学报(人文社会科学版)》2006年第5期,第65—70页;宋美云:《近代天津商会》,天津:天津社会科学院出版社,2002年。

厂随即垮掉。①

与此相反,对于降低营运成本,特别是运输费用,盐商要积极得多。随着华北铁路运输干线的建成,盐商自然注意到了其高速度、低损耗和全年都能运营的优点,而在过去贩盐靠河运,经大运河到河南,即使天气允许,至少也需一个多月的时间,况且河北省冬季河道会冻结。1903年,供北京的盐斤开始用铁路运输。长芦盐区内的其他地方也在1906年获许用铁路运输。官员们此前一直反对改用铁路运盐,理由是这样将会使他们难以监管盐斤的运输。② 到1911年,由于销往河南的盐斤改用火车运输,运输工和船主赖以生存的饭碗被打破。道口镇作为长芦盐在河南船运的集散地很快衰落了。③

铁路运输的发展也为长芦盐区侵蚀其他盐区打开了方便之门。1906年,王贤宾请求袁世凯允许长芦盐运销到山西。大同东北地区早已被山西盐商弃之不管,老百姓不得不买食青蒙质量低劣的土盐。随着正定—太原铁路的兴建,20万引长芦盐很容易供应这个市场,国家也会得到大量税款。然而,山西巡抚强烈反对,

---

① 《长芦盐运使司档》,北京:中国第一历史档案馆,173.420,1909年12月5日长芦盐运使札,1910年4月4日盐商的报告和1910年7月22日盐商的报告,1911年5月21日长芦盐运使给督办盐政大臣的报告。长芦盐商的因循,造就了日后范旭东的永久黄化工集团。范与长芦、两淮盐商和民国政府的博弈,见拙著:《市场与层级以外》,伦敦:帕尔格雷夫麦克米伦出版社,2014年;又《爱国者的博弈》,牛津大学中国研究中心丛书第35号。莱顿:博睿出版社,2017年。
② 见《申报》1895年5月11日,《大公报》1906年8月27日,《长芦盐运使司档》173.180,京引公柜1904年1月11日的呈文。
③ 甘厚慈编:《北洋公牍类纂》,1907年,卷15,第17—18页;《北洋公牍类纂续编》,1910年,卷10,第43页。

理由是山西和蒙古的产盐者和盐商都会反对长芦侵蚀邻封，扰乱盐榷。他又非常圆滑地提醒盐商说，改划疆界必会影响既存的价格体系和缉私工作，而且山西山路崎岖，盐斤价格取决于运输的距离和所需的时间，芦商若采用铁路运输，成本既低，自然就不得享受高价。①

尽管长芦盐商的这一企图失败了，但在清廷广开财源的前提下，重新划定盐区疆界比过去容易了。不顾察哈尔将军的强烈反对，袁世凯的奏请获得清廷批准，在1693年从长芦分割出去的几个地区，包括宣化十属及口北三厅，被重新划归长芦。② 1910年，在河南省咨议局的坚持下，两淮盐区最终也失去了河南汝宁府的十四个县和光州直隶州。长芦盐运费低廉，从而盐价比两淮低一半，而且两淮盐因产量锐减，无力向这些地区供盐。1906—1911年，两淮盐区不得不从山东和长芦盐区购买盐斤120万引。③

长芦盐业还跨出国门，走向了国外。1904年，在日本政府的请求下，袁世凯同意向日本和朝鲜出口2000万斤长芦盐。这些盐斤价值12万两银，清廷却免收其费。为促进外交关系，清廷决定将这些盐斤赠予日本。其他在外交上不太重要的国家和地区，如沙俄和中国香港，则无此优待，必须付款。1905—1908年间，它们从

---

① 《长芦盐运使司档》173.275，1906年3月13日呈文；山西巡抚1906年8月23日复袁世凯文。
② 对盐区激烈争夺的情形，见《长芦盐运使司档》173.367和《内务府来文》441.2723。
③ 《清盐法志》，北京：盐务署，1920年，卷132，第10—15页；《长芦盐运使司档》173.479，173.489；甘厚慈前揭书，卷11，第12—13页。两淮盐区刚从长芦以每引18.3两银的价格购买了10万引盐，约合5万吨。

长芦购盐 4.7 万吨。①

投资工业

长芦盐商继续从事盐业、典当和钱庄等投资,但这并不意味着他们对现代企业毫无兴趣。天津拥有充足的原材料,其广阔的周边地区有 7500 万消费者,对长袖善舞的盐商来说,这些商机自然逃不过他们敏锐的目光。②

在亲戚朋友的出谋划策下,许多盐商大量投资于天津各种各样的现代企业。王贤宾、李宝恒、华氏、王氏、卞氏家族的许多成员都拥有天津华胜烛皂有限公司的股份,资本达 9.4 万两银。③ 此外,他们还拥有其他公司的股份,如麟记卷烟公司、北洋保险公司、北洋火柴公司和津浦殖业银行有限公司。④ "八大家"中"正兴德"穆家的穆云湘,作为盐商行办正定和灵寿引岸,同时也是天津电灯

---

① 《东方杂志》1904 年第 1 卷第 5 期,第 79—80 页;《商务》1904 年第 1 卷第 11 期,第 121—122 页;《会议政务处档》552.780,中国第一历史档案馆藏。
② 例见宋则久:《奉告天津资本家及商业家》,《大公报》1904 年 8 月 21 日。
③ 一说该公司由李镇桐于 1906 年建立(按:应为 1908 年),最初投资白银 6000 两,并从德国购进新机器。见《大公报》1908 年 7 月 20 日、7 月 25 日、7 月 28 日、8 月 1 日。
④ 李宝恒投资 2000 元于卷烟公司,1000 两银于保险公司,1000 两银于大清银行,550 元于北京自来水公司。见《天津商会档案》128.3.2506,天津市档案馆藏。王贤宾投资 500 元于卷烟公司,1750 两银于保险公司,见《长芦盐运使司档》173.500,查抄王家财产的报告。"李善人"家投资 60 万两银于津浦殖业银行(该行资金共 200 万两银),见金大扬:《天津"李善人"》,《天津文史资料选辑》第 7 辑,1980 年,第 78 页;《天津商会档案》128.2.1987。

公司的创办者。① 严修的儿子严志怡,在宋则久的帮助下,于 1905 年创办了天津造胰有限公司。② 据报道,王益孙也创办了一家生产磁石的公司。③

　　追逐企业投资机遇使盐商们走出了天津。王贤宾、王桐轩、李宝恒合资 15 万两银创建了中和风琴厂有限公司。严修则决定用家族的资金向亲戚华学涑在北京创办的一鸣玻璃公司投资 500 元。④ 另外,他还投资于朋友周学熙办的企业。周氏出生于官僚世家,亦官亦商,投身实业,动员长芦盐商在华北建立了他的企业王国,包括滦州煤矿、启新洋灰公司、耀华玻璃厂、华新纱厂。"李善人"家李宝诚、李宝谦二位堂兄弟是启新洋灰厂的大股东,这个洋

---

① 有关穆家,见穆芝房:《天津穆家和正兴德茶叶店》,《天津文史资料选辑》第 20 辑,1982 年,第 68—74 页;天津市政协秘书处编印:《天津"八大家"及其后裔》,内部发行,1974 年,第 6 页。穆家的商业王国包括:茶行、当铺、盐业专卖、钱庄、榨油和房地产。有关天津电灯公司,见甘厚慈前揭书,卷 20,第 34—36 页。
② 严家拥有该公司股份 20 股,严修作为第二担保人代向殖业银行贷款 2100 两银,以滦州煤矿和北京电灯公司股份作抵。见严修自订:《严修年谱》,济南:齐鲁书社,1990 年,第 259 页。卞氏家族亦持有该公司的股份,该公司是天津此类公司的第一家。此资料来自与卞僧慧的访谈,以及王镜铭:《天津造胰工业概观》,天津:河北省理工学院,1935 年,第 8 页。
③ 《大公报》1909 年 12 月 11 日。
④ 《大公报》1908 年 11 月 1 日。王桐轩与王贤宾无亲戚关系,王桐轩拥有"诚利生"盐号,经营着河南辉县和获嘉及口北三厅的引地。有关严氏投资情况,见《严修家书》1909 年 2 月 13 日严修函。

灰厂控制了中国水泥的生产和市场。① 李士鉴是该公司的总经理，继而又为专董。② 李家也是滦州煤矿大股东之一。③

盐商不仅响应时代的召唤发展本省经济，而且走得更远。军机大臣李鸿藻之子李石曾是素食主义者，在留学法国期间他看好欧洲的豆腐市场，申请了生产专利，在巴黎的郊区科隆布（Colombes）创办了一家豆腐生产厂。为了扩大这一企业，把华北豆制品推向世界市场并招募工人到法国工作，他劝说岳父长芦纲总姚学源动员其他盐商筹资120万两银。④ 投资者来自京、津、沪，

---

① 李宝诚是李士铭的长子，曾任该公司监察。李宝谦是李士钰的次子，也是卞世清的女婿，见《延古堂李氏家谱》，手稿，未署日期，天津社会科学院图书馆收藏；周志钧：《北方实业家周学熙》，《工商史料》2，1981年，第22—23页。有关启新洋灰公司，见南开大学经济研究所、南开大学经济系编：《启新洋灰公司史料》，北京：生活·读书·新知三联书店，1963年；费维恺（Albert Feuerwerker）：《二十世纪中国的企业：启新洋灰公司》，收入《对中国现代史的探讨》，伯克利：加州大学出版社，1967年，第304—341页。
② 李士鉴的曾祖父是李文照的季弟，李文照是李士铭的曾祖父。李士鉴的父亲李联奎经营盐业，引名"信昌"，见《延古堂李氏家谱》；周叔弢、李勉之：《启新洋灰公司的初期资本和资方的派系矛盾》，《文史资料选辑》第10辑，1964年，第14—27页。
③ 滦州煤矿由周学熙创建于1907年，周在1905—1906年任长芦盐政。该矿资本初期为200万两银，第二年追加投资后达500万两，实收300万两，其中李家投资35万两，其他盐商15万两。见金大扬前揭文；高鹏：《芦砂雅韵：长芦盐业与天津文化》，天津：天津古籍出版社，2017年，第182—185页。该矿于1912年与开平煤矿合并，成立了开滦矿务局。
④ 见包华德等编：《民国名人传记辞典》，纽约：哥伦比亚大学出版社，1968年，第2卷，第319—321页。李石曾归国后成为国民党主要领导人之一。姚学源是姚承丰之孙。姚承丰是1832年进士，李鸿藻是他的学生，见徐士銮：《敬乡笔述》，天津：天津古籍出版社，1986年，第3卷，第73页；李效梅：《关于李鸿藻若干史实的订正》，《天津文史资料选辑》第44辑，1988年，第238—242页。姚氏家族的情况，见姚惜云：《天津"鼓楼东姚家"轶事》，《天津文史资料选辑》第47辑，1989年，第204—242页。

其中有严修、王贤宾和"李善人"家的李士铭、李士钰和李宝恒。据报道,为了这项事业,李士铭代表津浦铁路重购基金会投资30万两银。①

由长芦盐商自己创办的规模最大的企业是高线铁路公司。该公司创建于1906年,由王贤宾和李宝恒发起,以便从房山运煤到北京。② 房山是北京和天津最大的煤炭供应地之一,但其道路崎岖不平,迫使矿工和运夫依靠骆驼载运,产煤量受到很大限制。③ 在安抚了当地运输工人(高线运输会影响他们的生计)和相信风水的官员之后,他们请一家荷兰公司设计了一条索道,把煤从矿井运到坨里,再经京汉铁路运销。王贤宾、李宝恒等人集资200万两银创建了该公司,预计年纯利润可达40万两银。④

总之,盐商在当时天津乃至华北的企业投资中占有相当大的

---

① 欧美豆腐公司筹资广告,见《大公报》1910年9月24日。王投资5000元,李宝恒投资1500元,见《长芦盐运使司档》173.500,173.440,《天津商会档案》128.3.2506。严修亦寻求直隶劝业道、严的挚友孙多森的支持,孙当时负责工业发展,见《严范孙日记》,手稿,天津人民图书馆藏,1910年8月18日。
② 稍作修改后,袁世凯同意王的申请,见天津市档案馆编:《袁世凯天津档案史料选编》,天津:天津古籍出版社,1990年,第254—260页。
③ 房山地区是北京西山的一部分,见尚缓珊:《坨清高线铁路运输公司始末》,《天津文史资料选辑》第34辑,1986年,第49—60页;《天津商会档案》128.2.2005;方行:《清代北京地区采煤业中的资本主义萌芽》,《中国社会科学院经济研究所集刊》1981年第2集,第186—213页。
④ 王贤宾的入股银达34万两,李宝恒投资32万两,全部股东清单见《天津商会档案》128.2.2506。

比重。① 1910年前,天津和华北的多数企业是官办和官营,或与买办和具有改良倾向的官僚有紧密联系的企业。盐商们所办的企业则不同。虽然王贤宾、严修、李宝恒与政府和官僚有密切联系,但他们的投资主动权掌握在自己手里,构成了地方网络的一部分。

资金短缺和商务公所

盐商在工业化方面的努力一方面值得称道,另一方面却带有相当大的风险。晚清的天津处在一个困难时期,列强入侵,基础设施落后,政府自顾不暇,从而使天津陷入一连串的经济危机中。在对付由于资金短缺而产生的一系列震动天津的经济风暴时,由盐商领导的天津商界变得越来越活跃。

在八国联军侵华战争过后的一段时期里,作为现金的白银和铜钱都绝迹,或深藏地窖,或流入洋人手中。谨慎的上海钱庄不给天津贷款,山西的钱庄也釜底抽薪,撤回了他们1500万两银的放款。② 1902年,天津重归中国政府管理,天津官员以确保地方货币

---

① 徐景星:《天津近代工业的早期概况》,《天津文史资料选辑》第1辑,1978年,第124—161页;刘民山:《天津的近代早期民族工业》,《天津社会科学》1983年第5期,第36—42页;宋美云、张环:《近代天津工业与企业制度》,天津:天津社会科学院出版社,2005年;天津市档案馆编:《天津近代工业档案选编》,天津:天津人民出版社,2019年。
② 《大公报》1903年6月14日;胡光明:《论早期天津商会的性质与作用》,《近代史研究》1986年第4期,第184页。

供应为理由,不顾商界的劝阻,禁止现银、银元和铜钱外流。① 如此一来,内地的商人既怕货物运到天津收不到现金,在天津购货时又无头寸,受此影响,周边地区的贸易逐渐枯歇。因货币短缺,天津的贴现率和利率迅速上扬,要获得 1000 两现银,一度要贴息 350 两。②

袁世凯试图向清廷要救济,却一无所得,不得不转向天津商界寻求支持。③ 他通过买办吴懋鼎和王宗棠与外国银行进行接触,试图以天津开通银行名义举贷 150 万两银,也以失败告终。为控制风险,外国银行要求袁世凯以直隶总督的名义签字,为外国银行提

---

① 天津海关道唐绍仪令,见《天津商会档案汇编:1903—1911》,天津:天津人民出版社,1989 年,1902 年 5 月 24 日;《大公报》1902 年 10 月 14 日。
② 《大公报》1902 年 10 月 4—5 日、10 月 11 日、10 月 24 日;天津图书馆、天津社会科学院历史研究所编:《袁世凯奏议》,天津:天津古籍出版社,1987 年,1903 年 5 月 1 日奏折;胡光明前揭文,第 184 页。这意味着要取得 1000 两现银,需要即期汇票 1350 两;或者说即期汇票 1000 两,只能兑现白银 650 两。
③ 袁世凯向户部寻求帮助,见麦金农:《中华帝国晚期的权力与政治:袁世凯在北京与天津 1901—1908》,伯克利:加州大学出版社,1980 年,第 60 页;户部 1903 年 5 月 12 日的批驳,见天津市档案馆编辑:《袁世凯天津档案史料选编》,天津:天津古籍出版社,1990 年,第 73—75 页。

供的贷款作保。① 袁氏不愿提供这样的空白支票,转而求助于天津的富家大族。"八大家"中的杨家、石家、卞家、李家、王家组成天津志成银行。该银行得到直隶政府予以支持的承诺,各家族集资 50 万两银,发行可全兑换的纸币,以缓解货币短缺,给商人(如粮商)提供贷款,以资周转。② 可是不久商人们就抱怨说,政府如果不是有意干涉,就是顽固僵化,影响了他们恢复天津金融市场的工作。义和团运动带来的货币短缺,导致了贴现率的剧烈上扬,而政府采取的禁止货币外流政策又人为地火上浇油。这个问题单凭行政立法不可能得到解决,限制银锭流通,或是像袁世凯命令的那样禁止贴现,都行不通。商人们,包括王贤宾和窦荣光,提出种种办法,一再受阻,唯有以辞职表达不满。③

在这次与政府公开的博弈中,商人取得胜利。政府成立的天

---

① 《大公报》1903 年 5 月 8 日;天津图书馆、天津社会科学院历史研究所编:《袁世凯奏议》,1903 年 6 月 15 日奏折。吴懋鼎生于安徽,在汇丰银行天津分行当买办起家。尽管吴在天津商界中是个颇有争议的人物,但无可否认,他是天津最早的企业家之一。见英敛之:《英敛之先生日记遗稿》,台北:文海出版社,1974 年,1905 年 1 月 18 日;庞玉洁:《开埠通商与近代天津商人》,天津:天津古籍出版社,2004 年;吴焕之:《关于我父吴调卿事迹的回忆》,《文史资料选辑》第 49 辑,1964 年,第 228—235 页。《大公报》1905 年 1 月 15 日和 1 月 17 日刊文斥吴懋鼎为"衣冠禽兽"。王宗棠是在津宁波帮的主要领导人之一,见王子寿:《天津典当业四十年的回忆》,《文史资料选辑》第 53 辑,1964 年,第 35—58 页;宁波市政协文史委编:《宁波帮在天津》,北京:中国文史出版社,2006 年。同样,天津舆论对王亦有争议,见《大公报》1908 年 8 月 22 日。
② 《大公报》1903 年 3 月 18 日、10 月 10 日、10 月 11 日、10 月 20 日;甘厚慈前揭书,卷 21,第 15 页;《天津商会档案汇编》1903 年 6 月 5 日袁世凯令商务公所。
③ 甘厚慈前揭书,卷 21,第 12—13 页;《大公报》1903 年 3 月 20 日、5 月 4 日。

津商务局因效率低下,在1903年5月13日被天津商务公所代替。① 由袁任命的原商务局的吴懋鼎、王宗棠,或许因为是买办和外地人而被撤换。在新筹备的商务公所中,领导权落入了当地享有一定地位的四名商人和钱庄主手中,即卞煜光、宁星普、么联元和王贤宾。②

政府主导的商务公所,由天津知府宁福彭拟定章程,权力受到极大限制。章程第一条明确规定,商务公所的首要任务是解决货币短缺危机。③ 公所成立之初,就承担起确定银元与其他货币兑换率的职责,每天把汇率张贴在公所入口旁的布告栏内。④ 公所选出资金雄厚的40家当地钱庄,然后由这些钱庄负责推广北洋银元局铸造的铜元。公所主动向袁世凯提交了五点建议,即延期、分期支付所有的债务,从外省进口铜元缓解货币危机,由公所担保发行纸

---

① 甘厚慈前揭书,卷21,第14页;麦金农前揭书,第166页;纪华:《天津商会谈往》,《天津文史资料选辑》第16辑,1981年,第44页。1895年有提议在中国的主要商业中心建立商务局,该提议在1898年的百日维新中短暂地试行过,见《光绪朝东华录》,北京:中华书局,1958年,卷4,第3722—3723、3803、4059页;陈锦江前揭书,第199—200页;王鹏运:《奏兴办商务处》,收入陈忠倚编:《皇朝经世文三编》,1898年,卷29,第2页。天津商务局创建于1902年,见《天津商会档案汇编:1903—1911》,第1页脚注。
② 卞煜光(1844—1909),棉布进口商"隆顺"号的财东,前面述及的"八大家"中卞家的成员。宁星普(1842—1928),靠出口草帽辫和草帽致富,曾捐献一千亩田地作族田,见万震霄等修:《青县志》,1931年,卷8,第32—34页。他还频繁作为引岸出租契约中的"纲友"(中介人)出现,如《长芦盐运使司档》173.459所见1911年6月23日出租陈留、太康、冀县合同。么联元是德恒钱庄的财东。王贤宾(1856—1939)的事迹见下文。
③ 甘厚慈前揭书,卷21,第15页。有关这一时期商会的官方特征,见朱英:《清末商会"官督商办"的性质与特点》,《历史研究》1987年第6期,第137—149页。
④ 《大公报》1903年5月31日、6月4日。

币以供应货币所需,减少当地诸多税卡,取消额外的厘金以促进贸易发展。到年末,尽管公所发行纸币并延期支付债务,但其他建议仍没有落实。四位董事认为政府办事因循守旧,对公所事务横加干涉,感到灰心丧气,扬言要退出公所。①

从某种意义上可以说,商人基于救国和自救的种种努力,也孕育了他们的自主性。公所每月从征收的经纪人执照费中得到100两银的津贴,但这对公所庞大的开支来说,无疑是杯水车薪。四位董事除了每月得到10两银的交通费补贴,并没有薪水。他们不仅贡献了大量时间,而且支付了公所的许多费用,高达3000两银。另外,卞煜光在公所从江西会馆临时办公地点迁出之后,为公所提供了办公场所。② 公所使天津商界结成了广泛的联盟,从中发现了自己所具有的力量。为了更好地稳定天津市场,城市中二十四个主要行业的代表被邀请出来,共商解决货币短缺问题的措施。③

在天津商界的支持和袁世凯的安抚下,公所的董事们继续努力稳定天津的金融市场。在公所的主持下,天津建立了商务钱庄。钱庄由富绅集资20万两银,在公所的担保下被授权以铜元为储备发行纸币。公所选定的三十个钱商和商户开始使用钱票,以改善钞票流通。董事们成功地劝说政府颁布一项延期付债的命令,包括拖欠政府的债务。另外,他们请求禁止山东套利商人输出铜钱和其他硬币,这一建议立即得到了批准。另一方面,他们还劝说政

---

① 1903年12月呈文,见《天津商会档案汇编:1903—1911》,第345—346页。
② 甘厚慈前揭书,卷21,第15页;《大公报》1903年8月1日、9月19日、10月4日;《天津商会档案汇编:1903—1911》,第31页。
③ 《大公报》1903年12月30日。

府放松对现银外流的禁令,鼓励与其他地区的白银流通。到1905年,货币短缺危机消解,钱庄被允许船载大量银锭到其他港口,公所也改名为商会。①

天津商会的成立

商人自助解决金融危机的努力表明,他们需要有自己的商会组织。1904年,在新建的商部的奏请下,清廷允许建立商会。此后,天津的61家钱庄、粮行、票号和其他商户联合请求在商务公所的基础上成立天津商务总会,并推举宁星普为总理,王贤宾为协理,么联元和卞煜光为坐办。② 商人们提出这些建议并不是想越俎代庖,人事的任免权仍掌握在政府手里。商部的构想是让商会在地方有一定地位,并在选举商会领导人方面享有一定自由,但仍使其处于商部的管辖之下。商部要求提名人有正直品格,有一定的财富,在当地居住五年以上,并在同行中享有信誉;商会运作还要实行公开化的原则:商会领导人主持的会议和决议公开,每年审核财务。商部颁布的简章中第四条规定:采用公开提名的方式,由各

---

① 《大公报》1904年1月27—28日,1905年11月21日、12月3日。每次运银不得超过5000两,见《天津商会档案汇编:1903—1911》,第346页,1904年5月24日唐绍仪颁布的命令。
② 《天津商会档案汇编:1903—1911》,第30—31页。这份文件的时间有误,应为1904年初,误为1903年下半年。建立商会的提案在1904年1月11日批准,见《光绪朝东华录》卷5,第5122页。文件内提出上年会董们以辞职相胁,即1903年。商部颁布建立商会的政策,见《大公报》1904年3月5日。

个商会推荐代表,然后经协商提名几位候选人领导总会,交由商部批准。这体现为任命王贤宾为总理,宁星普为协理,华世铭为驻京坐办。① 当然,这与政府没有咨询就单方面任命吴懋鼎和王宗棠为商务局局董相比,还是一种进步。

商部颁发的简章还重新规定了新建的商会的权力。前公所章程规定商会有权裁定商业争端和诉讼,继之而起的新商务总会的权力扩大到促进和保护当地商人的利益。第七条规定,会长有权调查涉及商人的事件,商人如果认为不够公正,或超越了地方官员的权限,可以直接向商部提出诉讼。第十四条还承认地方条件的差异,并规定在得到商部允许后,各地方商会可以因地制宜修订便宜章程。天津商务总会的首要任务就是起草便宜章程。其前身商务公所章程由地方官制定,大大限制了公所的权限。这次则迥然不同,总会的董事召开会议与其他商人共商章程事宜,然后递交官府。宁福彭不是把商人传召到衙门听训,而是亲自上门,与董事们共商天津的局势以及怎样制定章程。②

商人们起草的三十款章程内容详尽,但没有超越商部所规定的权限。大部分条款是关于商会的日常管理和会议程序的内容。章程规定除总理、协理为商会的职员外,商会还有权任命坐办。考虑到天津的通商口岸地位,与外商谈判时商会为商人提供业务代理和翻译等服务。商会代表城市全体商人的利益,先令各商家公

---

① 华氏来自前面述及的"高台阶"华家。华是1890年进士,他的姐姐嫁给了杨柳青的石家。他的儿子华泽沅是天津劝学所三董事之一。见华长卿等编:《华氏宗谱》,1909年。
② 见《大公报》1904年5月28日—6月3日、10月14日。

举会董(第四条),并从中选出两名会计会董和两名庶务会董。

作为直隶总督,袁世凯代表中央政府对商人议定的简章草案提出三条意见。天津商会成立之初,正式条例没有在国家和省级颁布实行。袁认为其有必要与商部颁发的简章相谐,尤其是有关商会的管理和人事任免的条款。袁世凯认为没有必要任命坐办,因为这职位并非商部指定的。他担心坐办的权力会凌驾于会长之上。先期约定会董十数人的条款同样令人担心。袁世凯认为,如此一来商会职员权力太大,其选举方法会违反公举原则。

与此相反,商部尚书载振对天津的便宜章程草案的看法比较有弹性。作为贝勒和内阁大臣的载振是庆亲王之子,也是袁世凯在北京的靠山,在商会成立过程中一直得到袁的合作。载振虽然同意袁世凯的意见,认为便宜章程的第四款可能与公举原则相违背,却对商人们的草案表示满意。他认为草案已明确规定每个行业提名自己的代表为商会会董。简章虽然没有规定任命坐办,但总理、协理皆有公私事务,商会事务必须有长期驻会的坐办处理,如外国人到天津就需要律师以备咨询。为了让商会这样的新组织能发挥作用,载振认为可以适当变通。因此,袁世凯的反对意见被驳回,便宜章程相应的两个条款稍作改动就通过了。①

1904年底,商会作为一个新的地方机构开始运作,但其正式成

---

① 《天津商会档案汇编:1903—1911》,第 32—33 页,载振致袁世凯函;第 33—35、43—53 页,袁世凯对便宜章程的批语和商部同意的批语。时任商部尚书的载振的活动,见仓桥正直:《关于清末部和振兴实业》,《历史学研究》1976 年第 432 号,第 1—13 页;沈祖炜:《清末商部、农工商部活动述评》,《中国社会经济史研究》1983 年第 2 期,第 100—110 页。

立是在从北京取来正式公章之后的1905年1月13日。① 成立大会上有来自天津40个行会的71名代表,其中选出12名代表进入董事会。时光飞逝,被代表的行业却变动不多,绝大部分代表来自举足轻重的盐、粮、钱和丝绸业。对外贸易在天津商业中占据很重要的地位,所以从1905年到1911年,买办、洋货进口商在商会中也有了他们的代表。选举出的董事绝大多数出生于天津,直到1910年才有一位非天津籍贯的人被选入董事会。② 城市中所有的商人和店主可自由加入商会,商会成员每年会费4到20元不等。商会的日常运作部门分为文牍、会计、庶务、评议、考察等处,每处有一名专职坐办负责。到1905年6月,商会的成员达到581名。③

天津商务总会的活动

天津商务总会为当地的居民和官员提供了广泛的社会服务。1907年,天津周围的农村发生了洪涝灾害,商会积极组织救济受灾者。商会在禁烟(鸦片)运动中也非常活跃,建立了禁烟善会。在1904年修订的《设立天津商务总会应行办法刍议》中,商会倡导成员反对吸食鸦片,如有违犯者立即驱逐出会。商会还指示庶务处

---

① 例如,商会在正式成立前就接受呈文,见《大公报》1904年11月8日、12月18日。
② 会董的人数由最初的10名不断扩大,1905年12名,1908年14名,1909年16名,1910年19名,见《大公报》1905年3月10日;《天津商会档案汇编:1903—1911》,第107—108页;胡光明前揭文。
③ 《大公报》1905年3月13日;《天津商会档案汇编:1903—1911》,第54—57页;《大公报》1907年5月31日。

要求商人重修店铺时,必须以砖墙代替木墙,以防火灾在城内蔓延。①

当然,作为一个商人组织,商会还是集中大部分精力和财力以发展天津经济。它继承了商务公所之责,通过规定银钱汇率,整顿天津混乱的金融市场。在它的监督下,天津建立了一所银行以提倡使用纸币。② 在保护破产的商人、稳定市场方面,商会也发挥了重要作用。"义德丰"钱铺因货币短缺不得不关门,天津巡警局命令该号立即偿还发行钱票时收兑的全部铜元。四天以后,作为与巡警局平行的机构,商会在与巡警局的交涉中使用了"移"字,并要求官绅储户延长兑现期限,从而修改了巡警局的命令。当储户们确信钱铺有充足的资产来兑付钞票之后,风潮即告结束,"义德丰"也免于倒闭。③

商业诉讼和合同争端的裁定也在商会的权限之内。尽管驻京坐办表示不愿商会卷入这样的纷争之中,但在1904年制定的简章中,商业仲裁争端仍被确定为商会的责任。商部早已不满于地方官处理此类案件时的效率低下——时常拖延达六个月之久。④ 依照袁世凯的命令,商业债务涉及超过100两银的案件,由天津知

---

① 《天津商会档案》128.3.2409;《天津商会档案汇编:1903—1911》,第44、54—57页;《大公报》1907年5月31日。
② 《大公报》1905年2月9日。通裕有限公司资金定额为20万两,见甘厚慈前揭书,卷20,第26页;《天津商会档案汇编:1903—1911》,第659—661页。这家公司1910年破产。
③ 《大公报》1904年10月24日、10月30日、11月2日、11月6日、11月10—11日;《天津商会档案汇编:1903—1911》,第36页。
④ 见《光绪朝东华录》1905年5月25日;华世铭1903年函,见《天津商会档案汇编:1903—1911》,第31—32页。

县、知府转给商务公所；商会成立后，则转由商务评议处裁决。①

通过对省内工商业纠纷的处理，天津商会还给直隶商人以支持和保护。宝坻县的北洋第一利祥生棉纱厂厂主和他们的对头同时向商会提出诉讼寻求保护。1910 年，棉纱厂从张之洞的武昌棉纱厂购买了旧纱锭机、清棉机和梳棉机，建立了华北第一家棉纱厂。当地居民李敷庭控告该厂投资过多（达 10 万两银），冲击了宝坻的金融，导致货币供应短缺。以保护当地经济利益为由，1911 年 3 月 23 日，李要求商会对该厂进行调查。与此同时，棉纱厂的厂主们（四个粮商和棉布商）也要求商会予以保护，以免遭李敷庭这样的讼棍搅扰。②

随着天津商务总会权威的确立，它在政府与大小商人之间充当了中介人的角色，处理的事务涉及从服务收费到城市管理、土地征用等诸多方面。天津河北区的店主向商会寻求帮助，请求降低每月向巡警和庶务处缴纳的费用，事情得到解决。商会逐渐变成了当地居民发声的窗口。商会还接受非会籍的店主、商人、运输工

---

① 《大公报》1903 年 9 月 13 日，1904 年 7 月 20 日；《天津商会档案汇编：1903—1911》，第 55 页。它还配合成都商会向农工商部提出建议，依照法国模式在国内商业中心设立商务裁判所，见《天津商会档案汇编：1903—1911》，第 98—99 页。

② 例见天津和直隶各地方商会来往信函，《天津商会档案汇编：1903—1911》，第 192—303 页。它还负责管理各地方商会的活动，见《大公报》1910 年 10 月 22 日，由天津商会发起的对文安县胜芳商务分会事件的调查。有关利祥生棉纱厂，见《天津商会档案》128.3.2259，1911 年 4 月 2 日的诉状；方显庭、毕相辉《由宝坻手织工业观察工业制度之演变》，天津：南开大学经济研究所，1936 年，第 56 页；苏征祥：《宝坻县土布》，《商学汇刊》1935 年第 7 卷第 1 期，第 34—40 页。

和人力车夫的请愿,抵制比利时公司修建有轨电车。①

在资助诸多研究机构以促进城市工商业发展方面,商会也非常积极。在商会的支持下,天津成立了直隶商业研究总所,每周聚会一次,研究各种各样的商业问题。② 随后,商人们在清末建立了许多独立的或附属于商会的研究机构,如1909年成立北洋商团公会,同年来自华南的商人也创建了独立于商会的北洋商学公会,1911年设立了天津工商研究总会,即工务总会。有关这些研究机构在各行会和工业企业中活动的报道,涉及制鞋、丝、棉布、铜币、粮食和钢铁等许多方面。这些报道充斥《大公报》的版面,为商业、工业教育提供了新途径。1906年天津成立了初等和中等商业学堂各一所,招生100名,王贤宾捐资2万元为经费。③

作为商人主持的促进天津商业发展的组织,商会在发展天津的国内和国际贸易方面也贡献颇多。1910年,美国贸易代表团到天津访问,王贤宾做了精心安排,并负担了招待费用。④ 同年,天津参加了在南京举行的全国性的南洋劝业会,王贤宾在组织参展中起了很重要的作用。经过全省的调查,精选的商品在交易会上展

---

① 例见《天津商会档案》128.2.803,128.2.2188;《大公报》1904年12月25日,1905年5月31日、6月5日。
② 《天津商会档案汇编:1903—1911》,第305—325页;《大公报》1908年3月14日,1909年10月29日、11月8日、11月16日,1910年4月19日、7月1日,1911年5月23日、10月18日。
③ 《天津商会档案汇编:1903—1911》,第169—192页。有关王贤宾对教育的其他贡献,见附录三A。
④ 《天津商会档案》128.2.3083;《大公报》1910年10月13—14日。有关这次访问的积极影响,见虞和平:《论清末民初中美商会的互访和合作》,《近代史研究》1988年第3期,第110—118页。

销,王贤宾本人也亲赴南京。① 商会创办《天津商报》,提高了商会的知名度,并扩大了影响。②

铜元危机

晚清时局的动荡不利于贸易和投资的发展。随着中国沿海各省金融市场逐渐融为一体,商会不得不为接踵而至冲击长芦盐商乃至整个天津的金融危机而奔波。首先到来的是铜元危机。

义和团运动之后,清廷允许各省自铸铜元以缓解官方通行的铜钱的短缺。③ 这一改革本身是一个进步,它把比价定为100铜元兑换1银元,从而使局势缓解并使兑率标准化。毁于1900年战火的北洋银元局,于1902年只用了70天便重建起来,到年底每天就能生产30万枚铜元。市场对铜元的需求量极大,以至得到铜元必须贴水,即铜元与银元的比价比官方规定的100∶1要低。当铜钱

---

① 有关这次展销会的情况,见《天津商会档案》128.2.3024,刘景山:《刘景山先生访问录》,台北:"中研院"近代史研究所,1987年;马敏:《清末第一次南洋劝业会述评》,《中国社会经济史研究》1985年第4期,第73—78页。这次调查省评的结果,见直隶协赞会编:《南洋劝业会直隶出品类纂合编》,1911年。
② 这家报纸,初由巡警局筹集股本5000元开办,原名《天津报》。1905年下半年,刘孟扬任总理主笔时改名为《天津商报》,见《天津商会档案汇编:1903—1911》,第154—162页;《大公报》1905年9月19日。刘孟扬生于天津,后为《大公报》的总理主笔,天津地方会议的副议长,在中央和地方政坛非常活跃。见刘孟扬:《治磁政要录存》,1922年。
③ 有关货币改革各项建议的概述,见张振鹍:《清末十年间的币制问题》,《近代史研究》1979年第1期,第249—287页。

的面值超过了其金属本身价值的时候,还会产生铸币利差。户部和各省的官员额手称庆,他们终于找到了解决国家金融问题的办法,可以巧妙地一举解决包括银价贬值、铜元短缺及改革资金不足在内的所有问题。

按照其雄心勃勃的计划,袁世凯每年从他操控的铜元局得到的"余利"达60万两银。他非常兴奋,毫不迟疑地扩大生产。① 因为铜元需求量大,估计仅河北就需要三到五年的铸造时间才能满足需要。各种面值的铜元以百万计地从铜元局源源不断运出,供应山东、河南、山西和东北。② 可是其他各省的造币厂也不甘示弱,竞相生产含铜量不一的铜元以抢占市场,捞取贴水和铸币利差。与此同时,铜元从朝鲜、日本、越南走私到中国,一桶一桶地出售,更加剧了市场的混乱。到1907年,仅天津就有6.82亿枚铜元进入流通市场,这还不包括外省和外国流入的铜元。③

货币供应量的迅速增长导致了通货膨胀。多年来天津水票一直是每张6文钱,现在涨到8文。④ 与其他商人和居民一样,盐商在这次通货膨胀中也受到了冲击。与其他商品不同,盐的价格是

---

① 麦金农前揭书,第59页。其他资料显示盈利不下百万,见《长芦盐运使司档》173.285;郝庆元:《北洋银元局改制铜元的意义及其影响》,《天津社会科学》1985年第3期,第86—90页。有关利润的统计,见《东方杂志》1905年第2卷第9期,第195—197页。
② 分别见《大公报》1904年1月23日、1月27日;1906年3月14日、4月8日、8月21日;1906年8月14日,1907年1月3日;1906年4月13日、12月29日。
③ 《大公报》1904年2月3日、2月5日,1908年1月18日。
④ 《大公报》1907年12月30日。有关中国其他地区通货膨胀的情况,见中国人民银行总行参事室金融史料组编:《中国近代货币史资料》,北京:中华书局,1964年,第2卷,第865—985页。

由国家规定的。由于消费者坚持以当地兑换率和铜钱为准,因此盐商们发现当他们把铜钱兑换成白银时,利润骤然减少。年景稍好的时候,盐商们还有可能消弭掉通货膨胀的损失,但当他们试图转嫁部分损失给消费者时——如"德兴义"在曲阳所做的那样,他们立即被接连不断的讼案吞噬。① 在天津,盐商们受到钱铺和炉房的榨控。前者操纵兑换率,而后者利用银元短缺开始铸造成色或分量不足的银锭。②

为了缓解银铜比价进一步波动的压力,盐商不断向政府请愿,要求改革,包括调整铜银比价。长芦盐运使认为,盐商不过是企图减轻课额并提高盐价,随即驳回盐商的呈文。③ 由于请愿失败,盐商申请实行价格双轨制:对使用铜钱的人实行一种价格,对使用铜元的人则实行另一种价格。经营着官办引岸的政府官员也加入请愿队伍中。④ 长芦盐运使周学熙当然无法容忍这些请求,因为他也是铜元局的总办。⑤

---

① 例见顺直咨议局编:《顺直咨议局文牍类要初编》,1910 年,陈情部分第 1 页;甘厚慈前揭书,卷 11,第 22—24、26—27 页。
② 天津图书馆、天津社会科学院历史研究所编:《袁世凯奏议》,1903 年 8 月 8 日折。
③ 见《长芦盐运使司档》173.343,1904 年 8 月 7 日,盐商请求减免和缓征盐课以及提高盐价,被督办盐政大臣驳回。又见《长芦盐运使司档》173.248,1905 年 7 月 29 日的呈文和批语;《长芦盐运使司档》173.207,盐商 1906 年 7 月 19 日、7 月 21 日呈文,提议以过去半年的平均比价为标准固定白银与铜钱的比价。
④ 《长芦盐运使司档》173.343,负责向天津和武清县供盐的官员苍永龄于 1907 年 10 月 23 日致盐运使的呈文。双重价格制在 1905 年 10 月 15 日暂时通过,但不久就被搁置了。见《长芦盐运使司档》173.248 和 173.374,中兴善、元昌等 1909 年 4 月 12 日呈文。
⑤ 周学熙因为这方面的卓越功绩,得到袁世凯向朝廷的密保,见天津图书馆、天津社会科学院历史研究所编:《袁世凯奏议》,1904 年 7 月 3 日折。

作为国家专营制下的经营者,盐商当然不敢公然挑战政府。但作为天津商人的代表,王贤宾和其他商人一致认为,向政府提出解决问题的各项建议是他们义不容辞的责任。早在1904年,商务公所就已经认识到,从省外和国外流入大量含铜量各异的铜元是一个严重的问题。① 1907年,王贤宾向袁世凯的继任者杨士骧提出了三点建议,以平息动荡的市场:为了避免铜元对银元和其他货币比价的进一步下滑,"请敕造币厂暂行停铸铜元","禁止外省铜元入境";同时,加大打击走私的力度,"严禁沿海各口私运铜元,并内地乘机私铸",包括在外国租界内靠走私并出售重量轻但面值大的铜元发财的不法之徒;此外,创设北洋官钱局,用可兑换的纸币从市场上收购过剩的铜元,以稳定兑换率。②

然而,北京和各省的官员更关心的是铸币利差能否源源不断地流入他们的金库。因铸币过多,他们虽不能再要求铸造的铜元贴水,但在铜元上压铸更大的面值轻而易举。为了保护自己的市场,官员们设置了重重关卡,限制外省铜元流入,而地方采取了更严厉的措施,严格限定旅客带入铜元的数量。到北京的旅客起初允许携带2000枚铜元,后降至500枚。到天津的旅客最初允许携带2000枚,后降至500枚,最终降到100枚。③

---

① 《天津商会档案汇编:1903—1911》,第426—427页。
② 《天津商会档案汇编:1903—1911》,第443—444页,1907年12月27日提出的申请。
③ 同上书,第456—457页,度支部尚书陈璧1908年3月12日致直隶总督杨士骧函;《光绪朝东华录》,周馥1905年7月19日奏折。还可参见《光绪末年清廷整饬京畿银钱比价史料》,《历史档案》1988年第1期,第33—42页;《大公报》1907年12月15日,1908年3月22日、3月26日。

这一措施对盐商来说是一场灾难,他们被禁止把铜元或铜钱运出本省以兑换银两交课。即使像"海张五"张家这样显赫的盐商,在装载 18 140 贯铜钱运往山西时,也在石家庄被货捐局扣留。张家抗辩道,铜钱仍在本省境内,更不应视为货物(超出货捐局的职权范围),再者朝廷也无明文禁止用火车运输铜钱,况且他们还与一家山西钱庄有约,用铜钱兑换银两用于纳课。但涉及此案的官员对这些抗辩理由无动于衷。此案最后呈到直隶总督手中,总督承认运输并没违法,但既然张家没有及时通知政府,那么他决定没收百分之十的铜钱充公,作为对扣压铜钱官员的奖赏。①

盐商们意识到自己的努力大都付之东流,而朝廷决定划拨区区 100 万两白银储备来支持铜银比价是远远不够的。商会向政府建议,在铜元泛滥导致不可补救的经济损失之前,为防患于未然,应该取消铜元受法律保护的命令,改弦更张,"另筹饷源改银本位为解救之法",从而建立起真正的银本位制。王贤宾因其处理货币问题卓有所见,1910 年被任命为度支部币制顾问。②

1908 年银色风潮与洋货进口危机

但是,清政府财政的困境注定了进行剧烈的变革是不可能的,白银作为通货同样有问题。全国各地的白银成色不一,天津大多

---

① 甘厚慈前揭书,卷 9,第 23 页;《长芦盐运使司档》173.440。
② 《天津商会档案汇编:1903—1911》,第 133—134、447—448 页,1908 年 1 月 12 日董事会议;第 464—465 页,1908 年 4 月 13 日请求改用银本位的呈文。

数倾铸银锭的炉房一直保持他们投放市场银锭的标准纯度(天津化宝银标准纯度为99.2%)。义和团运动时,这些炉房被八国联军洗劫一空,此后未再重开。代之而起的炉房,当铜元泛滥、银价看涨的时候,对保持传统铸银标准敷衍了事,天津行秤的银色开始下降。① 1905年,天津商务总会就向袁世凯建议成立公估局,以确保银质的标准。袁世凯否决了这项建议,认为这将使公估局以弥补银色的差额为名,强迫外地商人支付贴色,"意在勒揸外来商民从中渔利"。②

袁世凯的决定固然有道理,但无补于解决银色低的问题,天津所铸银锭成色日差。1908年,天津海关道蔡绍基宣布:"各商纳税必补足九九二方准兑收。"当然,他维护国库利益,无可厚非。可是告示一出,立即遭到天津商人和外国银行的强烈反对。他们认为自己不应该为减色负责,并承担化验、火耗的费用,更不应负责提供额外的银两,补足成色,使银锭符合国家标准。③

双方对于由谁负责的问题僵持不下,导致了天津市场的另一场危机。外国银行只有在得到补偿或确信有办法解决问题以后,才会拿出库存的100多万两潮银(成色不合标准的白银)。由于信贷来源中断,因此中国进口商预订的货物无法提货,这种状况更因

---

① 《大公报》1908年3月23日;胡光明前揭文;景复朗(Frank H. H. King)等:《帝国主义及战争时期的香港银行:1895—1918》,剑桥:剑桥大学出版社,1988年,第201—202页。
② 《天津商会档案汇编:1903—1911》,第371—372页,1905年12月10日商会向袁世凯提出申请,12月12日袁世凯的决定。
③ 同上书,第1卷,第350—353页,1908年2月14日颁布的公告,以及41名广东商人的联名上书。

为"不论有无市场都超量贸易"而更加恶化,虽然外国商号也负有部分责任:像他们的中国同行一样,外国商人也想发财,他们接受了既无资本又无足够保证金的经纪人的订货。当商会苦觅良策时,进口货物开始在天津港积压。外国进口商和他们的领事提出诉讼,要求赔偿货款和利息共1400万两银。①

在英、日、法、德领事的强大外交压力下,清政府不得不进行干预。新任总督陈夔龙要求商会提交一项计划,三天之内解决问题。② 几经周折,公估局最终成立并归商会负责,炉房最终承担了1.5万两熔银和净银费用。为了增加天津的银两供应,商会实施了贴现率机制,每天通过电报与上海联系,以便上海银两流入。③

王贤宾和商会在解决洋货进口危机中同样起了非常重要的作用。为解决外国进口商的诉讼,天津成立了华洋理事会。英国领事虽然公开拒绝参与讨论,却提出了一项秘密计划:建立一家救济性的银行——直隶保商银行,以承担对外贸易的中国交易商的债务。④ 王在筹建银行的过程中起了关键作用,并且与外国商人谈判

---

① 大清海关总税务司署造册处编:《1908年贸易报告》,1909年。
② 见《英国外交部档》FO228/1694,1908年12月8日给驻京英国大使的秘密备忘录。《清外交档案》,存"中研院"近代史研究所档案馆,851,E-6-3;陈夔龙:《梦蕉亭杂记》,上海:上海古籍书店,1983年,卷2,第52页;《天津商会档案》128.3.1226,津海关道在1908年12月24日的命令。
③ 《天津商会档案汇编:1903—1911》,第378—380页。公估局的十三条章程刊于《大公报》1908年10月3日。
④ 1908年12月8日天津致驻京公使秘密备忘录,见《英国外交部档》FO228/1694。英国人操控的中国海关报告则强调英国没有参与此次事件,见大清海关总税务司署造册处编:《1908年贸易报告》,第152页。组建银行的报道再刊于《大公报》1911年10月16日。

将赔偿费用降至500万两银。① 这家银行最终从大清银行贷款70万两银,加上中国洋货商的资产80万两,以带息可转让债券赔付外国进口商,该债券由中国政府担保,最终用黄金偿付。② 商会坐办刘樾臣出任该行经理。中国的洋货商分别与银行签订赔偿债务协议,并向银行支付利息和利润。港口积压的货物几年之后才逐渐销清。

严家与橡胶股票风潮

中国的金融市场,包括沿海和内陆的各个商业中心——天津就是其中之一,对来自其他地方的金融危机的冲击非常敏感。满足了外国利益的洋货风潮刚解决不久,另一个令人震惊的消息迅速传遍天津:严信厚及其家族的源丰润钱庄倒闭了。

毫无疑问,严氏是晚清闻名全国的商人,与当时许多中兴名臣如左宗棠、李鸿章关系密切。严氏生于宁波,最初在一个钱铺商那

---

① 商会认为外国进口商苛索利息并操纵了汇价,见甘厚慈前揭书,卷14,第34页;《天津商会档案》128.1.49,128.2.30,128.3.1226,128.3.1701。有人建议发行彩票筹集所需基金,但官员认为此举有失政体而否决,见《天津商会档案》128.2.30,128.2.1995。王贤宾则提出由天津海关道作保向外国银行借款200万两银购买直隶省的公债,以此向保商银行提供资本和收入,见《长芦盐运使司档》173.437。
② 《大公报》1911年10月17日。1911年的海关贸易报告中把货款和商人的资产分别误刊为700万和800万两,见大清海关总税务司署造册处编:《1911年贸易报告》,1912年,第152页。

里当学徒,后到上海寻求发展,被胡光墉招纳到门下。① 胡也是晚清具有传奇色彩的商人和金融家,他把严介绍给李鸿章。② 1885年,李任命严负责河南长芦盐督销局。十年以后,严氏在天津(在这里他还出版了《小长芦馆集帖》)发家致富,建立了他的商业王国,包括长芦引岸、钱庄、纺纱厂和面粉厂,这些企业遍布沿海各省。回到上海以后,严经营源丰润钱庄。1901年,严被盛宣怀任命为上海商业会议公所(上海商务总会的前身)的筹备会董。③

尽管严氏与政府官员关系密切,有这些人保护,但他也受到晚清政经混乱的影响。1909年,随着世界市场上橡胶价格的上涨,上海证券交易所出现了由瓦特(L. A. Wattie)经营的益格鲁-爪哇庄园有限公司的股票,股票当即一纸风行。④ 许多外国冒险家和橡胶公司跟风炒作,股价节节上升。在利益驱动下,有些热衷投机的中国商人不假思索地卷入了这场疯狂游戏之中。当骗局大白于天下

---

① 严信厚(1828—1906),原名经邦,字筱舫,慈溪人,事迹见《上海总商会月报》1922年第2卷第3期,传记1;陈述曾:《上海早期亦官亦商的人物——严信厚》,《上海经济研究》1981年第7期。亦可参考汪敬虞编:《中国近代工业史资料》第2辑,北京:科学出版社,1957年,第929—930页;宁波市政协文史委员会编:《严信厚及其家族》,宁波:宁波出版社,2013年。
② 有关"红顶商人"胡氏的传奇事迹,见约翰·斯坦利(C. John Stanley):《晚清财政的革新家:胡光墉》,剑桥:哈佛大学出版社,1961年。
③ 严家以"同兴昌"引名认办、租办沈丘、扶沟、鄢城和太康,见《长芦盐运使司档》173.465,173.489。1898年,在刘坤一的授意下,严曾试图组织上海商务局,见伊懋可(Mark Elvin)等编:《传统与现代之间的中国城市》,斯坦福:斯坦福大学出版社,1974年,第245页。
④ 有关橡胶公司的骗案,见伊懋可:《辛亥革命在上海》,收入蔡尚思等:《论清末民初中国社会》,上海:复旦大学出版社,1983年,第166—179页;张国辉:《晚清钱庄和票号研究》,北京:中华书局,1989年。

之时,也正是许多中国钱庄倒闭之日。① 上海海关道蔡乃煌(据传同样是投资者)被告发,说他假公济私,盗用了国家本来用于救市的贷款。蔡乃煌被迫从钱庄中撤回存款,首当其冲的就是源丰润。② 由于周转不灵,源丰润被迫在1910年9月6日倒闭。这在"严氏王国"和中国市场中激起了万丈波澜。

面对突如其来的风暴,天津商会虚静以待,按兵不动,以免市场发生更大混乱。严信厚的儿子严子均挂电报给远亲严修,请他代表严家出面调停。严修与王贤宾私下协商,很快完成部署。③ 在天津源丰润分号和新泰钱庄(严氏企业的一部分)经理们的请求下,商会接管了钱庄的库存、账目,并于1910年10月10日向总督陈夔龙提交了一份救助计划。天津的债权人和存户取得了严家的房地产和股票以作补偿,虽然严家在京沪的债款尚有拖欠,但在王贤宾和商会的保护下,严家经营的河南引岸和物华楼珠宝店得以

---

① 闵杰:《上海橡胶风潮及其对江浙地区民族经济的冲击》,《中国经济史研究》1989年第1期,第126—142页;卢书锟、宋紫云:《橡皮股票风潮始末》,收入上海市政协文史资料委员会编:《上海文史资料存稿汇编(5):经济金融卷》,上海:上海古籍出版社,2001年,第329—332页。其中主要的投机商之一是来自天津的钱庄主陈逸卿。

② 据《长芦盐运使司档》173.338记载,严子均(1872—1930)把沈丘、扶沟、项城三个引岸抵押给蔡。另一说法是,严为弥补被骗的巨款,以南京的房地产为抵押向蔡举贷120万两,在北京对该事件进行调查时,蔡不得不撤回贷款,严的商业王国因此崩溃,见《大公报》1910年10月15日。也有研究认为该事件与官僚派系斗争有关,见梁宏志、孙小兵:《清末橡胶股票风潮及成因分析》,《贵州财经学院学报》2011年第3期,第82—86页。

③《严范孙日记》1910年10月12—13日。

维持下来。①

  作为一个保护和促进天津商人经济利益的机构,天津总商会的成立和合法性无疑来自政府,并且与省政府和中央政府合作。但动荡的经济、中央政府财政的拮据与省政府官员耗资巨大的改革交集,给商人带来了巨大压力。商人自救的过程是缓慢的,而且与政府的合作往往带有强制性,且不无挫折,但他们也通过自己的组织维护了商界及天津地方的经济利益,这超越了政府所设想的承上启下的角色。像王贤宾这样的盐商,业务范围由国家规定,也就很难有所发展。但具有天津商务总会总理和度支部币制顾问双重身份的王氏,可以登堂入室,合法地参与制定政策。在商而不仅言商,由非正式身份过渡到正式身份,从自救到自为,这一过程虽然微妙,却是一个重要转变。②

---

① 《天津商会档案汇编:1903—1911》,第 546、549—552 页,1910 年 10 月 9 日经理们的请求。四天以后,两江总督和江苏巡抚奉旨查办。严在天津的财产和债务处理,见《长芦盐运使司档》173.465。
② 虞和平:《商会与中国资产阶级的"自为"化问题》,《近代史研究》1991 年第 3 期,第 25—41 页;又氏著:《商会与中国早期现代化》,上海:上海人民出版社,1993 年。

第七章 多变的政治

晚清政治的实质是什么,长期以来史学家们一直有争议。当时的一系列法律、宪政、自治、财政、经济,乃至社会教育改革,虽然不无瑕疵,但客观上还是有贡献的;然而一些史学家认为这不过是一个自上而下的过程,是一个行将崩溃的王朝为重振其权威而设计的一场骗局。另外的一些研究则强调了地方自治和立宪运动的保守性;多数参与者是通过科举或捐纳得到功名的传统士人,作为辛亥革命胜利果实的僭取者,他们继续统治着地方社会和地方政治。另一方面,也有史家把清末"新政"跟历史上其他民主改革进行了比较研究,得出了"黄金十年"的结论。①

---

① 有关1898年改革和地方自治的情况,参见闵斗基(Min Tu-ki):《国家政体和地方权力:晚期中华帝国的嬗变》,剑桥:哈佛大学东亚研究会,1989年,第112—136页;任达(Douglas Reynolds):《新政革命与日本:中国,1898—1912》,剑桥:哈佛大学东亚研究会,1993年。还可参见韦庆远、高放、刘文源:《论谘议局》,《近代史研究》1979年第2期,第230—249页;侯宜杰:《清末立宪运动史研究史述评》,《近代史研究》1985年第3期,第159—192页;又氏著:《二十世纪初中国政治改革风潮》,北京:人民出版社,1993年;吴春梅:《一次失控的近代化改革——关于清末新政的理性思考》,合肥:安徽大学出版社,1998年。

详细分析天津的历史和商会的演进过程,探讨反面角色(或英雄角色)时可以发现,某些历史过程是重叠在一起的。由于政治联盟多变,庆亲王、年轻的满洲亲贵和汉官之间的钩心斗角,以及各省督抚(比如袁世凯)与北京各有盘算,他们之间的博弈,为地方精英参与晚清的政治改革留下了空间。

地方精英的具体构成在学术界也是颇具争议的问题。以捐纳取得功名身份、官衔、职位,为包括盐商在内的殷富商绅获得在此之前一直求而不得的社会地位敞开了大门。有别于科举"正途"出身的士绅,士商合流形成"绅商"。① 他们参与了地方自治机构,包括县、省自治组织,咨议局以至资政院。通过借用当时知识分子常用的话语、理想,如"商战",商人们有了一种新的使命感。随着商会的成立,这种使命感进一步强化。② 尽管他们仍需要官方认可任命,但这一过程强调的是商友"公举",而非官方的指派。一旦被任命,商会领袖便不仅仅听命于官员,而且要考虑他们的支持者和地方的需要。在这一基础上,他们开始在税收中维护自己的权益,肯定自身的价值,不管实际做法多么"幼稚""保守"和"软弱"。商人们日益成长,在保护自身的地方经济利益中起到重要作用,他们的自为化对地方官员不啻一个挑战。税收被挪用的问题开始被提出来;政府因财用紧张而提出增加新税时,更遭到了商人有组织的反对。③

---

① 陈亚平:《清代法律视野中的商人社会角色》,北京:中国社会科学出版社,2004年。
② 马敏:《商人精神的嬗变——近代中国商人观念研究》,武汉:华中师范大学出版社,2001年。
③ 清末激进派与保守派、危机论与条件论的争议,见萧功秦:《危机中的变革:清末现代化进程中的激进与保守》,上海:上海三联书店,1999年。

可是商人地位的提高也招来了士人们的反感,他们觉得自己先前在社会中的崇高地位被侵夺。在政治活动中,士绅和商绅在对付国家和政府官员的时候或许可以团结一致,但他们又有着不同的利益和关注点。① 为了维护自己在社会中的主导地位,围绕着地方、省、国家事务的领导权,他们之间也开始竞争。当盐商买卖遭到控诉时,双方会旧怨重提;而当地方自治机构中的士人批评这些机关的商人领导者决策失误、无能或兼而有之时,他们会再结新仇。

盐商的策略

盐商们结交权贵构建关系网的策略,前文已经述及,王贤宾在追求财富和权势的过程中就遇到了些麻烦。1907年,御史赵启霖参劾载振时把他牵连在内。据传这位贝勒出差东北途经天津时,段芝贵为了升官,把一位著名的歌妓杨翠喜送给了贝勒爷。据说段也从王贤宾那里得到10万两白银来为庆亲王祝寿,并因此被提拔为黑龙江巡抚。随后的调查未能提供任何罪证,王贤宾更否认

---

① 章开沅、马敏、朱英主编:《中国近代史上的官绅商学》,武汉:湖北人民出版社,2000年。张朋园对五个省咨议局的社会构成进行了研究,结论是:66.9%的成员为上层士人(其标准为监生以上)。参见氏著:《清季咨议局议员的选举及其出身分析》,《思与言》1968年第5—6期,第17—21页;又氏著:《中国民主政治的困境(1909—1949):晚清以来历届议会选举述论》,台北:联经出版事业股份有限公司,2000年,第1章;滨口允子:《清末直隶咨议局和县议会》,收入辛亥革命研究会编:《中国现代史论集》,东京:汲古书院,1985年。

自己与此事有关。至于杨翠喜,亦摇身一变,成了前一章提到的王益孙的侍女。① 由于"查无实据",这位御史被罢免官职;为避免再给其父庆亲王惹来麻烦,载振也辞了职。

1905年抵制美货运动

王贤宾的政治手腕或许还不娴熟,但作为商会总理,他已成为天津不可替代的一位人物。商会发起或组织的各式各样的活动大大增强了其社会影响。在北京的构想里,商会是由政府组织、支持并协助处理地方事务的机构,但事实上它已演化为不仅代表地方,而且通过与其他商会的合作来维护家国的利益。

这种联合始于1905年的一次全民联合抵制运动。这场运动源于美国提出扩大和修订1882年的《华工禁约》,以进一步遏制中国工人的移民。五月,上海商务总会电请天津商务总会协助发动一场全国性的联合抵制美货运动。② 天津商界从最初反应便十分积

---

① 这一丑闻见《光绪朝东华录》,北京:中华书局,1958年,1907年5月7日;《清史稿》,北京:中华书局,1977年,卷221,第9098页。王家家传的说法是王曾倾慕杨,但敌不过段的权势。杨后来成为王的宠妾,有自己的四合院和仆人。见1994年8月10日与赵琚的访谈。
② 《大公报》1905年6月2日。全民抵制运动的情况,见和作:《1905年反美爱国运动》,《近代史资料》1956年第1期;张存武:《光绪卅一年中美工约风潮》,台北:"中研院"近代史研究所,1966年;朱英:《清末商会与抵制美货运动》,《华中师范大学学报(哲学社会科学版)》1985年第6期,第92—98页。英文的论述,请参见费德(Margaret Field):《1905年中国的抵制运动》,收入哈佛大学东亚研究中心编:《中国研究论文集》第11辑,1957年,第63—98页;陈忠平:《商会与近代中国的社团网络革命》,斯坦福:斯坦福大学出版社,2011年。

极,王贤宾声称,联合抵制美货是抗争的最佳方式。这一爱国立场得到《大公报》的赞同和支持。商会 200 多名成员投票决定加入抵制阵线,而且保证若其中有贩卖美货者,无论是谁都将被罚款 5 万元。① 参加这场运动的不仅有商人,还有盐商资助或主办学校的学生领袖,如陶孟和与时子周,他们发表讲演,发动学生和市民共同抵制进口的美国货物。②

但是,民众的意愿抵抗不过主意已定的袁世凯和清政府。在日俄战争争取和平解决的关键时刻,他们担心得罪美国;更为重要的是,这一运动会留下民众参与决策的先例,袁世凯对此明确表示反对。商会领袖被传唤到他的衙门听训:停止行动,打消此念。巡警局随即宣布:自此之后,任何超过 20 人的集会必须事先取得警方许可。③ 可是民众毫不畏缩,他们向袁世凯请愿以期取得支持,从而督促外交部与美国政府谈判。但请愿很快被驳回。请愿者不会知道,袁早已在一封发往北京的密电中声明:外交部门和朝廷应该坚定立场,镇压联合抵制运动。1905 年 8 月 18 日,《大公报》由

---

① 《大公报》1905 年 6 月 2 日;和作前揭文;麦金农:《中华帝国晚期的权力与政治:袁世凯在北京与天津 1901—1908》,伯克利:加州大学出版社,1980 年,第 167 页;《天津商会档案》,天津档案馆藏,128.2.2976,1905 年 6 月 17 日的会议记录。
② 蒋原寰:《五四运动前的天津学生运动》,《天津史研究》1985 年第 1 期,第 41 页。陶孟和、时子周都是第五章提到的敬业中学堂的学生。关于时子周的事迹,参看刘及三、谢天培:《时子周其人》,《天津文史资料选辑》第 44 辑,1988 年,第 191—200 页。
③ 《天津商会档案》128.2.2976,1905 年 6 月 21 日的会议;《大公报》1905 年 6 月 24 日;胡光明:《论早期天津商会的性质与作用》,《近代史研究》1986 年第 4 期,第 200 页。

于继续鼓动宣传被查封。最终的结果是,朝廷下诏:此事不准再议。①

地方自治与商人

虽然商会被官方禁止参加抵制运动,但天津的商人们很快便独自或有组织地得到另外的合法途径,以表达其政治态度。袁世凯已经通过居民自选其代表的方式搞起了保约,这是他的地方自治改革的一部分。在给北京的奏折中,袁世凯从历史中为自己的举措寻找根据。据《礼记》记载,周制六官的三分之二以上用来处理地方政务,从而构建了一个和谐有序的社会。依靠这些人力,官员和其管辖的民众保持密切关系,从而使国家管理顺利进行。只是到了隋朝之后,当不堪重负的牧令单独承担一方政务时,猾吏奸胥得以滥用并破坏了这一制度。经民众选举形成的地方自治可以沟通上下,这将重新引导团结并激发力量。

袁还把目光转向天津——此时天津已为总督衙门所在地,在这里他建立起市政议会,通过定期会议来实现地方政府与包括商人在内的绅士阶层的意见交流。② 利用盐商的税款和报效,袁世凯建立了天津府自治局,以及一个用来研究地方自治的天津自治研

---

① 《天津商会档案》128.2.2976,1905 年 6 月 27 日的呈文,袁世凯 1905 年 7 月 3 日的批复,光绪帝 1905 年 8 月 31 日御旨。
② 《大公报》1906 年 7 月 8 日。

究所,这也是训导省内士绅的一个基地。① 当年晚些时候,天津成立了一个推动自治的研究机构——自治期成研究会,以起草自治章程。研究会提名12名绅商参与,其中包括盐商王贤宾、杨俊元、李士铭、华承翰和林兆翰。另外还邀请了自治研究所的20名代表和来自商会的10位代表。为把工作推向社会,他们发行白话报,并雇请讲演者在公共场所讨论地方自治的目的。商会还召集会员积极参加引人注目的公开集会。②

地方自治机构经过十九次会议之后,通过了一份效仿日本两院制的宪章,这一宪章较北京正式颁布的地方自治章程早了将近两年。③ 天津县和天津县城也要成立议事会和董事会。除知县兼任董事会议长外,这些团体的其他代表都从两年一次的选举中产

---

① 天津图书馆、天津社会科学院历史研究所编:《袁世凯奏议》,天津:天津古籍出版社,1987年,1907年8月28日奏折;《大公报》1907年3月27日、3月29日。关于他们的活动,见天津府自治局编:《天津府自治局文件录要初编》,1906年;《天津府自治局文件录要二编》,1907年;甘厚慈编:《北洋公牍类纂》,1907年,卷1;桑普森(Roger Thompson):《憧憬与现实:1911年革命前夕的地方行政改革、选举政治和中国传统社会》,耶鲁大学博士论文,1985年,第三章、第五章;又氏文:《治国策略与地方自治》,《近代中国》1988年第14卷第2期,第207页。建立省自治局所需的9万两白银来自振德王家的报效,见《长芦盐运使司档》,北京:中国第一历史档案馆,173.345。
② 《大公报》1906年9月8日、12月8日;甘厚慈前揭书,卷1,第23页;天津图书馆、天津社会科学院历史研究所编:《袁世凯奏议》,1907年8月28日总结试办地方自治奏折。关于商会提名的10位代表的名单,见《天津商会档案》128.2.1439,1906年11月16日转呈。
③ 《大公报》1907年3月30日。关于地方自治的理论和实践,参见孔飞力:《共和下的地方自治:控制、自主和动员问题》,收入魏斐德等编:《中华帝国晚期的冲突与控制》,伯克利:加州大学出版社,1975年,第277—298页;寺田德子:《清末民国初年的地方自治》,《御茶水史学》1962年第5期,第14—30页;丁旭光:《近代中国地方自治研究》,广州:广州出版社,1993年,第9—22页。

生。凡年满 24 周岁的当地居民,只要不是靠救济生活,能写出自己的名字、年龄、住址和职业的,都有资格参加选举。① 但这些自治机构成员的候选人,则须是受过教育的人:小学文化程度以上,致仕官员,有功名身份,生员及那些经官方鉴定有著作的人;或殷富之家——财产在 2000 元以上或营运资本在 5000 元以上的商人;或担任地方公益职务的绅士。

尽管袁世凯求成心切,但把那些持怀疑态度的选民动员起来并非轻而易举之事。② 调查选民资格就遇到不少困难。财不可外露,民众对此十分冷漠,怀疑政府想多征税款。为促成这次近代中国最早的选举活动,政府大约发出 8 万张调查表,但仅收回一小部分。天津 80 多万居民中,有选举资格者 12 461 人,而其中 2572 人有资格成为自治机构的候选人。

尽管盐商及广大商人阶层最初很冷漠,选举的结果却反映了这座城市的商业特征。许多被选出的大家所熟悉的议事会或董事会成员是盐商或其他商人。例如,在首届天津县议事会的 30 名成员中,"李善人"家的李士铭被选为议长。在后来历届议事会选举中,盐商也有多人当选,其中李宝详是常委,而华学淇、王益孙、李

---

① 关于天津地方自治临时章程,参阅《大公报》1906 年 9 月 3 日,1907 年 3 月 30 日—4 月 2 日,1909 年 1 月 29 日—2 月 4 日。
② 《大公报》1907 年 4 月 21 日、5 月 4 日,1909 年 5 月 13 日,1910 年 8 月 3—4 日,1906 年 11 月 19 日。袁世凯下令一个月之内建立地方议会和董事会,事见《天津商会档案汇编:1903—1911》,天津:天津人民出版社,1989 年,第 2288 页。

宝书和卞禹昌在1911年均当选。① 在天津县董事会中,石元士当选为副会长,绸缎商宋则久则被聘为名誉会员。② 同样,林兆翰和华光鼐在天津县城议事会中可以代表盐商。在此后的选举中,盐商及其家属一直在县城议事会中获得席位:"李善人"家至少有2人,此外周家、王家、张家等都有成员入选。身兼多职的王贤宾位列县城议事会名誉顾问之首,还有其他盐商如"李善人"家的李士鋐,以及其他同盐商有关系的人物,如严修的侄子严智惺。③ 至于天津县城董事会,芦纲公所纲总之一的王观保在县城议事会中任满一届副议长后,当选为总董。④

天津盐商在受其资助的直隶省咨议局140名成员的选举中也有代表。天津府七属的7132名选民从初选的60名候选人中推举出了6位代表。"李善人"家的李士铭后来当选为审查资格兼惩罚

---

① 《大公报》1907年6月16日、7月10日,1911年1月8—9日、6月2日、7月26日;天津图书馆、天津社会科学院历史研究所编:《袁世凯奏议》,1907年8月28日折;甘厚慈前揭书,卷1,第22页。李宝详是李士锜的儿子。李士铭当选为省咨议局议员之后,辞去了议事会议长职务。这一空缺由李士锜填补。上述资料见《延古堂李氏家谱》,手稿,未署日期,天津社会科学院图书馆收藏;《大公报》1909年8月27日。
② 《大公报》1908年7月15日和1908年8月5日。48位候选人中,可确认为盐商者有4人:林兆翰、孙洪伊、杨希曾和王观保。其他落选的候选人有钱庄商人么联元,教育家如胡家祺、温世霖和1905年最后一次科举的状元刘春霖。
③ 《大公报》1911年3月13日、8月21日、9月28日;王芸生:《严修与学制改革》,《文史资料选辑》第87辑,1983年,第103页。
④ 《大公报》1911年3月8日、7月21日。王观保是著名的京剧票友王君直(南京国民政府时期出任长芦纲总)的长兄。他在义和团运动期间为保护北京盐厂免遭八国联军的破坏做出了贡献,事见《长芦盐运使司档》173.180。

委员长。① 来自天津北仓盐商世家的孙洪伊也当选。孙是严修的密友,同样热衷于发展地方教育事业,出资兴建了北仓的几所小学、一所电报学校和温世霖(详见后文)担任校长的普育女学。② 来自天津的第三位省咨议局成员是举人胡家祺,他曾在卞家私塾任教,后由严修资助到日本留学,回国后成为天津府官立中学堂校长,直到当选咨议局议员。③

靠着他们的纳税额,盐商同样垄断了北京资政院多额纳税人的议席。在直隶纳税额2万两以上的20名候选人中,除1名地主外,其余都是盐商。④ 最终当选的两位——杨希曾和李士钰当时都

---

① 《大公报》1909年5月12日、5月27日、10月29日;《长芦盐运使司档》173.402。关于省咨议局的研究,参阅李守孔:《清末之咨议局》,《史学汇刊》1969年第2期,第189—216页;韦庆远、高放、刘文源:《论谘议局》,《近代史研究》1979年第2期,第230—249页;沈晓敏:《处常与求变:清末民初的浙江咨议局和省议会》,北京:生活·读书·新知三联书店,2005年。
② 孙洪伊(1872—1936)也是地方议会议员,见孙玉枢:《孙洪伊生平事迹》,《天津文史资料选辑》第37辑,1986年,第40—71页。但据陆乃翔《孙公洪伊行状》,他也是临时地方议会议员,见《河北月刊》1936年第10期,第1—5页。孙洪伊事迹,参阅范体仁:《孙洪伊与民治社》,《天津文史资料选辑》第16辑,1981年,第19—30页;董俊蓉:《资产阶级上层中要求进步的爱国者孙洪伊》,《天津史研究》1986年第1期,第40—43页和附录三;葛培林:《立宪领袖:孙洪伊其人其事》,天津:天津古籍出版社,2015年。李大钊留学日本亦获得孙的资助,见张次溪编著:《李大钊先生传》,京都:朋友书店,1970年。
③ 严修自订:《严修年谱》,济南:齐鲁书社,1990年,第150页。
④ 候选人名单,见《大公报》1910年3月23日、4月8日。名单上为首的是"八大家"中"长源"杨家的杨希曾(税额296 053两)、"海张五"家的张炳(税额186 429两)、"李善人"家的李士钰(税额138 413两)和华家、高家、穆家、王家及黄家等。

在长芦巨商之列。① 胡家祺也从省咨议局选入资政院,孙洪伊则当选为候补议员。②

除参加地方、省和国家各级议会选举外,一些盐商还活跃于各种鼓吹地方自治和君主立宪的群众团体中。王观保当选为天津县城研究会会长,这是一个协调各地方自治机构活动的组织。李士铭亦于1910年筹建起君主立宪促进会。③

与政府冲突的加剧

对于官员和朝廷来说,当他们为制订改革计划而进退维谷的时候,这种迅速发展的地方自治势头是令人不安的。一方面,载泽等年轻亲贵把"新政"当作重新集权于满族手中的一种手段。在险遭刺杀之后,他于1905—1906年远赴欧、日、美调查立宪政治的运作情况。一回国,他便被任命为负责起草新宪法的大臣。在一份密折中,他概括出君主立宪的几大好处:能够维护清廷的统治、抵御外国人的威胁,还可平息国内的动乱。依照日本的模式,皇帝将

---

① 杨希曾是"长源"杨家的家长。但张玉法的《清季的立宪团体》(台北:"中研院"近代史研究所,1971年,第427页)议员名单中并未把他列入,不过胡光明在《天津商会档案资料选编》编者说明(1983年中国近代资本家学术研讨会提交论文)和《天津商会档案》128.2.2271中提到杨通过凌福彭被选入。李士钰来自"李善人"家。
② 顺直咨议局编:《顺直咨议局文牍类要初编、二编》,1911年,1909年1月23日呈交总督的选举结果报告。成员名单见《大公报》1909年12月2日;张玉法前揭书,第420—435页,第451页脚注11。
③ 《大公报》1910年7月27日、11月1日、12月30日。

会保留其大部分权力。确实,中央还有可能收回自太平天国以来旁落于各省汉族督抚手中的权力。他断言反对该计划的会是各省督抚和地方官僚,因为他们日益受到各级新生的议会越来越多的压力。鹬蚌相争,北京就可以坐收渔人之利,做出最后裁决,巩固中央政府的权威。①

另一方面,无论朝廷还是地方政府都不能向这些自治机构做出太多让步,尤其是当他们看到上海工程局已掌握了财政、教育、司法和治安等方面权力的时候。② 官员们开始敦促北京明确规定地方自治的范围;官府与绅士领导下的自治机构之间的权限不清,导致地方官员与绅士相互诘难。最后,宪政编查馆于1908年建议朝廷:"凡属官治之事,自不在自治范围之中。……非国家之所许,即不容人民之滥涉。"③

但是,未等政府采取切实的行动,机警的袁世凯及其幕僚早有预见,先斩后奏,维护了地方官员的权力。赶在朝廷做出决定之前,袁世凯率先推行了他的地方自治计划,明确规定自治机构要受到种种限制。袁世凯非常注意维护自己的权力,在天津商务通裕有限公司拟定章程的问题上,他严厉申斥了商会。天津商务通裕有限公司由地方钱庄出资10万两银作保而成立,目的是推广使用纸币。他申明,一个民营公司的章程中使用诸如"行政"或"公事"

---

① 故宫博物院明清档案部编:《清末筹备立宪档案史料》,北京:中华书局,1979年,第173—176页。
② 上海自治运动的情况,见吴桂龙:《清末上海地方自治运动述论》,收入中南地区辛亥革命研究会、湖南省历史学会编:《纪念辛亥革命七十周年青年学术讨论会论文选》,北京:中华书局,1983年,下册,第401—446页。
③ 故宫博物院明清档案部编:《清末筹备立宪档案史料》第1卷,第726页。

之类的字眼不妥当,必须删去以免侵犯政府的职权。①

到1909年,当北京公布自治法案时,中央政府和各省督抚在限制地方自治机构权限这一点上达成共识。司法和地方治安被认为过于重要,不可交给自治机构;而移交地方自治机构的是教育、公共卫生、交通运输、地方经济发展、慈善事业、公共事业的资助活动,以及其他"向为绅董办理素无弊端之各事"。② 地方社会得到的合法权力受到限制。地方官员还把解散这些自治机构的权力抓到手里,明确规定地方税收不得用于这些机构。

然而,那些负责起草自治机构章程、主管各级议会的官僚如果指望他们所创建的机构仅仅充当顾问角色,或者梦想这些民选代表会规规矩矩地遵守政府界定的范围,就未免太乐观了。虽然知县只让出了管理日常事务的某些权力,如土地使用、城市污水通道及处理、用船只运送城市生活垃圾,以及界定永佃权等问题,但天津县议事会议员表现了一种更为积极主动的态度。他们或许无雄辩之才,如盐商出身的议会议长王观保就把自己和地方官比喻为一种理想的师生关系,自己是学生而地方官是老师;但在他看来,这种关系与专制时代的情形已经大相异趣,现在学生也有"体面"。③ 然而天津地方官很快发现议员们是群不听话的学生。议会通知天津工艺局,它将根据章程对这个腐败机构面临的指控展开

---

① 天津市档案馆编:《袁世凯天津档案史料选编》,天津:天津古籍出版社,1990年,第187—190页。
② 故宫博物院明清档案部编:《清末筹备立宪档案史料》,第726—727页。
③ 《大公报》1907年12月26日,1909年4月13日、5月17日、9月17—18日,1911年3月8日。

调查。议会坚称它作为民选机关,完全有权代表天津人民。自治机构和各级官僚之间的关系很快变得紧张,因为官员们意识到他们的权威受到社会的挑战。①

争议最多的是地方税项,尤其是税款使用问题。在早期的议案中,县议事会曾向总督申请拨款5万两银来扩大地方教育。② 议会以为,国家为此事用不着花费一文钱,因为这些款项来自当地居民由于盐斤加价而额外付出的部分。然而,这被总督和盐运使严词拒绝:这笔额外的收入国家早已另有用途。③ 可是议员们以自治机构代表的身份向官员们提出质疑,尤其针对税款的收支:既然来自天津,就应当用在天津。至于种种苛捐杂税,县议会也要代表民众发声。在天津府议会早期的决议中,县议会就曾代表小稍直口村民致函工部关。村民们以贫困为理由,请求免除从城里购买棺木时需要缴纳的木材税。④

随着朝廷颁布一套更为完备的关于自治的条例,县议会在维护自身权威方面变得更加大胆。议会代表天津居民就一张日本人印制的地图肆意把中国土地划入日本租界的事件向日本领事提出抗议。由于孙洪伊及其同事的调查,津浦铁路的负责人和副手被免职,一则由于贪污,再者由于他们根据对天津站选址位置的事先

---

① 《大公报》1907年12月7日、12月15日、12月19日致地方赈捐局的通知。
② 《大公报》1908年9月25日。
③ 盐斤加价原本应归补贴盐商部分的"有着之款",因为政府需款"孔亟",亦得挪用。如《寄谕著李鸿章令长芦盐商捐出一年加价帮赈事》1878年8月24日,见中国第一历史档案馆等编:《清代长芦盐务档案史料选编》,天津:天津人民出版社,2014年,第500页。
④ 《大公报》1908年9月21日。

了解进行土地投机。1909年4月6日,议会发出通知,要对天津县捐务科的账目进行审核。随后的调查搞清了一笔详细的陋规、滥征账目,包括9万吊铜钱的牙纪帖费、知县每年从脚行征收的2.2万吊铜钱等。①

自治机构所关注的问题当然不限于官方榨取牙纪和其他捐纳,虽然这些是完全合法的行为或多年的惯例;至为关键的是,自治机构在谋求本身经费来源。县议会抱怨天津县城董事会的选举拖延时日,并将其归咎于经费缺乏——地方政府已耗用了全部财政收入。国家每月拨发的500两银的微薄经费远不能满足议会的需要。议会曾希望本地征收的土地税能拨作自治机构的经费,但地方官对这项提议置之不理。县议会又不断请求用牙纪缴纳的牙帖费来资助地方自治,但未得到丝毫回应。地方官的强硬立场逼得议会威胁要京控,由都察院解决问题。②

省咨议局也受到同样的困扰。在当选议员之前,孙洪伊就督促王贤宾为即将到来的选举广做宣传,做好准备,表明捍卫天津利益的立场。他认为省里所有的行政事务,包括税收、摊派等与民众关系重大的事务,都应在咨议局事先讨论,代表天津说话的人越多,天津的利益越能得到维护。在孙洪伊这样的活动家的领导下,咨议局开始发动对地方官的质询。第一次会议通过了二十八项议案,转呈总督要求尽快落实。这些议案大部分与地方财税的征收

---

① 《大公报》1909年1月29日—2月1日、4月16日、5月23日、6月21日、7月3—6日、8月12日、9月7日、12月25日、12月31日;详见胡商彝:《内省录》,未署日期。
② 《大公报》1907年12月11日,1908年1月20日、5月29日、6月24日,1910年5月23日、6月2日、8月7日、10月7日、11月3日、12月5—8日,1911年3月31日、4月28日、11月17日。

和使用有关,其中包括要求把津武口岸盐商捐纳的4万两银归还地方。① 但盐运使张镇芳一毛不拔,因为有盐政大臣载泽给他作后台。他坚称盐商为获得引岸的报效是国家常规收入的一部分,不属地方。②

各级自治机构除了在收入问题上向官员要求分润,还要求与官员共同参与决策以摆脱先前那种幕后的、非正式的沟通和协调过程。在总督的要求下,省咨议局提出候选人组成总督顾问机构。这样一来便迈出了尝试性的一步。陈夔龙从名单上选出省里的10位头面人物,这其中有严修。但是,绅士们很快就怨声载道:在总督衙门讨论问题时,他们在人数和票数上总是被占多数的16位官方代表压倒。仅备顾问而无实权的绅士代表纷纷辞职,随后陈干脆撤销了这个机构。③

过分夸大这些自治机构的作用是不符合历史事实的。官僚们虎视眈眈地坚守着他们权力的阵地,并以铺天盖地的公文来回避自治机构提出的问题。当然,只有印刷商和纸商为此而高兴。④ 但

---

① 如1910年12月10日及1911年4月5日—10日的《大公报》所载裁革地方官员征收附加费的议案。关于税收和附加费的名目(据载直隶是最多的省份),见《光绪朝东华录》,1907年12月21日王金镕奏折。
② 《长芦盐运使司档》173.395,1910年6月27日的请愿书。因为"新政"改革,盐权不再由户部执掌,于1909年转隶新设的盐政院。张镇芳(1863—1933)是袁世凯姻亲。张投靠载泽之说,见袁克文:《辛丙秘苑·寒云日记》,太原:山西古籍出版社,1999年,第28页。
③ 《大公报》1910年10月13日、11月13日、12月6日、7月10日。这个机关名为"督署会议厅审查科"。
④ 《大公报》1910年4月14日。天津的纸张油墨供应商和印刷商抱怨,如果政府的印刷部门被批准扩大生产规模,他们的业务将会大受影响。

新气象还是有的,那就是地方官和绅士之间不再单单依靠非正式的协商来解决矛盾。在协商无法奏效的情况下,他们会采取抗议、辞职、罢市等激烈的举动,以求解决问题。这或许是小小的一步,但终究是迈出了一步。

君主立宪运动

由这些地方自治机构培育起来的"公众参与"政治还表现在日益强烈地追求君主立宪运动。虽然参与选举的选民仅是成年男性中的一小部分,但这些自治机构成为中国君主立宪制尝试的基础,他们也自认为是民众的代表。天津县董事会的名誉董事徐某在就职演说中说道,如果没有这些自治机构的话,未来的议会将是一个没有效用的机构。①

不管成效如何,这些自治机构的创立表明了清末权力结构的变动。尽管清廷在尽可能拖延立宪的时间,这些自治机构的议员们还是急不可耐地开始鼓动召开议会。省咨议局选举后不久,各省议员们建立全国咨议局联合会,其目的是协调各省议会的活动。② 在张謇和孙洪伊的领导下,它成为一个全国性的机构——孙

---

① 直隶的选民占当地总人口的0.62%,在全国位居前列。参阅张朋园:《清季咨议局议员的选举及其出身分析》,《思与言》1968年第5—6期,第17—21页;《大公报》1908年8月5日。
② 李守孔:《各省咨议局联合会与辛亥革命》,收入吴相湘编:《中国现代史丛刊》5卷本,台北:正中书局,1961年,第321—373页;董俊蓉前引文,第40—43页;孙玉枢前引文,第40—46页。

和其他代表远赴上海与来自其他十六省的议员进行了协商。1910年1月,由孙牵头,议员们向清廷呈递了一份由张謇起草的请愿书,建议一年内召集国会。① 尽管请愿很快被驳回,孙洪伊领导下的各省议员代表还是留在北京,不断进行活动,争取早日召开国会。为了联系各省同志,孙更组织了近代中国最早的政党之一——宪友会。②

1910年10月北京设立的资政院为立宪派提供了又一次机会。由孙洪伊牵头,温世霖、王观保等协助,各省咨议局议员代表通过资政院再次提议从速召开国会,以定国是。③ 在强大压力下,清廷避重就轻,"俯允所请",答应在1913年召开国会,从而分裂了立宪派。张謇领导下的温和派以目的已达,决定南旋。李士钰也组织了帝国宪政实进会,联系资政院内的保守分子,在天津吸收会员,与孙洪伊抗衡。④

除了孙、王、李氏兄弟,天津的盐商也参与了这次请愿运动。⑤ 王贤宾以天津商会会长的身份,在对那些参与资政院多额纳税名额竞选的盐商们的一次讲演中,重申了对君主立宪的支持及对未来国家的构想。在历数了鉴别选举人资格时所遇到的种种困难后,王提醒他们,在享受这特殊荣誉时肩负着特别使命。他申

---

① 《国风报》1910年2月20日,收入张枬、王忍之编:《辛亥革命前十年间时论选辑》第3卷,北京:生活·读书·新知三联书店,1977年,第592—596页。
② 李守孔前引文。1911年后,孙在他的拥护者支持下建立了共和统一党,参阅张玉法前揭书,第478—484页。
③ 李守孔前引文;张玉法前揭书,第437页。
④ 张玉法前揭书,第486—490页。
⑤ 孙洪伊和商会的通信,见《天津商会档案》128.1.28。商人参加示威游行的情况,见《大公报》1910年2月21日、5月28日、10月6日。

明,中国的资政院应等同于日本的上院,它在中国向君主立宪制转变的准备过程中将起重要作用,君主立宪制这个目标应尽快实现。作为殷富阶层的代表,他们的使命是促进国家经济的发展,使中国在商战中立于不败之地。① 除了用诸如"商战"之类的话语来证明商人日益上升的地位,王还极力维护其殷富同业在资政院中的席位。正如一些正途出身的士绅所称,名单上有19名天津盐商,而只有1名有功名的地主,这看起来不太公平。但王认为对于这些多额纳税人来说,如果要求他们为省里其他地方纳税较少的候选人让出席位,也是不公平的。

王的言下之意无疑是指金钱的力量。作为筹还国债会的发起者之一,他协调动员全国的力量进行捐献,以偿还甲午战争赔款和庚子赔款。② 他提醒说,在如此沉重的债务负担和主权丧失的情况下,任何有意义的改革都将困难重重。他信誓旦旦地说,如果朝廷答应公众的要求,他将全力以赴完成这一目标。为履行诺言,他帮助北京的社团进行募捐,以争取广泛支持。③

省咨议局的议员们怀着与王同样的激情,旗帜鲜明地投入促成君主立宪的运动中去,宣称若没有议会来审核、监督政府的决策,人民就不应该承担偿还外债的责任,国家在召集议会之前也不

---

① 《大公报》1910年4月10日;《天津商会档案汇编:1903—1911》,第2320—2322页。1910年1月13日,总督要求王进行调查,但签发的180份表格,两个月之后仅收回101份,从中选出了20位候选人,事见《大公报》1910年3月7日、3月9日;《天津商会档案》128.2.2271。
② 关于筹还国债会的情况,见《天津商会档案汇编:1903—1911》,第1899—1942页。
③ 《大公报》1910年3月7日、5月11日;侯宜杰:《二十世纪初中国政治改革风潮——清末立宪运动史》,北京:人民出版社,1993年,第272—273页。

应产生新的债务。① 为支援这场运动,王观保捐资游说北京官员。②

在这种声势之下,立宪运动中的激进分子在孙洪伊的领导下于1911年继续向政府施加压力。③ 由于不断"蛊惑"民心,来自东北的咨议局代表被逐出北京。天津那些由盐商创建或资助的学校的学生对此感到义愤填膺,其中包括后来成为中国共产党领导人之一的李大钊。他们召集大会,用鲜血书写标语,以此来显示他们献身这一运动的决心。许多学生和商人剪去辫子,以表示对政府拖延政策的抗议。④ 孙洪伊的办学助手温世霖被选为全国学生请愿同志会的会长,领导学生继续开展斗争。⑤ 1910年12月20日,3000多名学生在天津示威游行,王贤宾和其他地方领袖加入了他们的行列,浩浩荡荡前往总督衙门。温、王和阎凤阁分别代表学生、商人和省咨议局向总督递交了一份民众请愿书,要求其转呈北京。经过一番唇枪舌剑,陈夔龙勉强同意代为转呈。

清廷对这种直接蔑视其权威的行为的反应是迅速而果断的。

---

① 孙洪伊的讲话刊于1910年2月16日《中外日报》,转引自李守孔前引文。资政院议员、教育界和学生们持相似的观点,见《大公报》1911年4月16日,以及1910年4月9日遵化县中学校长来函。
② 《大公报》1910年12月15日。
③ 李守孔前引文;丌冰峰:《清末革命与君宪的论争》,台北:"中研院"近代史研究所,1966年。
④ 《大公报》1910年11月20日、11月24日、12月1日;李守孔前引文;蒋原寰前引文,第42—43页。
⑤ 温世霖家族是天津郊区宜兴埠首户,在孙洪伊的资助下建立了普育女学。这所学校积极参与为自治事业捐款和减少国债的运动。见刘清扬:《天津国民捐和同盟会活动的回忆》,《近代史资料》1955年第2期,第13—21页。

陈夔龙接到命令,要求他动用一切手段把这场运动镇压下去,甚至包括"新政"中组建的装备精良的警察部队。温被逮捕,并很快被发配到新疆。在议事会和省咨议局的支持下,以张伯苓为首的学界人士进行了多方营救,但亦无济于事。① 清廷的反应使包括李大钊在内的立宪运动的倡导者彻底觉醒,他们开始认识到,革命才是拯救民族于水火的唯一途径。②

敌人和朋友

尽管盐商和学界在地方自治、君主立宪及拯救民族方面目标一致,但他们也有不同的利益和诉求。在许多地区,士绅和商绅在自治机构的领导权问题上不断发生冲突,人们仍然不完全接受商人与士人共享同等的社会地位。③ 对于士绅来说,没有稳定的经费来源,自治很难有所作为。由于国家和地方官员已经控制地方财政的绝大部分,因此他们不得不征收新的税种。当士绅议员提出

---

① 《严范孙日记》1911年1月8—9日;《大公报》1911年1月10—11日;陈夔龙:《梦蕉亭杂记》,上海:上海古籍书店,1983年,卷2,第53—54页。

② 李大钊:《十八年来之回顾》,《直隶法专十八周年纪念(1923年)特辑》"讲演"部分,第5页,转引自天津社会科学院历史研究所《天津简史》编写组编著:《天津简史》,天津:天津人民出版社,1987年,第235页。这所学校5.5万两的经费来自何福咸为取得口北三厅引岸而报效的8.1万两白银,事见《长芦盐运使司档》173.383。

③ 《大公报》1910年8月30日、6月10日关于武清县,1910年11月27日关于文安县胜芳镇,以及1911年1月1日关于束鹿县辛集镇士绅和商绅争夺自治领导权的报道。

增加牙帖费和其他商业税时,士绅和商绅之间的矛盾很快爆发了。①

各级自治机构之间也在权限、资金、人物的操守等问题上意见不一,如天津县议会就被迫"两线作战"。一方面,它跟地方官争夺牙帖费;另一方面,它又要避免与县城董事会分羹。② 1911年初的选举结束之后,当新一任县议会办理交接手续时,旧班子拒绝交出属于县董事会的资金和公产,导致了一场论战。即将离任的县议会副议长王观保,被指控在向新议会转交印鉴时手续不当。士绅成员一再埋怨王在领导董事会时的武断行为,他在董事会中的威信也大大降低了。董事会成员还进一步指责王违反自治章程,接受京引公柜的津贴,导致利益冲突。县董事会中的士人代表亦对王观保150元的月薪和每月30元的交通补贴表示不满。董事会更指控王更改自己的出勤记录,准备撤销其职务。③

省这一级里,在省咨议局中占主导地位的士人成员亦怀疑官、商之间存在勾结。他们抨击北洋保商银行留下了一个危险的先例,认为公众不应对由洋人和洋货进口商引发的1908年洋货进口危机造成的债务负责。他们还质疑总督对银行的控制权。④ 盐商们在省咨议局中更是一个备受批评和攻击的靶子。他们待客不

---

① 例如1910年8月8日《大公报》报道文安县胜芳镇对蔬菜牙纪收费的提议,以及由此引起的争论。
② 《大公报》1911年1月20日、9月20日、9月27日、12月29日关于县城和县议事会就各自所应得到牙帖收入的报道。
③ 参阅《大公报》1911年3月7日、4月11日、6月18日、8月9日。
④ 《大公报》1911年10月17日。县议会对此项安排亦持批评态度,见《大公报》1910年7月18日。

公、掺杂使假、减斤出秤的买卖手法,以及雇用缉私武装所引起的纠纷积案如山。盐商们开始抱怨由于不得不采取改革,他们支出日多而利润减少。①

1910年,在利用每斤盐提价4文获得的收入建立的津浦铁路公司分配股份时,盐商和咨议局的关系更趋恶化。为了直隶经济的发展,省咨议局议决建立一家纺织厂,决定挪用公司存放在"李善人"家钱庄的基金。② 但李家以保管津浦铁路基金、确保工程进行为理由,拒绝动用这笔资金。由于李家在议会和长芦公所中地位显赫,因此议会屡次试图夺回这笔款项的控制权,结果都落空了。

上述努力失败后,咨议局又建议做出如下妥协:用多征的盐价来购买津浦铁路公司股票,盐商和咨议局各得一半。但咨议局有的成员不满这种安排,他们争辩说,承担食盐提价的是直隶民众,不是盐商;作为省里的民选代表,咨议局应该控制所有购得的股份。于是,咨议局通过如下决议:控制90%的股份,仅留10%给盐商。盐商们当然不能接受这一安排。他们认为,盐价提高导致私盐充斥,影响到了他们的销售和利润,因此这些股份理应属于盐商,以补偿他们的损失。③ 通过胡家祺和李榘(二人都是资政院成员和省咨议局议员)的调解,盐商们同意把铁路股票一分为四,盐商占一份,其余三份归省咨议局。这一安排得到盐运使的批准。

---

① 顺直咨议局编:《顺直咨议局文牍类要初编、二编》,"陈呈"。
② 《长芦盐运使司档》173.372;《大公报》1910年11月15日、11月19—20日,1911年4月4日;顺直咨议局编:《顺直咨议局文牍类要初编、二编》,1910年1月30日呈总督文。
③ 《长芦盐运使司档》173.372,1910年12月7日盐商呈盐运使文。

但省咨议局的成员仍然对这一妥协表示不满。他们认为胡和李无权处理此事或代表咨议局达成协议,因此不承认这种安排。由于自身权利受到侵犯,省咨议局更扬言要京控张镇芳和陈夔龙,因为他们对大批的决议和质询置之不理。①

有组织的对抗

虽然商人和士人在税收分配方面存在分歧,在自治机构中也不断发生冲突,但在反对国家高压控制和官方的各种苛捐杂税时,他们又团结一致。天津商会的档案中保存了大量的商人请愿书和官方否决的案牍。② 在商人长长的失败记录中有一个例外引人注目:他们拖延官方一直想开征的印花税的行动取得了胜利。为了给禁烟做准备,袁世凯于1902年12月30日提交了一份详细的计划,建议仿效外国征收印花税的办法,在沿海省份开征印花税,以弥补取消鸦片进口税收的损失。五天之后,建议被批准。③ 于是,袁世凯马不停蹄地开始按照各种账本、合同、票据、提货单、地契、租约、银行汇票、分家文书、当铺收据及股票证券等文书所涉及的

---

① 《长芦盐运使司档》173.372,1911年3月14日纲总呈盐运使的报告,盐运使于1911年4月20日批准了这一安排;咨议局的反应,见《大公报》1911年5月21日和6月1日的报道。
② 《天津商会档案》128.3.225和128.3.1892中的报告。
③ 天津图书馆、天津社会科学院历史研究所编:《袁世凯奏议》,1902年12月30日奏折;林美莉:《西洋税制在近代中国的发展》,台北:"中研院"近代史研究所,2005年,第19—26页。

款项确定税额。此举引起的骚乱很快就迫使北京当局重新考虑这一决定,并不得不将开征印花税一事搁置下来。①

四年之后,财政危机迫使清廷旧案重提,袁世凯的姻亲张镇芳负责在直隶执行这一计划。② 天津商会再次反对这种新税,一系列呈文递交了上去,其中一份由796名商人签名。当请愿书被北京方面和总督杨士骧驳回之后,王贤宾领导了新的反对运动,递交了一份由1877名天津商人签字的请愿书。县议会也加入了这一运动,向总督递交呈文,请由省咨议局来进一步考虑此事。另一位印花税负责人、前任天津知府凌福彭也不得不屈尊向天津总商会疏通。全国的商会都致电天津,表示他们的关注和支持。虽然张镇芳已下定决心用天津祭旗作为全国的"榜样",但在如此强大的反对声势下,政府与商人陷入了僵局。③

天津盐商就这样构成了清末中国社会、经济和政治变革的一部分。中央政府(以满族亲贵为代表)和各省官员之间不同的期望和意图,为地方社会和地方利益在公共事务中谋得一席之地留下了可操作的空间。绅商的势力不断增强,日益成为对地方官员乃至中央政府的一种挑战。盐商的生计可能离不开政府,但他们的经济利益日益多样化。他们在地方社会和晚清政治改革中扮演的

---

① 《大公报》1903年5月10日;天津图书馆、天津社会科学院历史研究所编:《袁世凯奏议》,第781—783页,1903年5月10日奏折。
② 甘厚慈前揭书,卷7,第19—20页;《天津商会档案》128.3.886,印花税征收机关1908年4月8日发布的命令。
③ 《天津商会档案》128.3.886,1908年4月11日、4月16日、6月12日的呈文,1910年7月17日张镇芳令天津商会。也可参看甘厚慈前揭书,第7卷,第23—24页;《大公报》1909年11月10日,1910年1月4日、7月31日—9月27日;周育民:《晚清财政与社会变迁》,上海:上海人民出版社,2000年,第435页。

角色日益重要,这使得他们在地方和国家政治中举足轻重。商人(包括盐商)不是革命派,士人仍未完全把他们作为同道,但他们已经与社会中其他精英人物一起,通过地方自治机构、省咨议局、中央资政院及君主立宪运动直接或间接地为限制国家的权力做出了贡献。由于这种自为化的行为,王贤宾和他的同僚将要付出惨痛的代价。

第八章 危机

宣统三年(1911)在中国近代史上非同寻常,尽管这一年的序幕依然是清宫丹陛大乐悠扬、百官朝贺。除了边远地区的骚乱及洋场租界有煞风景,使金瓯有缺,清朝表面看起来仍很稳固。的确,一些史家对清末政治、经济、社会改革的"黄金十年"颇为称道。王贤宾及其他地方绅商的影响力似乎也日趋增长,他们在帮助自己和清王朝的过程中反复展示出能力和智谋,中央和地方官僚在解决地方、地区以至国家大事时,都向他们征询意见和寻求帮助。天津城乡的慈善机构和天津的学校教育也得益于他们的慷慨捐输。王贤宾作为天津商会的总理和芦纲公所的纲总,在公共事务中成为天津"万不可少",在中国也"不可多得"的人物。然而,清朝和天津商界都表现出自身的脆弱性。年轻的皇帝将会在年底逊位;在此之前,天津盐商便受到沉重一击,从此一蹶不振。尽管盐商们显示出影响官方决策的能力,但是由于把大部分财富投资于盐业,他们的地位并不稳固,不得不听命于官方。虽然他们可以顶戴在身,在宴会上分享美酒佳肴,但在实际政治过程中,盐商与官员不是平等的参与者。官方认为,盐商从事的多项活动需要得到政府认可(如果说不是直接控制的话),以确保这些公共组织有效工作,不会出现偏差或贪污行贿。在官方看来,私人慈善事业和公共事务的开展是政府和官方权力的延伸,而不是削弱。在盐商看来,他们一直在按照政府的意志办事,无论是买卖盐斤还是开办育婴堂。

可是就晚清天津的情况而论,盐商的活动确实向地方官员提出了新的挑战。地方的积极进取行为或许会被吸收到官方教育改革中(例如任命严修为直隶学务处督办),为准备君主立宪而建立的地方自治机构和其他一些机构,给盐商们提供了一些合法的渠道和组织,使得他们能参与公共事务。通过世代联姻、同业通融、纲友支持结成的互信互助网络得到"组织"的力量,变得更能言善辩,更能代表公众利益。曾经是惯例的政令,如开征新税、捐纳变得棘手,盐商们似乎要试试官僚的耐心和能力。

在追求财富、权力和社会声望的过程中,盐商们也面临着新的挑战。义和团运动后钱庄被劫掠一空,盐商被迫寻求新的资金来源。在义和团运动结束后的一段时期里,继任的长芦盐运使们备受盐商喋喋不休乞求救济的烦扰,又因为档案散失,而在处理事务时缺乏依据和先例。官方管制能力降低(如果不是官商串通的话),再加上许多投资良机,诱使盐商大量借款,特别是从外国银行贷款。他们发现积债如山时,已经无法自拔。洋债风潮就此酿成。

对这次洋债风潮的成因,历来有许多解释。当时有人推测这是长芦盐运使张镇芳精心策划的危机,目的是对朝廷施加压力,促使其起复被逼下野的袁世凯。① 可是这一伎俩虽然或可成事,但张的图谋极容易适得其反。如果哪一位御史风闻议事,不管袁世凯在北京的那些强大政敌有没有推波助澜(例如大学士那桐,据报道他对此事的处理就极不满意),张的仕途都会就此终结。②《大公报》也曾断言张氏迫不及待地想离开天津,赶赴河南提法使新任,因此他是在寻求一个迅速解决问题的办法。他的正三品新职位相对于盐运使的从三品来说确是一次升迁,他也可以就此摆脱夹在外国银行和盐商之间的煎熬。但像陈夔龙这样在官场滚打多年的总督,精通官场艺术,耍个手腕要张留任也是轻而易举的。也许是张氏企图平息来自省咨议局的对他受贿或失职的指控,不得不快刀斩乱麻地把问题了断。也有可能是张镇芳意图一箭双雕,既可逃避责任,也可报复王贤宾在抵制美货和反对印花税运动中的作为,迫使王及其他盐商破产。

如果说中国官员卷入这一事件的个人动机至今还不明确的话,那么外国领事和银行在这一事件中的目的同样有待澄清。有人猜测外商银行企图直接控制盐业专卖权,虽然这在档案资料中找不到证据。③ 外国势力和银行或许是担心贷款风险,因而尽量收缩业务和尽快收回资金,对这场危机起到了推波助澜的作用。尽管有报道称他们在谈判中做了妥协,但为维护外商利益,外国领事坚持要清政府对贷款负全部责任,因为作为盐业专卖的经营者,盐

---

① 纪华:《长芦盐务的两大案件》,《天津文史资料选辑》第26辑,1984年,第128页。在袁克文笔下,张镇芳更是出卖袁世凯而投靠载泽的人。见袁克文:《辛丙秘苑·寒云日记》,太原:山西古籍出版社,1999年,第28—29页。
②《大公报》1911年6月19日。
③ 林纯业:《清末长芦累商洋债风潮》,《天津社会科学》1983年第4期,第84页。

商不过是国家的代理人。①就此而言,他们的要求较上文提到的洋货风潮似乎更加言之成理。当然,一些中国官员不同意这样的说法,如北京的外务部就拒绝介入。他们指出,历任盐运使签署的谕帖以及由王贤宾和李宝恒签字的委托书都清楚申明"商借商还",因此这些贷款是盐商和外商银行之间的商业纠纷,与政府无涉。②

毫无疑问,王贤宾、李宝恒和其他盐商曾经向外商银行贷款,并将部分贷款挪用于个人投资,他们应该为此负责。另一方面,即使把盐商国内外的债务统统加起来(共约1000万两银),跟其他困扰中国沿海经济的财政危机相比,数额也算不上巨大。尽管10名累商不能立即用现金清偿全部债务,但他们还有价值超过300万两银的存盐,还有地产、各种企业的股份及其他资产,包括注册资本超过200万两银的高线铁路公司,以及价值100万两银的铁路股票。况且,外商银行也未要求立即还清所有债务,至少德华银行的贷款1913年才到期。③

北京最终采取措施经历了一个曲折的过程。至少在中央政府介入事件以前,天津各方面都在寻求解决办法。但当危机渐趋严

---

① 《天津商会档案》128.2.2068,法国领事致商会的一封未署日期的信函的译文。由政府支持本国在华银行把贷款作为"国家"利益几乎是惯例。实际上,中国铁路债券之所以在欧洲和美国如此畅销,原因之一就是这一点:即使公司违约,列强也会迫使中国政府来负责偿还。上述内容参见戴维斯(Clarence C. Davis):《金融帝国主义:帝国主义扩张的新趋势——1908—1920年在华的英国和美国银行》,《商业史杂志》1982年第2期,第236—264页。
② 《大公报》1911年5月17日。
③ 《长芦盐运使司档》,北京:中国第一历史档案馆,173.498,张镇芳致盐商命令的草案。这句话承认,这批借款1913年底才到期。还可参见后文外商银行、商会和天津维持会之间的协商。

重,市民对政府举措的批评越来越激烈时,地方政府已难以解决问题。至少呈给皇帝的奏折中表明,北京介入风潮的理由是一旦外商银行攫取盐业专卖权,便意味着清廷丧失国家主权。如果外国人直接控制盐业专卖权,则作为朝廷主要财政收入之一的盐税会被外国控制。虽然在外交文件中没有显露出来,但这是张镇芳采取铁腕政策的理由,尽管他曾经训斥盐商和其他请愿者提出的这"荒谬"的说法。① 盐商们被要求在五月底,即公元1911年6月25日前还清全部华洋欠款,任何未能如期全部偿还贷款的盐商(包括王贤宾和李宝恒)的引地都将被收归官办。无论结局如何,长芦再也不会跟以前一样了。

借 款

这场风潮酝酿已久。盐商们经历义和团运动之后受到极大损失,多年以200万两白银支持盐业周转的钱庄,或因被抢而倒闭,或收缩业务,现金变得十分短缺。赎回八国联军作为战利品的存盐耗费了100多万两白银,盐商们手中已无现银。政府也在忙于筹措庚子赔款和筹划其他改革。盐商们不断请求救济和贷款惹怒了官僚,几位盐运使都以"不顾官家为难"为理由把请求驳

---

① 盐税的一部分成为庚子赔款的担保,但中国官僚成功遏制了外国势力对盐课征收和分配的直接控制。见王树槐:《庚子赔款》,台北:"中研院"近代史研究所,1974年,第111—114页。

回。① 到 1901 年底,华学淇得到批准,向华俄道胜银行举贷 34 900 两白银来赎买被俄国占领军抢去的盐斤。他还代表芦纲公所,安排从银行取得 20 万两银的资金以供周转。完成上述贷款手续后,银行要求他提供一份盐运使的谕帖,由芦纲公所全体盐商担保。②

遗憾的是,这有限的贷款对于盐商业务不过是杯水车薪,政府终于在 1902 年 4 月批准盐商借用由直隶赈捐局发行的 100 万两银票。③ 这批资金很快被耗用,其中 64 万两被交给都统衙门,用来赎回被法国人掠夺的盐斤,其余由盐商用作周转资金。1903 年初,财政拮据的盐运使就逼着盐商用现金赎回这些银票。第二天,盐运使汪瑞高勉强收下了由华俄道胜银行签发的用来代替现金 6 万两的支票,这是他要求的 11.2 万两分期还款中的一部分。④ 但很快他又提出用现金清还更多赈捐局银票的要求。盐商们请求暂缓,理由是他们首先得偿还华俄道胜银行的贷款。汪以事涉外人,不得不宽限盐商两个多月。这也开了先例:偿还外商银行的贷款有优先权。⑤ 但继任的长芦盐运使们从这个开端发现,准许盐商从外商银行获得贷款是件很便利的事情。盐课和所有相关的规费都可

---

① 《长芦盐运使司档》173.117,盐商的呈文和李鸿章 1901 年 9 月 1 日的批复,另外还有其他的,诸如 1903 年 3 月 23 日、9 月 7 日、10 月 24 日被驳回的呈文。
② 《长芦盐运使司档》173.117,1901 年 10 月 20 日华学淇的呈文和 1902 年 3 月 7 日谕帖。作为"高台阶"华家的一员,华学淇经理家族的"元泰兴"监号。在清代行政管理制度中,谕帖是由上级官员下达的一种通知或指令,包含的内容颇丰,相当多的日常行政事务可用这种方式传达。它可能书写于一张白纸上,无须用印,甚至不注明签发日期。参阅张鉴瀛:《宦乡要则》,1882 年,第 2 卷,第 4 页。
③ 《长芦盐运使司档》173.132,1902 年 4 月 18 日。
④ 《长芦盐运使司档》173.132,汪瑞高 1903 年 1 月 21 日的命令,盐商 1 月 22 日的呈文。
⑤ 《长芦盐运使司档》173.132,盐商 1903 年 4 月 19 日的呈文。

以顺利缴纳,有利于他们的业绩考成,更不用受盐商不断请求救济和贷款的干扰。1903年,经袁世凯和朝廷批准,天津海关道唐绍仪安排并监督盐商以年息8.5%的利率从横滨正金银行取得40万两为期二年的贷款。① 有了新的贷款来源,盐商们很快就偿还了国家的贷款,他们甚至归还了由直隶赈捐局签发、备而无用的4500两银票。②

但这次交易还有一个障碍。外商银行要求盐商为贷款提供抵押,或由政府作保。为满足外商银行的这一要求,王贤宾及其同事对先前由华学淇采用的谕帖做了番修改。作为由长芦盐运使签发的文件,谕帖是政府认可商人从外商银行获得贷款的文件,明确规定"商借商还"。政府参与的最大程度不过如此。偿还贷款的责任方是商人而不是政府。但王贤宾和其他纲总又添加了这么一条:倘有拖欠,"即可禀请派委前赴外店扣价追究追还"。政府授权他们,一旦遇到拖延偿还贷款或违约的情况,可以接管任何逾期不能还款盐商的引岸。尽管一些官员认为这是画蛇添足——借款、还款本来就是商人的事情,天经地义,但他们还是接受了盐商冠冕堂皇的理由:谕帖借款须有此条款"以专责成"。③ 这样,谕帖成了国内外银行向长芦盐商放款时不可或缺的文件,而且继任的盐运使都按照成例批准,甚至出现倒填签发日期的情况。④ 正如附录四表

---

① 《袁世凯奏折专辑》,台北:台北故宫博物院,1970年,1903年11月18日奏折。
② 《长芦盐运使司档》173.132,1904年2月9日纲总的报告。
③ 《长芦盐运使司档》173.178,1905年6月4日的命令和1905年7月26日纲总的呈文。
④ 《长芦盐运使司档》173.178,1909年8月18日王贤宾要求签发倒填日期的谕帖,以满足华俄道胜银行要求;又1906年8月纲总从户部银行贷款100万两的呈文。

1所显示的,盐商和外商银行之间的往来蒸蒸日上。

但作为一纸法律文件,谕帖的内容有不少漏洞。或许是刻意如此吧!尽管谕帖在认定商人对偿还借贷负有责任这一点上十分明确,但其中有关把违约者的引岸收归官方监管的条文很成问题。外商银行把这一条款理解为政府对他们贷款的担保,盐商因此便不需要用其他财产作抵押;他们更以为文件使外商银行有权截留来自引岸的收入,如有必要的话,甚至可以直接经营这些引地,直到债务偿清为止。从盐商的角度看,谕帖成为一种不用提交抵押就可获得贷款的工具,尽管他们也清楚,用引岸作抵押或担保是明文禁止的。① 官员却认为,偿还贷款的责任在盐商,不在政府,"商借商还"已有明确规定。不过监管条款也规定了盐商在贷款完全还清之前不能收回引岸,却未约定在此期间谁负责缴纳盐课;还有,如违约者是租商,业商会不会受影响?

另一关键问题是由谁经营所涉及的引岸。作为一个法律程序,盐运使有权委派下属接收并经营有关的引地,其中或许也可以包括洋人,一如许多外国人在大清海关供职一样。可是在具体操作中,王贤宾和其他纲总享有解释并执行这一条款的主动权。在过去,一旦有纠纷,纲总会首先向盐运使报告:违约商人的引岸应置于官方监管之下。尔后,由纲总推荐的人来经营该引岸。一个案例是,业商韩藻控告芦纲非法接管他的香河引岸。② 另一个例子

---

① 王贤宾、李宝恒、李宝诗、王观保、杨耀曾等八家合股,以引名"公义"承办天津、武清,合同规定不得以合同向洋人及洋行抵押,"以免外人干事",见《长芦盐运使司档》173.395,1909年3月1日。
② 《长芦盐运使司档》173.402,1909年7月31日关于接管香河的呈文。盐运使裁定纲总的处置合法,因为韩藻拖欠课款。

是，前文提到的"源丰润"倒闭案中，严子均请他的远亲严修出面，私下与王贤宾商讨。虽然严修觉得这一要求难以启齿，但王还是爽快地任命了一位严家信任的经理来维持他们的引岸，"以防他人生心"，这让严"再三称谢而归"。①

尽管谕帖条款模棱两可，但只要盐商有足够的流动资金来偿还借贷，谕帖贷款即可运作。实际上，如此轻易获得贷款的方式很可能导致盐商过量借贷。1909年，王贤宾和李宝恒请求张镇芳再签发一份"全权"谕帖。为确保"先课后引"的运作和盐斤按时供应保障民食，长芦盐商与华俄道胜银行安排了300万两银的资金方便周转。王和李被授权代理，而无须每名盐商单独与银行协商贷款事宜。② 两位纲总也成功地履行了此项任务，但也许这对他们来说有些太方便了。

灾　难

王贤宾及其同僚的厄运开始于1910年5月。德华银行要求直隶总督就贷给长芦盐商的108万两白银立案，并投诉王贤宾和李

---

① 《长芦盐运使司档》173.489，1910年10月3日呈文；173.486，1910年10月25日地方官的报告。王贤宾推荐康小亭接收经理，为严家保住引岸，事见《严范孙日记》1910年10月13日、10月25日、10月26日。
② 《长芦盐运使司档》173.178，1909年2月12日的呈文。这种权力并非没有先例，如周学熙就曾经授权纲总，代表芦纲公所全权处理位于奥地利租界的盐坨被奥地利驻军没收的事务。参阅《长芦盐运使司档》173.178，1909年2月17日王和李的呈文。

宝恒挪用部分贷款投资于高线铁路公司和欧美豆腐公司。① 一向不愿跟外国人打交道的陈夔龙对这有损尊严的要求极为不满,尽管立案仅是一个正常的行政程序,官方只需进行调查并确认贷款事实。② 陈夔龙把要求转给张镇芳,张立即命令王贤宾和李宝恒全面汇报盐商从外商银行贷款的情况。张镇芳为了自保,未等王和李做出答复,第二天就向陈汇报,申明对外商银行所提要求背后的动机并不清楚,盐商的贷款是商人和外商银行之间的私人交易,政府对此事没有任何责任。③

银行与总督之间的摩擦是通过何种途径化解的,根据现存史料难以看出。据报道,张镇芳在其上司不知情的情况下用公章和签名为贷款作保,从而使政府卷入外商银行和盐商之间的交易。④ 假如这指控属实,那么尽管谕帖有着"商借商还"的条文,他也应该早就清楚外商银行有可能要求政府为贷款负责。作为官方的答复,张镇芳命令纲总们立即归还德华银行的贷款,同时禁止他们再跟银行接触和安排新的贷款。这个命令一旦落实,将会使银行的业务大受影响。德华银行的买办孟淇在1910年7月26日通知纲总们,整个事件是"信件有误会之处"引发的,业务可以继续如

---

① 《长芦盐运使司档》173.178,1910年5月16日的信函。为了得到政府的保护,英国银行按惯例会将他们在中国的贷款向英国外交部备案,见戴维斯前引文,第253页。
② 汪辉祖:《学治臆说》卷上,第21页,收入《宦海指南》,1886年。接到请求的长官没必要做出答复或裁决。
③ 《长芦盐运使司档》173.178,1910年5月17日张镇芳致陈夔龙的报告。
④ 《国风报》1911年第2卷第9期,第3页。同年海关商务报告持同样的看法,只是理由有所不同:"通过他(张镇芳)的关于授权贷款的声明书,他使得自己成了使用这批贷款的担保人。"

常开展。盐商们则向盐运使汇报：尽管他们一再表示要立刻清偿所有欠款，但银行坚决拒收。

不幸的误会化解了，但商人是否拥有偿还能力的问题依然存在。1911年春天，法商东方汇理银行拒绝进一步扩大放款；而当盐商的几次分期还款未能按时交付的时候，德国领事通知陈夔龙，再次要求对盐商贷自德华银行的款项立案。华俄道胜银行和东方汇理银行很快提出同样的要求，他们的贷款总额高达491万两白银。① 他们要求开列一份关于盐商引岸、存盐、所有财产及其他投资的清单，由清政府核实存案。

陈夔龙恼羞成怒，马上把事情推给张镇芳。三天之后，张命令王和李汇报从外商银行贷款的数额。他批评王和李欺骗和拖延执行他的命令，并敦促盐商清偿所有外商银行的贷款。按王贤宾1910年的汇报，贷款总共仅320万两白银。来自外商银行的最新清单却达600万两，其中由王、李负责的就有328万两。② 张镇芳指责王、李二人滥用谕帖，把大量贷款挪为己用，投资于高线铁路公司和欧美豆腐公司，并说他两年之前就想严格处理此事。随着官方压力的不断增大，王和李最后报告，芦纲公所从各银行共得到700万两贷款。附录四中的表2、表3是部分盐商和债权人的清单。

可是解决问题比搞清债款困难得多，这一任务困扰了张镇芳好几个月，其间又一次导致天津经济危机。盐运使想尽快与个别

---

① 《长芦盐运使司档》173.458，1911年3月30日和4月11日的信件。
② 《长芦盐运使司档》173.458，1911年4月1日陈夔龙令张镇芳；《长芦盐运使司档》173.462，1910年11月份的报告；《长芦盐运使司档》173.498，1911年4月27日张镇芳令纲总。

外商银行达成协议,解决问题。他命令五天之内把长芦盐商名下价值100万两白银的津浦铁路和洛阳—潼关铁路股票转交德华银行,清偿欠款。① 但他没有考虑到那些从未向外商银行贷款的盐商:他们应得的铁路股份如何得到补偿?增加外国股东会不会与这些中国铁路公司的章程有所抵触?不出所料,盐商们拒绝执行这一命令。他们提出,为解决个别盐商私人投资所引起的债务纠纷,而让全体盐商放弃自己的财产是他们不能接受的。张镇芳的五天期限一晃而过,事情却毫无进展。

不过,有关各方人士都在继续寻找解决问题的办法。盐商们通过商会提出建议,主张降低利息并推迟还债日期。盐商们认为,多年来外商银行提供的周转资金已在顺利发挥作用,使得他们克服了许多困扰盐务和天津经济的困难,顺利完成向国家缴纳税金和保障民食的任务。盐商们拿自己跟1908年洋货进口商的境况相比——王贤宾也曾参与解决那场危机,请求政府给予同样的待遇。的确,盐商与进口商比较,资产多而外债少,更有条件履约。盐商们相信,如果还贷期宽延,利率降低,他们就能够偿还全部贷款。否则,盐商们会集体破产,其后果对于这一地区的经济,尤其是天津经济将是一场灾难。② 这项提议经商会批准后,当天就呈递给盐运使。商会同时建议与外商银行进行谈判,要求把还款期限延长三个月。两天后张镇芳批准这些建议,以求问题得到及时解决。在随之而来的谈判中,德华银行同意将还款的期限延缓一个半月。

王贤宾和李宝恒并未坐以待毙。在商会受命跟外商银行接触

---

① 《长芦盐运使司档》173.498,1911年4月4日张镇芳令纲总。
② 《天津商会档案》128.2.2068,1911年4月12日盐商致商会的建议。

的同一天,他们就向张镇芳提交了一个解决方案。他们跟其他盐商协商之后提议,汇总所有盐商的外债,以十八年为限分期清偿;所有涉及外商贷款的盐商,他们行办的引岸由一家盐号统一经营,并由公推选出德高望重的盐商经理,其利润统统用于偿还外商债务。为了表明他们愿意承担责任,王和李用预计每年能从高线铁路公司得到的30万两利润作担保。

在商会的一次会议后,其余的长芦盐商在王和李计划的基础上协调了意见,以保证芦纲公所内的团结一致。新的计划把还款期延长到二十四年,利率降至4%,同时提出建立一家公司以经营王和李的引地。另外,盐商还提议对芦纲作进一步改革:废除以铜钱和铜元为基础的价格制度,改用银桩。由于信贷紧缩,盐商还要求政府贷款以免延误盐斤运输。①

可是,盐商们对解决问题所持的乐观希望很快就破灭了。东方汇理银行拒绝与商会谈判,这一立场得到了法国领事的支持。他们认为,盐商经营着中国政府的专卖权,与法国银行之间的债款是中法政府的事务;如商会作为第三者——商人组织介入,这一国际纠纷的性质将会发生改变,成为商人之间的事情。法国领事坚持认为,任何谈判都必须在外国债权人和盐运使或其官方代表之间进行。

这一棘手的问题又抛回张镇芳的衙门。为了及时解决问题,他做了第二次尝试,具体办法是组建一家公司,接管没有清还能力的盐商的引岸和高线铁路公司。长芦盐商们可以继续经营盐业,

---

① 《天津商会档案》128.2.2068,1911年4月18日的建议。

条件是每引盐加付1两附加费(每年共得银30万两)。这样,再加上有偿还能力的盐商提供的9万两(每引以0.3两计算)和盐斤加价应得的14万两,分期偿付外国银行。① 属于累商部分的津浦铁路股份将转入其他盐商名下,作为补偿。高线铁路公司的利润将被指定用于偿还外债。张要求商会三日内对他的计划做出回复,但盐商们在由谁承担附加费的问题上争论不休。张镇芳气急败坏,罢免了王贤宾、李宝恒、何福咸和华学淇的纲总职务。依照张镇芳的想法,最新方案显示了他对盐商最大的宽容和耐心。他声称盐商们应该同舟共济,因为事情即使由像他这样"才识短浅"的盐运使处理起来其实也很简单:由他派委官员把引岸收归官办,"届时虞随虢灭,唇亡齿寒,即殷商亦断不能独立"。②

如果张镇芳指望盐商们听从他的警告,那他就得失望了。盐商们在由谁出资及怎样出资的问题上僵持不下。当谴责张镇芳及其属下贪污腐败的传言四起时,张的立场变得愈加强硬。③ 为了维护他的名声,他把盐商形容为贪婪成性的群体,声称在几乎两个月的时间里,他一直在等待盐商解决问题;既然未得到各方都能接受的办法,他就不得不采取行动。他命令知府和知县逮捕10名盐商,没收他们的全部财产。商会请求暂缓一时,张从北京复电同意宽延。④

盐运使怒气冲天的威胁促使盐商们努力寻求解决办法。就在

---

① 《长芦盐运使司档》173.498,1911年4月27日盐运使令纲总。
② 《大公报》1911年6月7日。
③ 《长芦盐运使司档》173.498,1911年4月20日盐运使令。
④ 《天津商会档案》128.2.2068,1911年5月2日商会请求宽限五天执行抄家命令的呈文。

暂缓期限的最后一天,多数盐商又提交了一份提议,请求盐运使批准:外债将按每年50万两银分期付清,包括累商引岸每引1两的附加费,有偿还能力的商人每引0.3两的附加费,以及每年由盐运使库提供的12万两,缺额由高线铁路公司的利润补足;最后还有一条:芦纲公所的全体盐商作保。① 然而,盐商就其相关责任仍在争执不已。"八大家"中"黄三大王"经营的振德和承德拒绝提供后备担保。② 与此同时,商会试图通过别的方案来减轻盐商的债务负担。商会接触开滦矿务公司和北洋保商银行,寻求220万两银的贷款,以高线铁路公司作担保,并由多数长芦盐商作后备保人。尽管这两家中外合资企业都答应这一请求,但总督和盐运使否决了这一建议,不准盐商再得到任何贷款。③

随着事件发酵,有关各方都从自己的利益出发提出解决方案,或者根本拒绝介入。外国银行在各自国家领事的支持下,都想确保他们的贷款得以偿还,最好能尽快全部清偿,如不能实现也应得到清政府官方的担保。张镇芳认为,那些创借外债先例的前任们都有责任。张镇芳的亲戚袁世凯也在一封写给严修的私信中以在任时"未能预为防杜"为惭。④ 张镇芳认为事情很清楚,贷款是盐商和外商银行之间的纠纷,他只是在外国领事和盐商不负责任地胡搅蛮缠的双重压力下被迫参与。至于累商,他们所关心的是尽

---

① 《天津商会档案》128.2.2068,1911年5月7日盐商的提议。
② 《天津商会档案》128.2.2068,1911年5月30日函。
③ 《天津商会档案》128.2.2068,宁世福1911年5月8日呈陈夔龙函,以及三天后陈夔龙的批驳。1911年5月17日,张镇芳赞成陈的决定。
④ 北洋军阀史料编委会:《天津市历史博物馆馆藏北洋军阀史料·袁世凯卷》第2卷,天津:天津古籍出版社,1992年,第407—408页,1911年9月4日函。

可能地保留自己的财产,办法是由整个芦纲和他们自己余下的财产作担保成立一家公司。但那些有偿还能力的盐商和根本没有向外商银行贷款的盐商,认为自己不应被卷入这场纠纷。

解　决

现存史料难以完全重构1911年5月底6月初所发生的一切。1911年清政府的海关贸易报告说,经过几个月的换文和直接会谈,外国银行如愿以偿,度支部指示直隶当局承担盐商的债务,并尽快清算债项。[①] 张镇芳在谒见载泽以后自北京发回的电报表明,中央当权官员也卷入了这场纠纷。[②]

作为君主立宪制中央集权主义的首要倡导者,载泽已经把重新安排盐税作为削弱地方督抚权力的一种手段,因为各省总督自太平天国运动以来已经控制了各省盐政和盐税收入。为达到这一目的,载泽被任命为盐政大臣,专责改革盐业专卖体制并解决各省之间因走私、省界管辖权问题而产生的冲突。他主张把盐政相关机构人员的任免大权集中于自己手上,并将地方挪用的原来属于中央的盐课收回。这些都遭到各省的强烈反对和抵制,载泽只能

---

① 国家海关署编:《1911年贸易统计》,上海:海关署,1912年,第152页。
② 关于他的"五舅"在袁世凯倒台后投靠载泽一说,见袁克文前揭书,第28—29页。

在皇权介入的情况下推行他的方案。①"皇族内阁"伊始,载泽被任命为度支部兼盐政大臣后,就实行了各省铁路国有化,与四国银团签订600万英镑的贷款。② 这些亲贵下定决心要重树满族中央政府的权威,对他们来说,由此不得人心的决定引起的四川保路运动和一些地区的一系列骚乱,不过是要付出的小小代价罢了。

张镇芳承受着被控受贿的压力,刚从北京与载泽商讨回来,便开始强化自己对盐商的立场。长芦盐商和外商银行间的商务纠纷,现在变成了盐商和清政府之间、地方官员和中央政府之间的博弈。1911年5月31日,张镇芳下令天津知府和知县执行他的命令。王贤宾和部分盐商自动投案;十名累商之一的刘士瀛则躲藏起来,官员逮捕了他的妻舅;官府还以子代父,拘押了华学淇的儿子。③

张镇芳并未就此罢手。1911年6月2日,他发布了一道更强硬的命令,向所有长芦盐商加征每引1.5两银的附加费,每年合计征得60万两银,用来偿还外国银行的债务。任何拒缴这笔款项的

---

① 《宣统政纪》1909年12月31日,1910年2月25日、4月13日、5月19日;《清盐法志》,北京:盐务署,1920年,卷5,第2—11页。在给袁世凯的私函中,张镇芳批评由满族亲贵推行的中央集权政策是胡闹,参见北洋军阀史料编委会前揭书,第2卷,第504页,1911年10月16日函。
② 铁路国有计划于1911年5月9日公布,贷款协议于1911年5月20日签订。关于贷款谈判的情况,参见景复朗等:《帝国主义及战争时期的香港银行:1895—1918》,剑桥:剑桥大学出版社,1988年,第439—450页。
③ 《国风报》1911年第2卷第11期,第3页;《长芦盐运使司档》173.4912,张镇芳分别于1911年7月11日和8月11日令天津县审判厅。遗憾的是,晚清民事诉讼法和刑法草案出台太晚了,盐商未逢其时。1911年9月呈交的草案第133条和134条规定,没收第三方财产、拘留被告人家属是违法的。

盐商都面临引岸被收回的危险。这一次,盐商们服从了盐运使规定的一天期限,同意了这种安排,以为这样累商的引岸就会免于被官方接管。① 然而,第二天一早,盐运使阐明他的命令:累商拥有或经营的引地,仍将被没收,改归官办。盐商们挨了当头一棒。他们原本以为承担附加费便能把那些累商的引地保留在商人手中由他们经营,因为用来偿还外国银行的银子毕竟来自他们的利润,不会花国家一文钱。即使是那些资金雄厚的商人也将被繁重的附加费拖垮,这不过是时间早晚问题,因为这些附加费的总额已达他们毛利润的三分之一。张镇芳本人大概也认识到,这一计划对那些从没有向外国银行借贷的盐商来说是不公平的。这一方案在他的默许下不了了之。②

可是,消极等待不能解决问题。于是张镇芳制订了另一个方案,从而奠定了清廷最终方案的基础:从大清银行举债 700 万两银,立即连本带利清偿所有国内外银行的贷款。③ 那些从银行贷过款的商人被分为三类:以王贤宾和李宝恒为首的 10 名累商为第一类,总债务超过 650 万两,被宣布破产,他们所拥有或经营的引岸,将被充公改归官办;第二类 5 名盐商,共欠债 25 万两,没有立刻清偿能力,但拥有足够的财产来抵销他们的债务;第三类 25 名盐商,共有 140 万两银行贷款,有清偿能力,债务宽限到五月底——1911

---

① 《长芦盐运使司档》173.498,张镇芳 1911 年 6 月 2 日奏折;《严范孙日记》1911 年 6 月 3 日。

② 《天津商会档案》128.2.2068,1911 年 6 月 4 日和 5 日盐商的呈文,1911 年 6 月 13 日和 15 日的《大公报》。还可参阅《严范孙日记》1911 年 6 月 8—9 日所记盐商之间关于附加费的争论。

③ 十四年间年息为 7%。参阅《长芦盐运使司档》173.506,张镇芳建议草案。

年6月25日,届时必须还清他们的洋债。① 为偿还大清银行700万两贷款,每年长芦盐商每引要加征1.5两的附加费,计每年白银90万两。这些再加上商人从盐斤加价中获得的"好处"14万两,十四年后本利共计银1456万两。还清大清银行的贷款后,余下的380万两将用来补偿那些未向外国银行贷款,却缴纳了附加费的盐商。为了避免再惹出类似的债务纠纷,张镇芳进一步提出:政府从此之后不再承认任何由盐商签订的贷款,不管是外国银行的还是中国银行的。不管盐商搞什么花样的担保,政府对他们的贷款都不会负责。引岸、存盐合同和其他与盐业无关的财产(如地产、股票)都被禁止用作担保。② 张的通告发给了驻津的所有国内外银行,通知他们清政府对盐商放款的立场。列强代表当然反对这种做法,他们严正声明,假如将来盐商再从外国银行举贷,外国领事仍可以要求中国政府协助解决相关的任何纠纷。③

当张镇芳将其最新方案(他称这一方案对维护中国主权以及国家对盐业这一重要税收来源的控制十分必要)公之于众之后,危机全面爆发。盐运使的举措给天津和其他地方的经济带来巨大冲击。银价暴涨,借贷难得,导致各种商务活动在端午节前结账的习惯被打断。由于国内外银行都拒绝在问题解决之前再放款,盐商

---

① 按官方审定,36名盐商没有任何欠款(包括严修),见《长芦盐运使司档》173.456和173.473。实际上,严还是向私人堂号和银行举债,见《严范孙日记》1911年5月20日、6月10日、6月16日。
② 《长芦盐运使司档》173.467,张镇芳1911年6月20日和8月20日令;《大公报》1911年6月30日。
③ 《长芦盐运使司档》173.473,1911年7月10日王克敏给张镇芳的报告。

们陷入财政困难,不得不仓促地寻找新的信贷来源。① 甚至像大名鼎鼎的"海张五"张家这样的殷实富商也感到周转困难。这个家族的债务仅区区20万两银,很容易用窖藏黄金来折算填补。但是白银供应短缺,这么多黄金一时很难找到买主,而张家又不愿意在兑换时蒙受损失。②

其余盐商呢?他们在公保10名累商的请求被驳回后闹作一团。③ 一位名叫张鸿钧的商伙接连向商会投书三封,明确表示反对盐运使的方案。他认为,这一方案无论对盐商还是对那些贷款尚未被处理的中国债权人来说都不公平;更为严重的是,由于他们的收入被官方截留,盐商缺乏资金周转,直接危及民食;盐运使的职责是维护民生而不是毁灭盐商;没收累商引岸改归官办,只会使本已对铁路国有化计划感到惴惴不安的人们更为不满。因此,他请求商会抵制盐运使的方案。④

其他盐商采取了一种较温和的方式。为了避免没收引岸改归官办,他们重申保存商办的方案:由其余有偿还能力的盐商组成一家公司来负责营运累商名下的引岸;大清银行的700万两贷款将通过芦纲公所每卖一引盐加征1.5两附加费的办法偿还。由"李善人"李家、"海张五"张家和"长源"杨家领头的六家殷富盐商联合提出另外一个方案:建立长芦保商公司接管破产盐商的引岸;作为

---

① 《大公报》1911年6月18日、6月21—22日;《天津商会档案》128.2.2068,43名盐商要求商会帮助获得低息贷款的呈文。
② 《大公报》1911年6月14日。
③ 《长芦盐运使司档》173.459,1911年6月3日和26日芦纲公所盐商们要求释放累商的呈文。
④ 《天津商会档案》128.2.2068,最后一份的日期是1911年7月4日。

获得这些专卖经营权的交换条件,他们将承担归还外国银行全部贷款和国家债务的全部责任。①

整个天津商界也像盐商一样陷入了困境,不少人因张镇芳决定无视累商拖欠其他中国人债务的事实而感到恐慌,有人号召罢市以示抗议。② 尽管总理已身陷囹圄,但商会仍在积极寻找解决办法。危机已使天津城区大部分商业活动停滞,当铺拒接10两银子以上的买卖。释放或宽大处理王贤宾的请愿书纷纷呈给张镇芳。③ 商会公开反对累商的引岸被充公。他们认为,连本带息地偿还外国银行和大清银行的贷款,却无视盐商拖欠中国商人大约200万两的债务,这将带来一场金融混乱,不仅影响天津,而且会影响整个中国金融市场。④ 群众召开集会,派代表疏通总督和省咨议局。他们带着辩诉状,要求保留盐业专卖制度,以便盐商清理全部国内外债务。⑤

为平息这次风潮,商会还向北京派出代表团。在进谒载泽时,他们敦请盐政大臣重新考虑张镇芳的方案。这一请求被视为干涉国事,当场遭到拒绝。⑥ 载泽发给陈夔龙一份措辞强硬的电报,指责商人代表虚张声势,煽动朴实的天津市民的情绪。总督受命要

---

① 第一个方案,见《大公报》1911年6月19日。第二个方案,见《长芦盐运使司档》173.459,1911年6月26日保商公司的方案和章程。该公司提供大约43万两银来帮助其他盐商解决债务问题,见《大公报》1911年7月9日。
② 《大公报》1911年6月6日。
③ 《长芦盐运使司档》173.459,1911年6月16日宁世福代表商会的呈文。
④ 《大公报》1911年6月11日;《长芦盐运使司档》173.459;《天津商会档案》128.3.2565。
⑤ 《大公报》1911年6月14、21日。
⑥ 《天津商会档案》128.2.2068;《大公报》1911年6月12、16日。

使警察处于戒严状态,保证社会秩序。天津知府害怕这样干会火上浇油,禁止代表团把他们在北京被训斥的经历向商会汇报。①

商会亦得到其他商人组织的支持。北洋商学公会(这是一个由华南驻津商人组成的团体)递交了一份请愿书,请愿书中列举了盐商,尤其是王贤宾和李宝恒为天津城市的许多公益事业所做的贡献。他们得到响应。洋行商和洋货商,亦以庚子乱后洋布庄受累最巨,而王设法维持华洋理事会,创立保商银行,"素识外洋官商佥以为中国不可多得之人",很快附议。另一份请愿书是以津埠全体铺商字号的名义呈递的。此外,商人活动家、天津工商研究会会长宋则久在一份单独的请愿书中,把王贤宾称为天津必不可少的人物。②

关注这场危机的不只是商人,天津市民也举行了群众集会。100多名来自地方自治机构、慈善组织、十八乡的代表联合求见总督、臬司、天津知府和盐运使,要求保释并宽大处理盐商。③ 许多受到王和其他盐商资助的公共组织如筹还国债会、体育社,慈善团体如广生社、延生社、施才社、保赤堂,也递交了请愿书。④ 学界代表林兆翰、华泽沅、严智惺等和毕业生,称王贤宾庚子以来办学如东一、东二蒙学,联合绅富扩充成民立第一小学,是天津一切小学教育的开端;此外,民立半日学堂,初等、中等商业学堂,普育女学堂,

---

① 《天津商会档案》128.2.2068,1911年6月14日电报;《大公报》1911年6月24日。
② 这些呈文见《长芦盐运使司档》173.459;《大公报》1911年7月20日。
③ 《大公报》1911年6月5日。
④ 《天津商会档案》128.2.2068,1911年6月3日6个公共慈善组织的请愿书,以及随后的一份由西北隅村民呈交的请愿书;《大公报》1911年7月10、21日;《长芦盐运使司档》173.459,1911年7月24、26日的请愿书。

军乐学堂等,都得到捐助,不单开北洋风气之先,"实为天津绅商中绝无仅有,是该绅一身之安危,影响学界甚大"。① 作为直隶禁烟会的会长,张伯苓单独向总督呈交了请愿书,列举了王氏对社会的主要捐献,请求从宽处理王贤宾。② 阖津水会也向张镇芳请愿,罗列了王在义和团运动时期为天津兴办的慈善事业。但盐运使丝毫不为所动,批称"伪众商之名,滥借外债,用如泥沙,是小惠未遍而贻害无穷"。③

由于影响到生计问题,天津人民表现出空前的团结,在召开了一次有300多名市民参加的大会后成立了天津维持会,从而使天津人的团结更有组织。刘孟扬、王梦臣和李子鹤当选为领导人,代表了一个由大众传媒、教育机构和自治机构组成的广泛联盟。④ 维持会的领导人主动与外国银行接触,寻求解决危机的出路,包括分期偿还贷款的可能性。对于这最后的建议,银行家给了较为乐观的答复,但维持会领袖未能及时见到张镇芳。到1911年6月10日他们谒见张镇芳时,张却告诉他们,此事已在他职权之外,由在北京的盐政大臣载泽决定。当天清晨,对另外五名盐商抄家的命令亦已签发了。⑤

为确保天津经济的活力,维持会决定继续他们的努力。一个代表团被派到北京去拜会载泽,他们毫不含糊地正告盐政大臣:政

---

① 《长芦盐运使司档》173.459,1911年7月27、29日和8月27日的请愿书。
② 《大公报》1911年8月3日。
③ 《长芦盐运使司档》173.459,1911年8月8日的请愿书。
④ 《大公报》1911年6月7日。王是天津公学校长,李是天津县议事会议长。
⑤ 1911年6月6日与外国银行家的会议,见《大公报》1911年6月9日。

府接管盐商引岸,将危害千百万人的生计,并严重影响国家的稳定。① 维持会在一份呈递给省咨议局的请愿书中指责张镇芳姑息外国银行而无视国人的利益。为壮大声势,代表团还拜会了天津同乡徐世昌——当时的协办大学士,呼吁在京供职的天津同乡给予支持,反对官办引岸。② 考虑到桑梓福祉,天津籍的京官于1911年6月18日开会,决议等待最后方案出台,然后再决定是否弹劾张镇芳或者请求总督的帮助,以期事情有个公平的解决。③

实际上,社会上已普遍对张镇芳表示不满。《大公报》已把他称为长芦盐商的公敌。李士铭创建的君主立宪促进会请求总督再予考虑:要求那些从未涉及外国银行贷款的商人缴纳每引1.5两银的附加费,显然是不公平的。按照张镇芳的方案,一旦还清外国银行贷款,高线铁路公司的利润将用来补偿能够还贷的商人;但对这些商人的赔偿毫无保证,因为无人能担保高线铁路公司有足够余利来应付这一责任。促进会还指出,把铁路公司股份充公的做法即使不违法,也不妥当,因为这是芦纲公所全体盐商的共有财产,而不是10名累商的个人私产。引岸收归官办也成问题,因为国家缺乏专门人员来经营和管理盐业,从前张镇芳办理永平七属的情况已经表明了这一问题。再者,撇开盐商便意味着撤掉了防御外国势力直接控制并经营中国盐业的最后一道藩篱。④

---

① 1911年6月10日的呈文刊登在《大公报》1911年6月20日。这份呈文也抄送总督和农工商部。
②《大公报》1911年6月10—11日;6月3日致天津籍京官函刊于《大公报》1911年6月21日。
③《大公报》1911年6月19日。
④《长芦盐运使司档》173.459。

县议事会也召开了一系列聚会来讨论这场危机,为缓和局势做了尝试,但这尝试同样落空了。议事会不满于张镇芳偏重外国银行贷款而无视破产盐商拖欠其他中国债权人的做法;他们也不同意张的最新方案,尤其是对被认为有偿还能力的 25 名盐商须在当月内偿还他们所有贷款的要求。议事会决定向省咨议局呈交一份批驳张氏方案的请愿书,并由省咨议局转呈总督和盐政大臣。①

请愿书言辞激烈。县议事会明确反对盐运使没收累商引岸的方案。除了指出这将给本地经济带来灾难性恶果,他们还指出一系列尖锐问题:谁也无法保证官办有盈利,但由一大批官僚带来的受贿及其他一些问题是不可避免的,政府经营天津武清口岸的短暂尝试和永平由政府组织的缉私武装引起的骚乱便是例证。② 但是请愿者更为关注的问题是政府参与了这场危机的解决。由国家来承担破产盐商对外国银行的债务将是一个危险的先例,这意味着在盐业商务中让外国利益直接介入。议事会把最近政府铁路国有化的企图和接管盐业专卖权的做法进行了比较,警告当局注意将会席卷河南和直隶的危机和骚乱。

对于有关的官员来说,这种对官方权威和能力的批评和挑战是难以容忍的。张镇芳把议事会所提的荒谬问题推挡回去;同样,载泽也把请愿书批驳回去,并在给陈夔龙的电报中把这种请愿定性为"煽动"。载泽的论调激怒了议事会,他们表示要集体辞职以

---

① 《大公报》1911 年 6 月 8、10、13 日;《长芦盐运使司档》173.459。
② 由姻亲袁世凯差委,张镇芳就是因为办理永平盐务"著有成效"被密保的,交军机处存记,见《署理直隶总督杨士骧为密陈长芦运司张镇芳考绩事奏片》1907 年 12 月 16 日,中国第一历史档案馆等编:《清代长芦盐务档案史料选编》,天津:天津人民出版社,2014 年,第 561 页。

示抗议。总督怕再惹出更多麻烦,把这棘手任务交给知县,要他想尽一切办法安抚这些议员,让他们继续供职。①

平息省咨议局中同样强烈的抵制官僚的情绪却不那么容易。咨议局的成员提出许多尖锐问题要求张镇芳回答:既然长芦盐运使签发的谕帖规定盐商负责偿还债务,那么为什么外国银行尚未正式起诉商人,张镇芳却逮捕了王贤宾和其他盐商?张镇芳强迫所有长芦盐商在1911年6月25日前还清所有华洋银行贷款,如果大部分盐商还有偿还能力,为什么他们必须立即还清全部贷款?咨议局还认为,张氏不考虑引岸的商情、盐商的成本,要求所有盐商都必须缴纳每引1.5两银的附加费,同样不公平:张氏有权把这一额外负担强加于这些无辜盐商的头上吗?难道他不应该至少部分地对其疏于管理所辖盐务负责吗?咨议局决定弹劾张镇芳,指控从张氏1909年就任盐运使以来,他的文案书办黄承庵每签发一次谕帖都要收费1万两银,而张本人也吃了贷款的5%作为回扣。张镇芳的方案不过是企图掩盖他的贪婪和无能。②

尽管这位盐运使认为没有必要对这些指控做出回答,但很快又有一些其他问题摆在面前。由于全国范围的反对铁路国有化浪潮,广东、湖南、湖北支行出现了抢兑局面,使得大清银行难以提供张氏所需要的700万两银贷款。既然这一财源不可靠,他也只好再去找外国银行,商请考虑重新安排清还这笔债款。③ 不管协商结

---

① 《大公报》1911年6月23—24、26、28、30日。
② 《大公报》1911年5月17日、6月12—13日、6月15日、6月17日、6月27日、7月1日。
③ 《大公报》1911年6月22、24日。

果如何,张的意图很明显:尽快偿还外国银行贷款,把引岸收归官办以避免更多的麻烦。据报道,六天之后,他向接管累商引岸的官员提出要求,每引须向国库缴纳利润 2.5 两银。① 在张氏看来,应受指责的是盐商。正是累商和其他有偿还能力的商人在谁应付出多少的问题上争论不休,妨碍了问题的尽早解决,使外国银行和上司都对他表示不满。他别无选择,唯有尽快安排解决外国和国家银行的贷款,把引岸收归官办方为上策。②

盐政院呈给皇帝挽救芦纲的奏折正是基于张的最后方案,理由冠冕堂皇:盐商订立合同不负责任,其后又违反贷款条约,为避免更多纠纷和失信于外国债权人,同时也为了保护国家利益,政府只有出面干预。盐政院的方案与张氏方案的主要不同在于,如何支付大清银行贷款的利息。与盐运使方案中规定的芦纲公所其余所有商人都要交每引 1.5 两银的附加费不同,盐政院的措施是在十四年内把债款还清,款项来自七个方面:每年官办累商引岸利润 50 万两;四次盐斤加价中盐商所得 18 万两;津武口岸利润 4 万两;缉私预算 3 万两;王贤宾和李宝恒所有、收归官办的高线铁路公司每年利润约 30 万两;官办永平七属收入将作为后备担保;盐运使将把未来二十八年的盐税收据交给银行作为抵押。朝廷于 1911 年 7 月 3 日批准了这个一揽子计划,并同意了载泽的建议:尽管张镇芳在任内或许有过失,但他积极有效地寻求解决问题的办法已经将功补过,目前宜保留他长芦盐运使的职位,以保证官办引岸顺利经营。

---

① 《大公报》1911 年 6 月 31 日。
② 《长芦盐运使司档》173.526,1911 年 7 月 3 日奏折;《清盐法志》,北京:盐务署,1920 年,卷 18,第 7 页。

结 局

1911年7月17日,王贤宾家被抄,家人从城内二道街有88间房的宅邸被赶出,暂住直隶巡警道杨以德的宅院中。① 李宝恒家也遭同样厄运。当天上午晚些时候,张镇芳满意地视察了王家和李家的家产和已腾空的宅邸。在天津商会的监督之下,官府从1911年8月14日开始清点查抄物资,包括家用器皿、古玩、衣物、家具,等等。

然而事情仍未完全解决。② 到处有人闹事,中国的债权人也对破产盐商提出诉讼,这又迫使政府进行调解。尽管盐运使不愿意牵涉在内,但他最终还是明白,中国债权人对累商提出的赔偿要求同样是正当的。③ 他提议以每元债额折兑16分的比率打发这些债主。商会受命处理此事,贴出通知,在报纸上做广告,要求债权人就他们对累商的赔偿要求进行登记。④ 一个月之后,数以百计的债权人包围商会,商会则寻求张镇芳的关注和支持。拍卖盐商财产

---

① 《大公报》1911年7月19日。其他累商没有得到盐运使的"眷顾",例如王凤岐的宅邸就仅由长芦分司、天津知府和知县检查,见《大公报》1911年7月28日。
② 《长芦盐运使司档》173.491;《天津商会档案》128.3.2587,商会致盐运使函。盐商财产的清单,见《长芦盐运使司档》173.459,173.491,173.493,173.500,173.517。
③ 《大公报》1911年7月14日。
④ 《天津商会档案》128.2.2068,1911年6月12日的通告;《大公报》1911年6月29日。

只得到32万两银,但他们的债务高达180万两。① 盐运使十分恼怒,拿出60万两想把索赔者打发掉。接下来他又和债权人进行了谈判,最后又从大清银行举债60万两,由高线铁路公司预期利润偿还,再加上长芦盐运使金库提供的10万两和累商11万两的铁路股票和债券,总共得到81万两来解决问题。这样,债权人大约得到折半的赔偿。这跟外国银行债权人的待遇相比显然不公平,但比盐运使起初的安排已经好得多了。②

债权人或多或少得到了安抚,但把累商经营的引岸改归官办引起的法律问题仍然层出不穷。只要累商的引地是租来的,其改归官办后就会冒出一系列复杂问题。按1906年的破产律,由破产商人租办的第三方财产应该归还原主。③ 退一步说,要是这破产律已被取消,无法可据,政府能违背地方习惯而单方面地成为租办契约的继承人吗?政府可以强迫业商允许他们经营这些引岸直到债款全部还清吗?如果答案是可以,那么现租、押租等问题又如何解决?④ 所有这些问题最终都是按官方的意志解决的。尽管张几乎是在事后又决定,既然大部分没收的引岸是由累商租办的,那么租金应该如约付予业商;但他很快又加上这样的条件:由业商掌握的

---

① 《天津商会档案》128.3.2565,1911年8月17日商会的呈文;《长芦盐运使司档》173.459。李宝恒收藏的一幅乾隆皇帝书法作品估价8元,而另一幅康熙御笔估价120元,见《长芦盐运使司档》173.500。
② 《大公报》1911年10月5日;《长芦盐运使司档》173.503,1911年11月25日张镇芳致总督的报告。
③ 《大清新编法典·商务》,台北:文海出版社,1987年重印,第三章"破产法",第43、45款。
④ 这一问题在陈李氏起诉陈秉璋租办临城引岸的案例中提出,见直隶高等审判厅编:《直隶高等审判厅判牍集要》,天津,1914年,第2卷,第130—132页。

押租必须先还给政府,然后业商才能得到租金,因为业商们应该对他们草率出租引岸给这些累商的决定负有责任。当这一决定遭到盐商强烈反对时,他做出一些让步:不再要求立刻还清全部押租,而是让业商得到一半租金,其余一半则扣抵归还押租,直到完全付清为止。这安排也跟地方习惯严重背离:押租只有在契约期满而且不再续租,业商收回引岸时,才需要"原装原卸",全部清还。①

随着政府措施的公布,王贤宾和其他累商于1911年8月13日被释放,交天津商会监管;天津的经济也逐渐恢复了常态。② 这一系列事件的经济后果会影响数年——如果不是数十年的话,而且会不时地重新困扰官员和商人。1912年,德国领事通知北洋政府财政总长,前任天津海关税务司德璀琳曾借给何福咸10万两银,年利率15%。③ 鉴于中国政府已对累商的借款负起了全部责任,如果德璀琳得不到赔偿,那将是不公平的。盐运使承担了责任,用没收引岸的利润把贷款连本带息一次性了结,以避免更多纠纷。

1911年的长芦累商洋债风波是清王朝灭亡前夕一系列冲击天津经济的金融危机的最后一次。毫无疑问,一些盐商应该对借贷负责,对过分举债负责。但导致他们衰败的因素复杂多样。张镇芳和其上司的举措暴露出盐业专卖体制及其所依据的法律基础的模糊性和局限性。谁真正"拥有"这些专卖权?盐商对国家和其他有业务关系的机构到底有什么样的权利和义务(包括法律上的和

---

① 《大公报》1911年7月28日;《长芦盐运使司档》173.457,1911年7月22日"德庆成"的呈文。
② 《大公报》1911年8月14日、10月7日。
③ 《长芦盐运使司档》173.491,长芦盐运使呈度支部大臣。

信用上的)？很明显,在晚清,外国利益比诸直隶省咨议局之类的机构更有影响力。然而这个清政府,不论软弱到什么程度,还是能够合法地把自己的意志强加于臣民。根据这种解决办法,大清银行的贷款基本上是由盐商的引岸利润连本带利偿还的。政府实际上没收了10名累商的引地、财产、投资,以及他们名下的铁路股票和债券。

尽管张镇芳一直在国家利益至上的传统下行事——这意味着要毁掉一些盐商,但他的决定也超越了法律和地方习惯法。以业商不察为由就使他们丧失一半应得的现租,这种做法即使与破产法没有冲突,也有违天津的地方习惯。张镇芳和其他官员要求有偿还能力的盐商月内偿还所有中外贷款,但对此决定他们未做出任何令人信服的解释。张镇芳规定盐商即使能提供与盐业无关的财产作担保,也不能获得贷款,这看起来是一个对盐业异常严厉的要求。如果"黄金十年"轰轰烈烈的政治、法制、经济改革的目的是为经济的发展奠定基础的话,那么这些改革还存在方案如何落实的问题。

不管把盐商的困境归咎于谁,他们的特权总归是被冲击了。这些"必不可少"的市民领袖成为阶下囚,而记载他们贡献的牌坊却矗立在大街上。① 王贤宾和累商被逼破产,他们在近代工业领域的投资被没收,引岸被政府接管。几个世纪以来的社会和经济变迁,也比不上一朝的政治需要。

具有讽刺意味的是,就在王贤宾和其他累商被抄家五个月后,

---

① 一座为王贤宾、李宝恒记功的牌坊于1903年建成,见《大公报》1911年7月10日。

武昌起义爆发,清廷被逼起复袁世凯,又任命严修为度支部大臣接替载泽。但严力辞不就。左支右绌的署理度支大臣绍英发出谕帖,通知长芦盐商,要他们为镇压武昌起义慷慨解囊。当这些"草民"对此冷漠观望时,官员只得改募捐为息借。① 但与他们的先辈帮助镇压太平军不同,也跟两淮盐商不一样,长芦盐商踌躇不前。② 孙洪伊更代表省咨议局与滦州地方驻军联系,以咨议局的财政为保证,动员驻军宣布独立,在天津组织一个临时政府。③ 虽然起义未能成功,但无论如何,世道确确实实是变了。

---

① 《大公报》1911年12月31日;陈鑫、杨传庆整理:《严修集》,北京:中华书局,2019年,下册,第808—811页。缪志明:《辛亥革命时期的严修》,《天津史志》1993年第4期,第31—35页。
② 两淮公所的盐商在辛亥革命期间资助镇压扬州起义,见周志初:《晚清的两淮盐商》,《盐业史研究》1988年第3期,第47页。
③ 张朋园:《立宪派与辛亥革命》,台北:台湾商务印书馆,1969年,第198页。

结　论

　　1912年2月12日,溥仪逊位,清王朝灭亡。在九个月之前,王贤宾及其同伴们企图冲破旧秩序桎梏的尝试,被当权者以六岁皇帝的名义扼杀。当然,较之武昌城外战斗的胜负、宫廷内的钩心斗角和南北议和等政争,盐商们的事迹缺乏戏剧性。然而,社会、经济的变革,虽然当事人难以觉察,却巨大而影响深远。

　　天津最初作为边疆地区的一个"卫",主要居民是卫戍士兵。在被不断的政治动乱摧残的四个多世纪经济周期中,在沿海、运河及内地贸易的推动下,天津由一个滨海小堡发展为华北地区的主要经济中心之一,为其广大腹地提供了金融、交通和保险方面的服务。从南方和华中地区输来的商品,经由天津转往内地,远销西北僻远的新疆、宁夏和蒙古等地,甚至更远的地方。随着北方平原地区农业产品的商业化,农户生产的手工业品也开始加入商品流通的大循环。19世纪,华北的贸易越过高山,穿过荒漠,通过一个广泛的网络把农村的家庭经济与城市商人及牧民联系起来,在彼此促进的商业化进程中,结合为一个整体。

在此过程中,天津商人在盐商的带领下成为市民中的主导者,他们的商业活动显示出政府在经济上的干预。盐商作为盐业专卖的经营者,形式上仍是政府的代理人,负有缴纳税金的义务。但作为回报,盐商享有政府赋予的在指定地区垄断运销食盐的特权。与其他国家的包税体制不同,中国政府没有将盐业专卖权定期招标;相反,专卖权是世袭的,并且可通过全部出售或在一定时期内出租的形式转移产权和使用权。所有这些都是通过合法契约安排的,同时受到商人自己的习惯法及纲总相当大的影响。商人们突破地区同乡的局限,由自己组建的芦纲公所进行买卖引岸,以及通融、代销盐斤等商业行为。尽管他们未能摆脱官府而自治,但通过不时的捐输、报效,他们得以周旋于达官显贵之间,上至天子,下至差役,左右逢源,从而在力所能及的范围内对政府的政策产生影响。因而,盐商已不再是传统社会中处于士、农、工之下的卑贱商人了。

许多盐商采用家族战略以促进资本的积累和自身的社会再生产。男女家长的权威得到了政府的认可,并受到儒家"孝悌"观念的维护。他们协调家族内部的分工,优化人力资源配置。几代人共同生活在精美雕砖院墙围筑的豪宅之内,家族中的每个成员均可享用共同的收入,家族中最有才干的人还可把收入投资到有利于家族发展的事业中去。以契约形式构成的家族成员间的合作关系,是为了分散投资,降低风险:通过借用他人名义或采用堂号使所有权隐蔽起来,从而使责任牵连降至最低程度。

作为家族策略的重要构成部分,早婚和纳妾可以在可能的范围内保证家族有男性继承人。按照传统习惯,长子要被培养成能够接管家务的人。男性后代从私塾开始接受教育。除了体面,这种教育还大有用途,尤其是当某人想要顺利通过科举考试的时候。功名身份不仅是投身仕途的前提,而且能使家族利益得到庇护。因为,依照大清律例,一个有功名身份的违法者,在其顶戴未被剥夺之前既不需跪着回话,亦不能被动刑逼供。虽然培养一个年轻人取得功名耗资不菲,但这是一笔合算的投资。在家长的领导下,为了维护家族的利益,城市精英之间连续几代人的联姻一直维系下来。

长芦盐商以银子为桥梁,通过介入高层官僚网络及朝廷,实现了他们的社会目标。他们采用了一种网络策略,从而使自己在官府与地方社会之间左右逢源。除了书画、古玩的收藏,慷慨好客、诗社和堂会已不仅仅是对文化的雅好,亦是一种投资,虽或被讥讽为附庸风雅,却可以建立起关系网,化私为公。另一方面,许多涉及家族纠纷的案例表明,盐商的家族生活并不和睦。在相互扶持的道德表象背后,家族本身也在不断演变。后代长大成人,父母的权威随之下降,个人的利益不断冲击着财富共享的传统,对家族造成破裂的威胁,随之而来的便是新一轮的家族重建和发展。因而,这些城市中的大家族具有极强的应变能力。当他们成功时,这些策略使他们的影响远远超出商业范围,而对当地、周边地区和全国精英构成的网络产生影响。这就扩展了他们的商务活动,增加了资本积累,保护了他们的家族。

正是通过这些网络组织,天津的富商和士绅捐资兴办了各级各类学校,从幼稚园、小学、中学到现代大学,为这个民族培养了急需的大批人才。他们还组建起水会,兴办慈善事业,修筑道路、重建城墙、资助团练。他们的艺术品收藏、诗社、园游之会、斗蟋蟀、唱戏及出会等活动,为城市文化生活定下了基调。在一个五方杂处的城市里,他们虽非土生土长,但并没有使自己处于劣势。事实上,这许多活动使他们的邻里以至全体市民引以为荣。

所有这些因素使富商巨贾们在城市公益服务活动中的动机具有复杂性。他们甘愿为乡亲们的利益捐献巨资发展公共事业,这似乎可以理解为急公好义。然而,仔细考察一下这种始于16世纪的公益活动便可看出,它源于官方的鼓动和庇护,虽然服务对象是广大的市民,但其组织并非开放性的。于此可以看出,他们之间非亲即故,或者两者兼而有之。他们的活动增强了社会的稳定,而不是对国家构成挑战。双方都从这一共生现象中获益:国家和当地政府发现,本可能构成问题的事情得到解决,而商人也得到一定的社会尊重和威望。

1853年,太平天国派出的北伐军进抵天津,这成了对商人政治倾向的一次严峻考验。虽然起义军在策略上的失误注定了他们的厄运,但盐商在金钱和物质上的慷慨捐输也支撑了整个城市的防御。张锦文也许是为其主子的利益而效力的,其他盐商则完全是为了保护这座城市而贡献力量。在这一过程中,他们同时支持了清政府。

由于清政府同时经受着国内民众起义和外敌入侵,盐商作为天津商人中的精英逐渐担当起越来越多的管理地方事务的责任。在清政府的统治不断退缩和外国势力不断扩张的缝隙中,他们非官方、补充性的角色,逐步变得正规化和合法化,商团、铺勇就是例子。商人精英的影响,尤其是在义和团运动之后,深入一直由士绅和官府独占的教育等领域中。他们不仅资助创建地方教育体系,而且帮助设计教学课程。在晚清立宪维新的影响下,天津建立起各种自治机构和省咨议局,为盐商增进自身的利益提供了合法途径,同时也进一步强化了他们的组织。

尽管盐商拥有财富和影响力,并以家族策略来保持其社会地位和经济地位,但他们中只有极少一部分巨商设法摆脱了19世纪到20世纪初困扰国家和地方的经济问题与危机。随着清朝的衰败,内忧外患纷至沓来,它不得不广辟财源以维持收支平衡,盐商被迫承担了至少185项名目繁多的税收和费用,以及盐斤不断上涨的价格。中国进入世界经济体系动摇了其银、铜双币体制,铜钱价值大跌,使盐商蒙受了重大损失。此外,义和团运动之后盐商花了100多万两白银才赎回被八国联军劫持的存盐。

为了自救,盐商们扩大了经营范围,由单一经营盐业扩展到经营银行、保险和其他行业,从而加入城市早期工业化的行列中。这些"传统"商人成了"现代"工业企业家中的先驱者,他们投资于卷烟、火柴、蜡烛、肥皂、铁路、煤矿、玻璃和水泥等行业,在其中的某些企业中,他们还担当了经理。他们的盐已不局限于在长芦地区出售,而开始向外出口,并且在国外进行投资。

为维护其经济利益,天津的商人还把自己组织起来,由盐商领导,组建起国内最早的商会之一。作为同盟组织,商会提供各种各样的公益服务,并提出计划帮助解决20世纪初震撼天津的财政危机。商人们还参与了自治运动,并鼓吹君主立宪制。他们作为巨额纳税人被选入地方、省和全国的议会。他们以人民代表的新身份开始对税收的征缴和使用提出质疑。

然而,盐商因把大部分资金投于盐业,产生了经济上的依赖性,这使他们极为脆弱。清政府的统治虽然已成强弩之末,但仍拥有足够巨大的惯性和组织来维护其权威。1911年春天,当洋商对贷给盐商的700万两银表示担心时,外国领事为维护本国人利益所进行的干涉造成了一场严重危机。清政府迫使盐商在当月之内清偿国内外一切银行借款。由于盐商无力偿还,清政府在辛亥革命爆发前几个月,没收了包括商会会长在内的10家盐商的财产。这些盐商的宅第、古玩、家具和工业投资全部被没收拍卖,他们所拥有或经营的长芦引岸(约占长芦盐区三分之一)也被清政府接管。

对长芦盐商特权世界的冲击,在天津社会变化和经济进程中画上了一个句号。毫无疑问,许多盐商不择手段地赚钱,因卖盐掺假而遭民众痛恨。他们也不是拥有远见卓识的新时代先驱者,但在晚清的危急关头,当旧秩序在它自身和外部帝国主义的双重压力下出现裂痕时,这些商人开始认识到自己的作用。唇亡齿寒,余下的盐商跟他们的先辈和两淮同行不同,对处于风雨飘零之中的清政府不再努力捐输。他们袖手旁观,却苦心维持桑梓。清廷以高压手段处理这次风潮,更促成了士、商和广大市民的联盟。

当然,把这说成中国已发展成一个开放性的市民社会,无疑夸大了19世纪末至20世纪初社会、政治、经济的变化。同样,要把一个以西欧各国经验糅合而成的理想化典型,一成不变地在中国实现,也是不可能的。天津的历史表明,它的发展是迂回曲折的,甚至可以说是倒退的。民国肇始,并没有建成一个更开明的政体。

在内忧外患的压力下,关于中央与地方关系应该如何调处的争论,好像变得无关宏旨。尽管地方精英不断请愿,但袁世凯一改昔日的态度,于1914年干脆取消地方自治。为了国家的富强,中国所需要的,不是更多的无谓争论,而是一个强有力的中央政权。王贤宾和他的伙伴,虽已恢复自由,开复职衔,但政府断言他们"信用已失,名誉有损",不能再为桑梓服务。昔日的社会地位和影响已成过眼云烟,继之而来的乱兵和军阀——合法的暴力,轻而易举地蹂躏了这个城市,处于萌芽状态的资产阶级穷于应对各种危机。刘伯温的谶言"天津无有刀兵之苦,只透水火之灾",放在天津近现代史中,亦无复昔日的灵效。

附录一(A) 接受长芦盐商养廉银和其他津贴的政府官员清单

(1793年,单位:两)

官员或机关	银额
盐政	20 000①
盐运使	5000
盐运副使	2000
分司	1000
盐政衙门书吏饭银	800
笔帖式银	4607.73②
笔帖式考察银	600
护军校银	3380.5
都察院饭银	1374.69
翰林院饭银	53.33
内阁饭银	133.33

---

① 1723年设立。五年后,规定其中300两用于整修天津城墙。1749年,注明5000两汇往内务府。1771年乾隆皇帝又取走11 700两,只给盐政留下3000两。这迫使其每月从盐商那里额外追缴800两作为津贴。1810年,盐政的养廉银最终达到1万两,见《清盐法志》,北京:盐务署,1920年,卷38,第2页。尽管发生了这些变化,盐政每个季度还得向皇帝纳贡。参见林永匡:《乾隆时期长芦的盐产与运销》,《河北师院学报》1983年第4期,第38页。长芦盐政例贡单,见中国第一历史档案馆等编:《清代长芦盐务档案史料选编》,天津:天津人民出版社,2014年,第202—203页。

② 1723年撤销,此银转解内务府,见《长芦盐运使司档》,北京:中国第一历史档案馆,173.225。

续表

官员或机关	银额
直隶总督号银	8293.91
天津道	2000①
天津知府	1600
天津知县	400
奉天将军	6000
天津镇	2600
沧州分司	2000
户部山东司	2200②

资料来源:《清盐法志》卷38,2a;《长芦盐运使司档》173.225;《故宫文献》1971年第3卷第4期,第160页;《大清会典》"户部",卷20,第8b—18b页。

---

① 最初定为7000两,雍正皇帝认为过分慷慨了,他指示莽鹄立询问当时的满族巡抚这笔钱的用途。在随后的讨价还价中,这笔钱最终由皇帝定为2000两,见莽鹄立1723年9月折,《故宫文献》1971年第3卷第4期,第160页。
② 《大清会典·户部》卷20,第8b—18b页。

附录一(B) 各地官员收取盐商的年度规费(1911年)

地　区	官　员	名　目	数　量
直隶玉田县	知县	规费	700两
		寿礼	20两
		节礼	112两
		太太寿	20两
	捕厅		30两
	都司	节礼	200两
		寿礼	8两
		太太寿	8两
	合计		1098两
宝坻县	知县	规费	600两
		寿礼	48两
		三节	72两
	新任知县	半季规费	75两
		盐	17 100斤
丰润县	知县	规费	400两
	新任知县	礼	12两
		盐	57 742斤
宁河县	合计		3995两
蓟州	合计		1839两

附录一(B) 各地官员收取盐商的年度规费(1911年)

续表

地 区	官 员	名 目	数 量
遵化县	合计		1623 两
以上六县共计			15 947 两
新乐县	县署		292 000 文
		两寿银	34 两
		到任规	70 000 文
	承发房		14 000 文
	门口		3200 文
		盐	2400 斤
行唐县	县署		276 000 文
		四节	72 两
		寿礼	18 两
		到任规	18 两
		盐	2400 斤
临城县	赵州州署	规费	45 两
	临城县署	规费	576 000 文
	正佐各署	规费	45 两
			1 085 000 文
		盐	3672 斤
柏乡县	县署		84 两
	正佐各署	规费	208 两
		盐	1920 斤

289

续表

地　区	官　员	名　目	数　量
隆平县	县署	节敬	88 两
	正佐各署	规费	262 两
			680 620 文
		盐	1320 斤
河南汲县	知县	规费	453 两
		封银	45 两
		寿礼	33 600 文
	正佐各署	规费	522 两
	各署书差	花费	17 两
			137 000 文
		盐	6890 斤
辉县	知县	规费	508 两
	正佐各署	规费	531 两
	各署书差	花费	25 两
			78 000 文
		盐	6689 斤
		禁贩私告示	4000 文
获嘉县	知县	规费	498 两
	正佐各署	规费	591 两
	各署书差	花费	120 000 文
		盐	4800 斤

附录一（B） 各地官员收取盐商的年度规费（1911年）

续表

地 区	官 员	名 目	数 量
延津县	知县	规费	199两
		三节礼	1500文
	捕厅	规费	199两
	正佐各署	规费	199两
			又 477 800文
	各署书差	花费	34两
			又 239 000文
		盐	4316斤
封丘县	知县	规费	524 000文
	各署书差	花费	147 715文
		盐	3588斤
长垣县	知县	规费	176 000文
	新官到任	规费	8 800文
		寿礼	34 000文
	正佐各署	规费	362 000文
	各署书差	花费	119 900文
		盐	2388斤

续表

地　区	官　员	名　目	数　量
长葛县	知县	规费	396 000 文
		节礼	36 000 文
		寿礼	12 000 文
		太太寿礼	12 000 文
		盐	3227 斤
禹州	知县	规费	480 000 文
		其他费用共	1 280 260 文
		盐	6995 斤
温县	知县	规费	627 两
		盐	5067 斤
阳武县	常年道委	差费	4.8 两
	常年府委	差费	8 两
		衙规	460 000 文
	巡警局		120 000 文
		盐	720 斤
郑州	知州	规费	128 两
			又　1 008 000 文
新郑县	知县	规费	480 两
			又　2 430 249 文
			又　　36 元

续表

地　区	官　员	名　目	数　量
洧川县	知县	规费	253 两
			又　4 610 500 文
中牟县	知县	规费	246 两
			又　3 630 736 文

资料来源:《长芦盐运使司档》173.497。

附录一(C) 五月份某盐子店收入和开支情况

(单位:文)

收　　入	
羡余	53 090
房租	8000
皮羡	1848
小计	62 938
支　　出	
巡司月盐(20斤)	840
巡司役纲钱	200
巡司役送套礼赏	200
地方三名节礼	300
水夫节礼	200
地方三名纲钱	600
巡司吉礼	4000
把总纲钱	2000
巡司门公纲钱	500
巡司先生纲钱	500
小计	9340
送报账	400
路更	600
总司拉钱车役	1200

续表

娘娘庙戏钱	9000
运夫	3000
租金	6250
购煤	3000
薪金	14 000
伙食	14 000
小计	51 450
开支累计	60 790
净利润	2148

资料来源:见正文。

附录一(D)　长芦盐税年表

满族入主中原,同时继承了明朝政府的财政体制,收入指拨特定的财政开支,从而使政府的财政收支保持平衡。当国泰民安的时候,这一体制能够正常运作;然而,一旦出现自然灾害或在兵荒马乱的时候,财政就会出现紧张的局面。最初,出于政治的考量,为了安抚那些对明朝忠心耿耿的遗臣,清政府宣布废除明朝征收的诸多苛捐杂税;然而,刚到顺治皇帝的时候,清政府就不得不复征这些捐税。涉及盐业的正税、附加税、杂税五花八门,根据文献记载达185种之多。官僚们梦寐以求的复杂税制实现了,但户部只要求长芦盐运使向上报告其中的主要内容。到清末,尽管不时有所改革,盐税的构成还是基本确定下来。盐商必须缴纳的税务有正税7种,正杂税3种,附加税27种,币利17种。清朝在河北和河南实施了不同的税率,这些税款要解交给北京和各省不同的政府部门。下面列举的是清朝末年文献所见的税务、利息和偿付贷款的清单。嘉庆年间的商课,参见张毅《明清天津盐业研究(1368—1840)》(天津:天津古籍出版社,2012年)第159—164页。

Ⅰ.正课[①]

(1)引课

河北、陈州、陈西以及多余的供给永平和仪封的盐,每引征税0.466 42两。"余引"的盐税也照此征收。所谓"余引",是指盐商

[①] Ⅰ和Ⅱ两类资料取自《长芦盐运使司档》,河北省档案馆藏,1911年11月21日。

所需的超出各专卖区正常份额的引票。在不同地区,每引的税率不尽相同:在蓟州、永平、正定、河间和采育营是0.423 645 38两,而怀庆府的引课和蓟州、永平府的余引为每引0.468 061 5两。

(2)加课

增加各自税率的10%。

(3)赃罚银:3100两

在明朝的时候,此项是对那些在运输过程中载盐超过了盐包法定重量的商人的惩罚。清朝在1655年发现并重征此税,不问盐商是否有罪。每年征收3100两,即每引加征0.003 98两。[①]

(4)昌平牙税:300两

承自明代,在昌平、房山、良乡、顺义、怀柔和密云六个地区征收,每引0.013 31两。[②]

(5)陈西输租:163.35两

上述地区售盐每引收税0.008两。

(6)怀属赈济盐丁银:463.38两

上述地区用于救济灶户的费用,每引征银0.012 439 43两。

(7)纸红银

用于印刷引票开支的纸和印刷费用,每引0.003两。

Ⅱ.正杂课

(1)铜斤脚价银[③]

运铜往北京官钱局的运输费用,每引征银0.011 282 3两。

[①]《长芦盐法志(嘉庆朝)》,1805年抄本,南开大学图书馆藏,卷15,第2页。
[②]《长芦盐法志(嘉庆朝)》卷12,第2页记载为每引0.0221两。
[③]《长芦盐引册(乾隆朝)》,1724年抄本,南开大学图书馆藏,第9页。

(2)坨租银

每引0.005 75两。

(3)河工银

每引0.02两。①

Ⅲ.历年正课

拖欠的正税税款被重新摊派到各年,分期征收。

Ⅳ.杂税②

(1)领告杂费(申领盐引票的杂税)

在河北,每引盐征收的22种税合并征收0.401 41两,只有蓟州六属除外,在这里,每引征收0.398 881两。销往河南的盐每引征银0.420 141两。征收得到的全部24万—25万两银用于贡纳,各级官员的养廉银、薪水,一般官员和衙役的花红钱,资助各类学校和慈善事业诸项。

(2)解费

用于支付税金送往北京途中的各项开支,每引0.041两。

(3)平饭

在户部称量征收的银两重量和供劳工吃饭等项费用,以每引0.03两计。③

---

① 《长芦盐引册(乾隆朝)》,第9页。
② 除第(1)项资料来源同上和其他注明出处者外,均见《长芦盐运使司档》,河北省档案馆藏,1912年8月26日长芦盐运使致省咨议局的文件。
③ 《长芦盐引册(乾隆朝)》记载每引税率为0.0457两。《清盐法志》卷24第6页记载每引0.044两,其中0.015两用于解送费用,0.003两用于运送开销,0.0003两用于木箱和铁钉的费用,0.0007两为包装材料费。

(4) 口岸汛工

房山等14个专卖区每引征银0.006两,其他专卖区征银0.009两。天津、蓟州和永平免征。

(5) 岁修官道银

每引征银0.003两。

(6) 巡逻费

驻守沧州和山东海丰地区反贩私盐的士卒及船只的费用,每引0.06两,在西河沿岸的26个地区和购买南告的地区征收。

(7) 平价缉私费

自1905年额外征收每引0.2两,用于缉私。

(8) 1907年调价

为资助省工艺局和缉私所在地的职业训练学校而征收的额外费用。

(9) 滩盐公所经费银

1907年起征收,每引0.05两;1909年降至0.03两。

(10) 洛阳—潼关铁路附加费

1908年起征收,用于建设该铁路的费用,每斤4文。

(11) 天津—浦口铁路附加费

1909年起征收,用于最终赎回津浦铁路,每斤4文。

(12) 安徽救济金附加费

始于1910年,每引征银0.005两,总额1万两。

(13) 归补缉费

(14) 北引归公加价

用于1896年开始的赔款,每斤1文。

(15) 荥工加价

始自 1866 年,每引 0.0028 两。

(16) 盐税增加

河南每引 0.023 95 两,河北每引 0.024 18 两。始于 1906 年。

(17) 直引加价

始于 1899 年,用于赔款,每引 0.06 两。

(18) 豫引加价

每份配额 6 万两,用于赔款,始自 1906 年。

(19) 新案赔款加价

每斤 4 文。所得款银用于支付庚子赔款和训练新军,始自 1903 年。

(20) 通行加价

每引提价 1.35 两。增益的一半上缴中央政府,作为对禁止种植鸦片造成的政府财政收入减少的补偿。河北增益的一半用于偿还国家银行为青岛师范学堂和北洋大学提供的基金的贷款。

(21) 豫省一文复价

每引 0.06 两,总额 12 万两。增收的一半专门用于河南承担的赔偿外国列强的份额,其余一半上交中央政府。

(22) 五花八门的杂费,用于天津各衙署的官员,共 14 种,合计每引 2.312 140 7 两。①

5.币利(贷款利息)②

---

① 《长芦盐引册(乾隆朝)》,第 9 页。
② 《清盐法志》卷 24,第 10—12 页罗列了除这里所说之外的 20 余种,涉及政府各部门和内务府的全部币款本金达 2 397 376.4 两。

(1) 内外币利

每引 0.442 591 两,闰年相应加收,始自 1783 年。

(2) 历年币利(累计的贷款利息)

拖欠的贷款利息。

(3) 加斤币利(引盐增重的贷款利息)

河北每引 0.0156 两,河南每引 0.015 46 两。

(4) 钦天监办公生息

每年 1800 两(闰年加 150 两),依据 1 万两的本金而定,始自 1854 年。

(5) 三旗拴养官马生息[①]

3497 两本金,每年利息 419.64 两。

(6) 热河、密云官兵盘费生息[②]

本金 5 万两,10%的利息,始自 1778 年。

(7) 万成当利银(万成当铺的利息)

内务府经营的万成当铺和恩丰当铺 15 万两本金的利息,每年 1.8 万两。

(8) 备赏武官币利

87 279 两本金,每年利息 10 473 两。

(9) 贫民棉衣币本(救济穷人棉衣的利息)

依本金 3 万两的 10%计算,每年利息约 2640 两。

(10) 香灯本银(仁寿寺香火灯油利息)

8 万两本金,每年利息 10 400 两。

[①]《内务府来文》,中国第一历史档案馆藏,441.2719,1840 年 1 月 30 日。
[②]《内务府来文》441.2719,1840 年 2 月 3 日。

(11)参价币本(偿付人参的利息)

6000两本金,每年利息528两。

(12)宝华峪币本

本金3万两,每年利息2640两。

(13)王范满垣租息银(前盐商王氏和范氏在满城和长垣等专卖区的租金)①

前盐商欠税的23个引岸每年23 390两的税金,分别自1772年、1779年、1783年开始征收。②

(14)备发车脚帑本银(运输费储备金)

10万两本金,每年(闰年相应增加)1.2万两利息。

(15)宗人府币本

20万两本金,每年(闰年相应增加)2.4万两利息。

(16)太仆寺币本

2万两本金,每年(闰年相应增加)2400两利息。

(17)张家口币本

本金1万两,每年(闰年相应增加)1200两利息。

1754年,新上任的盐运使卢见曾实施了一条鞭法,他将全部税收、附加费和利息合并为11种,如下所示:③

(1)恭:425 870.305两

---

① 到1903年,长芦盐运使司内已无人知晓这一税项的由来,见《长芦盐运使司档》173.182。
② 此项的详情,见《长芦盐法志(嘉庆朝)》卷12,第18—20页。
③ 这些数字的小数点都保留3位,精确度为百万分之一两,见《长芦盐运使司档》和《长芦盐引册(乾隆朝)》。

(2)宽:37 740.761 两

(3)信:19 754.470 两

(4)敏:19 450 两

(5)惠:税额依"余引"而定,不固定。

(6)元:42 736.829 两

(7)亨:6827.431 两

(8)利:22 468.6 两

(9)贞:1803.71 两

(10)公:45 932.595 两

(11)季:各种利息额

当年各种正税和附加税总额为 618 624.7 两。就在 1849 年改革前,支付内务府、户部、兵部、设备部门和园林建设部门的各种附加费和币利合计超过 20 万两,名目有 31 项之多。①

---

① 《内务府来文》441.2720,1840 年 2 月 9 日英诚致内务府文。

附录二　清代长芦盐商部分捐输

年代	数额(两)	用　途
1721	200 000	西北用兵①
1723	180 000	山西赈捐
1725	10 000	翻修大沽龙王庙②
1725	无记载	安氏修建天津城墙
1732	100 000	军费开支
1744	100 000	救济天津、河南旱灾
1747	50 000	捐修水西庄为驻驿之所③
1748	200 000	金川用兵
1759	300 000	边防事务
1759	50 000	牛兆泰捐银备城工赎罪④
1761	100 000	皇后寿诞⑤
1762	无记载	乾隆皇帝南巡
1763	20 000	整修张家湾至北京的道路⑥
1765	无记载	修建柳墅行宫

① 王廷扬助饷，"自运军前"。又山西赈捐案内，王廷扬捐银 8 万两，王太来捐银 10 万两。见萧奭：《永宪录》，北京：中华书局，1959 年重印，卷 2，第 130 页。
② 台北故宫博物院档案 014414，又《故宫文献》1971 年第 4 卷第 1 期，第 132 页。
③ 台北故宫博物院档案 001280。
④ 中国第一历史档案馆等编：《清代长芦盐务档案史料选编》，天津：天津人民出版社，2014 年，第 75 页。
⑤ 王定安等纂修：《两淮盐法志》，1905 年重印，卷 2，第 7 页。
⑥ 《清实录·乾隆朝》1763 年 3 月 27 日条。

续表

年代	数额(两)	用　途
1771	无记载	皇帝贺寿①
1773	600 000	金川犒赏士卒
1785	300 000	建造剥船②
1788	350 000	台湾天地会之役军费
1790	280 000	为乾隆皇帝寿诞装修圆明园和其他宫殿③
1792	200 000	廓尔喀犒赏士卒
1794	10 000	天津加筑城工④
1799	396 000	平定白莲教之乱⑤
1800	16 000	挑河工银⑥
1801	20 000	赈济天津水灾⑦
1803	100 000	军饷⑧
1806	260 000	黄河改道工程⑨

① 林永匡、王熹:《清代长芦盐商与内务府》,《故宫博物院院刊》1986 年第 2 期,第 35 页。
② 一作 280 000 两。见江晓成:《清乾嘉两朝盐商捐输数额新考》,《中国经济史研究》2021 年第 4 期,表 4。
③ 林永匡前揭文。
④ 中国第一历史档案馆等编:《清代长芦盐务档案史料选编》,第 191 页。
⑤ 计划为 66 万两,见黄掌纶等修:《长芦盐法志》,1805 年,卷 2,第 33 页。
⑥ 《长芦盐法志》,宣统末年稿本,卷 1,无页数。
⑦ 又作 26 000 两,同上书,表 6。
⑧ 计划为 10 万两,见《清盐法志》卷 33,第 4 页。
⑨ 台北"中研院"历史语言研究所内阁大库档 213443。

续表

年代	数额(两)	用　途
1806	60 000	黄河改道工程①
1808	39 820	滏阳河河道维护工程②
1808	150 000	大运河维护工程③
1808	120 000	皇帝寿诞开支④
1808	100 000	查有圻报效备赏需⑤
1810	4800	河南引商漳河工程⑥
1811	240 000	王营减坝工程⑦
1812	72 012	滏阳河河道维护工程
1813	130 000	平定天理教犒赏⑧
1813	97 000	河南河道维护工程⑨
1814	60 000	山东和河南饥荒赈灾⑩

---

① 原议 260 000 两,以"长芦商人资本素不充裕……赏收六万两,免交二十万两,以示体恤"。中国第一历史档案馆等编:《清代长芦盐务档案史料选编》,第 227 页;《山东盐法志》,1734 年,卷 2,第 42 页。
② 《清盐法志》卷 32,第 1 页。
③ 《山东盐法志》卷 1,第 44—45 页。
④ 《山东盐法志》卷 1,第 41—42 页。
⑤ 中国第一历史档案馆等编:《清代长芦盐务档案史料选编》,第 233 页。
⑥ 张毅:《明清天津盐业研究(1368—1840)》,天津:天津古籍出版社,2012 年,第 166—167 页。
⑦ 《山东盐法志》卷 1,第 47—48 页。
⑧ 《山东盐法志》卷 1,第 50—52 页。
⑨ 《清盐法志》卷 32,第 1—2 页。
⑩ 查世俨和查有圻各 3 万两,见《清盐法志》卷 33,第 4 页。

续表

年代	数额(两)	用　途
1818	200 000	修建天津海口炮台①
1819	60 000	皇帝万寿备赏②
1820	100 000	豫省武陟河工③
1822	26 000	河南漕船④
1823	无记载	漳河、卫河维护工程⑤
1824	179 700	新卫河维护工程⑥
1828	30 000	整修皇陵⑦
1830	14 000	漳河水利工程⑧
1841	400 000	修缮天津沿海防务设施⑨
1842	1000	地方民兵开支⑩
1852	5000	西河维护工程⑪

① 《清盐法志》卷23,第35页。
② 林永匡、王熹前揭文。中国第一历史档案馆等编:《清代长芦盐务档案史料选编》,第326页作120 000两。
③ 《山东盐法志》卷1,第53—55页。
④ 《清实录·道光朝》1822年6月8日条。
⑤ 《清盐法志》卷32,第2页。
⑥ 《清实录·道光朝》1824年4月10日条。
⑦ 同上书,1828年10月29日条。
⑧ 同上书,1830年3月22日条。
⑨ 《清盐法志》卷33,第5页。纲总查彦钧捐银64 500两;冯恩绶41 000两。见台北故宫博物院档案110843。
⑩ 《津门保甲图说》,1846年,序,第8—9页。
⑪ 《清盐法志》卷32,第3页。

续表

年代	数额(两)	用　　途
1854	10 000	王敬熙报效①
1856	23 700	抗击太平军北伐②
1860	无记载	淀河维护工程③
1871	6000	杨俊元赈济饥荒④
1878	无记载	捐出每斤加价2文一年助赈⑤
1881	20 000	天津城墙和护城河整修⑥
1886	8000	墩子河维护工程⑦
1893	100 000	庆祝慈禧60寿辰⑧
1898	200 000	恭备巡幸大差⑨
1901	15 000	慈禧、光绪回銮例贡⑩
1905	无记载	河道维护工程⑪

① 《清盐法志》,卷33,第5页。
② 同上书,卷33,第5页。
③ 同上书,卷32,第3页。
④ 同上书,卷33,第6页。
⑤ 中国第一历史档案馆等编:《清代长芦盐务档案史料选编》,第500页。
⑥ 《光绪朝东华录》,北京:中华书局,1958年,1882年8月18日。
⑦ 《清盐法志》卷32,第3页。
⑧ 李鸿章:《李文忠公全集》,台北:文海出版社,1962年重印,卷77,1893年11月25日折。
⑨ 中国第一历史档案馆等编:《清代长芦盐务档案史料选编》,第531页。
⑩ 见《长芦盐运使司档》173.115.
⑪ 《清盐法志》卷32,第3页。

附录三（A） 地方教育

1436	卫学建立①
1454	卫学重修②
1495	卫学重修③
1516	卫学重修④
1588	查志隆建小学⑤
1629	地方官员捐款重修卫学⑥
1653	长芦盐运使、地方官员和盐商共同整修卫学⑦
1658	天津按察副使翻修卫学⑧
1669	由盐商出资翻修天津卫儒学⑨
1673	地方官员捐资扩建和翻修文庙⑩
1708	巡抚李发甲建4所五经馆和6所义学⑪
1719	盐商资助绅士王介山等建郁文学社⑫

---

① 《天津卫志》，1982年重印，"序言"，第1页；卷4，第17页。
② 《天津县志》，1739年修，卷8，第9页。
③ 同上。
④ 同上。
⑤ 《天津卫志》卷2，第23页。
⑥ 《天津卫志》卷4，第18页。
⑦ 《天津卫志》卷4，第19页。
⑧ 《天津卫志》卷4，第20页。
⑨ 《长芦盐法志》，台北：学生书局，1966年，卷15，第4页；《天津卫志》卷4，第20页。
⑩ 《天津卫志》卷4，第25页。
⑪ 《续天津县志》，1870年修，卷4，第4页。
⑫ 黄掌纶等修：《长芦盐法志》，1805年编，卷19，第30页。

续表

1729	长芦盐政郑禅宝建五经馆①
1731	天津总兵袁宏相建义学；盐商资助长芦盐运使彭家屏建五经馆②
1733	地方官员修缮府学③
1734	直隶总督修建县学④
1743	长芦盐运使倪象恺整修文庙⑤
1751	盐商建立问津书院，校址由查为义捐献⑥
1751	长芦盐运使卢见曾翻修文庙⑦
1755	地方绅士王又璞和盐商捐资翻修并扩建郁文书院⑧
1760	盐商资助建立三取书院取代过去的郁文书院⑨
1792	根据绅士杨一昆提议建立义学；长芦盐运使嵇承志翻修问津书院⑩
1795	绅士创建养蒙义学⑪
1797	长芦盐运使同兴建义学⑫

---

① 《天津县新志》，1931年修，卷10，第8页。
② 《天津县志》，卷8，第13a页。
③ 《天津县志》卷8，第9页。
④ 《天津县新志》卷10，第3页。
⑤ 《续天津县志》1870年修，卷4，第4页。
⑥ 黄掌纶等修：《长芦盐法志》卷19，第30页；《续天津县志》卷4，第4页。
⑦ 《续天津县志》卷17，第7—9页。
⑧ 《续天津县志》卷4，第6页。
⑨ 高凌雯：《志余随笔》，天津：天津古籍书店复印，1982年，卷6，第15—16页。
⑩ 《续天津县志》卷4，第4页。
⑪ 黄掌纶等修：《长芦盐法志》卷19，第30页。
⑫ 黄掌纶等修：《长芦盐法志》卷19，第30页。

续表

1801	盐商翻修三取书院①
1803	长芦盐运使建义学②
1816	绅士董岱等人捐资翻修文庙③
1816	天津知府张大维资助翻修试院④
1828	官员及长芦盐运使库银捐赠,侯肇安、梅成栋等人建辅仁书院⑤
1839	由天津知府恒春监督,地方绅士王文通、黄士琳捐资修试院⑥
1863	长芦盐商捐资修文庙⑦
1865	长芦盐运使克明建8所义学⑧
1865	知县杨国杞建4所义学⑨
1872	海关道陈钦建11所义学⑩
1875	盐商资助天津知府建立会文书院⑪
1879	长芦盐运使和天津知府扩建会文书院并建立4所义学⑫

① 《续天津县志》卷4,第6页。
② 同上。
③ 《续天津县志》卷4,第4页。
④ 同上。
⑤ 《天津县新志》卷10,第11页;卷21.3,第23页。
⑥ 《续天津县志》卷4,第4页。
⑦ 同上。捐资者包括杨成源、华树、王敬熙和张锦文。
⑧ 卞僧慧:《〈天津县新志〉编纂征文》,《天津史研究》1987年第1期,第77页。
⑨ 同上。
⑩ 同上。
⑪ 《天津县新志》卷10,第11页。
⑫ 卞僧慧前揭文。

续表

1880	李鸿章建电报学堂和海军学堂①
1881	李鸿章建医学堂②
1885	李鸿章建天津武备学堂③
1886	周馥和德璀琳建集贤书院和博文书院④
1886	丁家立建中西书院⑤
1887	天津知府建稽古书院⑥
1893	李鸿章建天津医学堂⑦
1898	严修建蒙养学塾⑧
1901	严修和林兆翰建冬寄学塾⑨
1901	在稽古书院基础上建天津普通学堂(师范学校)⑩

---

① 林树惠:《李鸿章与洋务运动》,《天津史志》1985年第2期,第20—23页。
② 同上。
③ 周馥:《周悫慎公全集》,1902年,卷上,第22页。
④ 学校的建设自1886年始,但直到1895年才开课,见林树惠前揭文,第22页;《光绪朝东华录》,北京:中华书局,1958年,1895年9月30日。
⑤ 北洋大学史料小组:《北洋大学事略》,《天津文史资料选辑》第11辑,1980年,第5页。
⑥ 田绍闻:《清代天津的书院》,《天津史志》1985年第2期,第48页;《天津县新志》卷10,第12页。
⑦ 林树惠前揭文。
⑧ 《大公报》1911年9月3日;严修自订:《严修年谱》,济南:齐鲁书社,1990年,第127页。
⑨ 严修自订:《严修年谱》,第131页。
⑩ 刘炎臣、汪桂年:《天津近代教育事业发展概略》,《天津文史资料选辑》第27辑,1984年,第93页。1903年,该校重新命名为天津府官立中学堂,参见刘家燧、汪桂年:《回忆母校天津官立中学》,《天津文史资料选辑》第27辑,1984年,第109页。

续表

1902	王贤宾和李宝恒根据林兆翰建议,仿照严修的蒙养学塾出资建立蒙养东塾①
1902	盐商王贤宾、李宝恒、严修、王文郁出资建立天津民立第一小学②
1902	严修建严氏女塾③
1902	孙洪伊和温世霖建普育女学④
1902	孙洪伊捐资在北仓建蒙养小学⑤
1902	盐商严修、华泽沅、冯文澍和其他地方绅士建天足会,反对缠足⑥
1902	天津基督教青年会负责人格林创建铃铛阁普通学堂⑦
1903	严修建16所男子小学和11所女子小学⑧
1903	建10所半日制小学,并计划建30余所⑨
1903	张炳和卞世清建第二小学堂⑩

---

① 《大公报》1911年9月3日。
② 《大公报》1911年9月3日。
③ 齐植璐:《天津近代著名教育家严修》,《天津文史资料选辑》第25辑,1983年,第14页。这所私立学校1905年改名为严氏女学,并对外招生。1923年又改名为南开女学。
④ 范体仁:《孙洪伊与民治社》,《天津文史资料选辑》第16辑,1981年,第19页;孙玉枢:《孙洪伊生平事迹》,《天津文史资料选辑》第37辑,1986年,第41页。
⑤ 陆乃翔:《孙公洪伊行状》,《河北月刊》1936年第10期,第2页。
⑥ 《大公报》1911年8月20日、9月1日,直隶省天足会1906年7月18日成立。
⑦ 天津社会科学院历史研究所《天津简史》编写组编著:《天津简史》,天津:天津人民出版社,1987年,第476页脚注2。
⑧ 刘炎臣、汪桂年前揭文。《大公报》1903年5月28日刊载了该女学的章程。
⑨ 鲍雪侣:《中国教育和社会的变迁》,斯坦福:胡佛研究所,1983年,第111页。
⑩ 《大公报》1903年3月1日。

续表

1903	穆云湘、林兆翰等人建第三蒙养学堂①
1903	严修建天津公益学堂(商业学校)和补习所②
1904	严修和王锡瑛建敬业中学堂③
1904	严修办直隶公益学堂(天津商业学校)和九所半日制学校④
1904	穆云湘出资3000两建民立第三半日蒙养学堂工艺厂⑤
1904	盐商建长芦中学堂⑥
1904	孙洪伊建私立电报学堂⑦
1904	袁世凯建天津公立女学堂⑧
1905	严修建保姆讲习所和幼稚园⑨
1905	天津模范小学,为直隶教育改革而建⑩
1905	建半日商务学堂⑪

---

① 《大公报》1903年8月5日。
② 严修自订:《严修年谱》,第146—147页。补习所有10多名教师,开设法律和商务课程。
③ 刘炎臣、汪桂年前揭文,第93页。1907年,这所学校成为南开中学,是周恩来的母校。
④ 齐植璐前揭文,第14页;严修自订:《严修年谱》,第167页。
⑤ 《大公报》1904年10月2日。
⑥ 学校每年1万两开支由长芦盐运使支付,见《长芦盐运使司档》173.466。1910年,该校与天津私立中学合并,见《清盐法志》卷35,第1页。
⑦ 陆乃翔前揭文。
⑧ 同上文,第14页。
⑨ 《大公报》1905年10月18日;严修自订:《严修年谱》,第171页;齐植璐前揭文。关于天津学校的概况,见《大公报》1905年2月10日、4月16日。
⑩ 于昭熙:《回忆天津模范小学和刘宝慈校长》,《天津文史资料选辑》第27辑,1984年,第137—144页。
⑪ 《大公报》1905年6月19日。

续表

1905	盐运使为培训盐务官员,设立长芦盐务研究所①
1905	天津初级师范学堂,为直隶教育改革而建②
1905	温世霖建天津普育女学堂③
1905	铃铛阁普通学堂重组为天津府立中学④
1905	天津河西地区建立初高级女子学校⑤
1905	林兆翰建议聘宣讲员⑥
1906	中等商业学堂,据说由王贤宾出资建立⑦
1906	长芦盐运使提议为盐户在东沽和芦台建小学⑧
1906	傅增湘建立北洋女师范学堂⑨
1906	银行学堂⑩
1906	竹商捐资学堂⑪

---

① 《清盐法志》卷35,第1页。
② 天津社会科学院历史研究所《天津简史》编写组编著:《天津简史》,第477页。
③ 刘泽华主编:《天津文化概况》,天津:天津社会科学院出版社,1990年,第14页。
④ 严修自订:《严修年谱》第179页。
⑤ 同上。
⑥ 《大公报》1905年12月16日。
⑦ 《大公报》1911年7月21日。但档案资料表明,这是由盐商集体建立的,见《长芦盐运使司档》173.466。
⑧ 《清盐法志》卷35,第1页。
⑨ 朱振江:《河北省立女子师范学院及其解放后的演变》,《天津文史资料选辑》第35辑,1986年,第214—215页。《大公报》1904年11月8日载文对该女学做了评述。
⑩ 《大公报》1906年4月21日。
⑪ 《大公报》1906年6月12日。

续表

1906	石君元捐资中学堂①
1906	孙洪伊捐资民兴中学②
1906	盐商资助在天津河北地区建立6所公立小学③
1906	李宝恒建天津公立商科半日学校④
1907	长芦盐运使建北洋女医学堂⑤
1908	天津试办义务教育⑥
1908	天津木材商行会捐资中学堂⑦
1909	卢木斋建卢氏蒙养园⑧
1910	计划兴建直隶高等商业学堂⑨
1910	杨柳青一居民为第六十六小学捐地⑩
1911	绅士建议在河北区开办女子职业传习所⑪

---

① 《大公报》1906年10月11日。石氏是县议会的副议长,"八大家"之一的杨柳青石家的家长。
② 陆乃翔前揭文。孙氏为捐赠卖掉了继承来的4000亩田地。
③ 《长芦盐运使司档》173.260。
④ 《天津历史资料》,第74页。
⑤ 《清盐法志》卷35,第2页。
⑥ 《大公报》1908年3月6日。
⑦ 《大公报》1908年5月9日。
⑧ 钟和高:《捐资兴学 乐育英才——卢木斋兴办木斋学校》,《天津河北文史》第4辑,1990年,第69—73页。
⑨ 《大公报》1910年4月4日。
⑩ 《大公报》1911年5月4日。
⑪ 《大公报》1911年6月7日。孙绍文倡议,其他绅士支持,包括"李善人"家。

附录三(B) 城市的公益与慈善事业

年代	公益事业	捐助者
1404	建筑城墙	北京的官员①
1452	修桥②	
1493	义冢③	
1495	修桥④	
1501	修城墙	地方官员⑤
1586	修城墙	地方官员⑥
1588	设渡船	天津整饬副使查志隆⑦
1588	养济院	天津抚院李继贞为穷人和寡妇而设⑧
1604	疏浚河道	地方官员⑨
1639	修城墙	张鹍翼⑩
明末	修城墙	卫指挥佥事武嵩龄⑪

---

① 《天津卫志》卷1,第2页。
② 鸿沟桥,见《天津卫志》卷1,第4页;《天津县志》卷7,第18页。
③ 《天津卫志》卷1,第6页。
④ 安西桥,见《天津县志》卷7,第18页。
⑤ 《天津县志》卷7,第1页。
⑥ 《天津卫志》卷1,第2页。
⑦ 《天津卫志》卷1,第5页。
⑧ 《天津卫志》卷1,第5页;《天津府志》,1899年修(后文除特别注明者外,均指此年所修),卷7,第42页。此一机构定额44人。
⑨ 《天津卫志》卷1,第3页。
⑩ 《天津县新志》卷21.1,第6页。
⑪ 《天津县新志》卷21.1,第28页。

续表

年代	公益事业	捐助者
明末	义冢	工部尚书王公施①
明末	粥厂	天津右卫指挥使梅应卜②
顺治早年	赈济数百难民	刘得宁③
1653	修城墙	地方官员④
1653	救济水灾	张文元⑤
1654	建石桥⑥	
1657	义冢	天津整饬副使⑦
1662	为长芦盐政修衙门	盐商出资⑧
1662	设同善水会	盐商武廷豫⑨
1668	赈济饥荒	张文元之子张琦⑩

---

① 《天津卫志》卷1,第6页。
② 《天津县新志》卷21.1,第11页。
③ 《天津府志》,1739年修,卷43,第5页。
④ 《天津卫志》卷1,第2页。
⑤ 《天津县志》卷18,第14页。
⑥ 《天津卫志》卷1,第5页。
⑦ 《天津卫志》卷1,第6页。
⑧ 《天津卫志》卷7,第4页。
⑨ 武嵩龄之子,见《天津府志》卷7,第12—13页;《天津县新志》卷21.1,第28页;黄掌纶等修:《长芦盐法志》卷17,第8页;《天津政俗沿革记》卷12,第11页。
⑩ 《天津县志》卷18,第14页。

续表

年代	公益事业	捐助者
1687	育黎堂	巡抚石天枢为年老体弱者而建①
1688	为长芦盐运使建衙门	盐商出资②
1692	为义冢捐地	梅开杰③
1698	修路	盐商侯天顺④
1703	粥厂	沈鹏鸣⑤
1707	为义冢捐地	天津道李发甲⑥
1711	粥厂	盐商安尚义⑦
1715	建浮桥	侯天顺⑧
1715	粥厂	
1715	捐棺⑨	

---

① 《天津县新志》卷12,第1页;《天津府志》卷7,第14页,卷40,第37页。1739年这个机构改名为"普济堂",陈宏谋加入捐资。1884年,此机构又得到长芦盐运使的资助,并恢复原名"育黎堂",亦称"养病堂"。见张焘:《津门杂记》,天津:天津古籍出版社,1986年,第49页。
② 《天津卫志》卷7,第6页。
③ 《续天津县志》,1870年修,卷8,第13—14页。
④ 《天津县新志》卷21.1,第29页。
⑤ 《天津府志》卷43,第16页。
⑥ 《续天津县志》卷8,第14页。
⑦ 《天津县新志》卷21.4,第47页。据说此举维持了10年之久,见佚名:《天津事迹纪实闻见录》,天津:天津古籍出版社,1986年,第36页。
⑧ 位于西沽,见黄掌纶等修:《长芦盐法志》卷17,第8页,卷19,第15页;《天津县志》卷18,第7页。此桥的兴建由赵弘燮批准和捐助,见《天津府志》卷40,第13页;《天津县志》卷17,第3—5页。
⑨ 《续天津县志》卷8,第9页。

续表

年代	公益事业	捐助者
雍正初年	救火会	长芦盐运使莽鹄立①
1725	疏浚河道	盐商查天行②
1725	设尚善水会	同上
1725	粥厂	同上③
1725	修城墙	安尚义等
1725	赈济水灾	冯廷柱④
1730	盐关浮桥	青州分司孟周衍⑤
1734	监督赈济水灾和修堤堰	查天行⑥
1739	修路	由官员和商人捐助⑦
1739	普济堂	陈宏谋等官员将育黎堂扩建改名⑧
1746	修城墙	盐商依长芦盐运使之命捐助⑨
1752	修城墙	同上
1753—1754	天泽会	直隶总督方观承等官员建⑩

---

① 《天津府志》卷7,第12页。
② 《天津县新志》卷21.1,第39页。
③ 黄掌纶等修:《长芦盐法志》卷17。
④ 《天津县志》卷18,第17页。
⑤ 《天津县志》卷7,第18页。
⑥ 黄掌纶等修:《长芦盐法志》卷17。
⑦ 该路自西沽沿海河通往大沽,1762、1764、1771年分别重修。
⑧ 《天津县志》卷7,第11页;卷21,第48—49页。
⑨ 《天津府志》卷23,第3页。
⑩ 《天津府志》卷7,第26—27页;卷40,第45页。

续表

年代	公益事业	捐助者
1754	修浮桥①	
1755	修浮桥②	
1755	留养居	无家者的临时住所,知县设立,盐商捐助③
1759	修城墙	盐商遵直隶总督之命而捐助④
1764	修城墙	同上
1765	皇帝行宫	盐商捐资⑤
1766	修城墙	天津知县奉直隶总督之命而捐资⑥
1766	捞埋浮尸局	盐商资助,天津知县为掩埋无人认领的尸体而设立⑦
1770	捐墓地	周自邠、孙明周为溺死者而捐⑧
1770	建公墓	华文治提议用新收回的土地建墓,邑侯熊恩绂批准⑨

---

① 《天津县志》卷7,第18页。
② 同上。
③ 共6处,天津知县拨款1050两,其余由盐商每年捐资200两,见《天津府志》卷7,第15页。
④ 《天津府志》卷23,第3页。
⑤ 《续天津县志》卷3,第3页。
⑥ 同上。
⑦ 《天津府志》卷7,第26页。
⑧ 《续天津县志》卷8,第14页。周的祖父作为盐商定居天津。周自邠官任广东高州府通判,致仕后回津,致力于公共慈善事业和诗社。
⑨ 《续天津县志》卷8,第14页。

续表

年代	公益事业	捐助者
1771	掩骼会	为掩埋尸骨,由华光藻成立①
1771	修贾家桥	盐商王起凤②
1774	修城墙	官方出资③
1775	义葬	阎盛德捐资④
1780	建龙亭	盐商捐资⑤
1784	修城墙	官方出资⑥
1784	为义冢捐地	长芦盐运使张栋⑦
1785	建义冢	盐商捐资购地180亩,每年维护费160两⑧
1787	粥厂	朱光觐⑨
1789	建浮桥	盐商⑩
1790	修城墙	官方出资⑪

---

① 《续天津县志》卷8,第10页;《天津府志》卷7,第25页。
② 《续天津县志》卷3,第5页。
③ 《天津府志》卷23,第3页。
④ 《续天津县志》卷8,第10页。
⑤ 《重修天津府龙亭碑记》,1877年。
⑥ 《天津府志》卷23,第3页。
⑦ 《续天津县志》卷8,第14页。
⑧ 黄掌纶等修:《长芦盐法志》卷19,第37页。
⑨ 朱光觐是朱岷之子,查氏水西庄的宾客,见《天津府志》卷43,第26页;《天津县新志》卷21.3,第17页。
⑩ 黄掌纶等修:《长芦盐法志》卷19,第15页。
⑪ 《天津府志》卷23,第3页。

续表

年代	公益事业	捐助者
1792	建武成王庙	官员提议,盐商资助①
1792	施粥厂	周自邠建②
1794	育婴堂	周自邠建③
1794	救火会	周自邠发起④
1794	义冢	周自邠发起
1794	先施院	周自邠发起
1794	救济会	周自邠发起
1796	修贾家桥	潘振翰⑤
嘉庆早期	救生会	庞跃渊提议⑥
1797	救生会	当地居民潘士廉提议⑦
1801	赈济水灾	由李嘉善和徐氏兄弟发起⑧
1801	修河坝,赈灾	由长芦盐运使那苏图领导⑨

---

① 修此庙是为了禳除火灾,见《天津府志》卷7,第13页。
② 《天津府志》卷7,第15页;《续天津县志》卷8,第7—8页;得到巡抚的支持,见《续天津县志》卷40,第42页。
③ 见杨光仪:《育婴堂碑记》,收入华光甫编:《天津文钞》,1920年,卷5,第28—29页;《天津政俗沿革记》卷22,第2页;《续天津县志》卷3,第12页;《天津府志》卷7,第21—22页;《天津县新志》卷21.2,第39—40页,卷24.3,第31页。
④ 黄掌纶等修:《长芦盐法志》卷19,第37页;《续天津县志》卷8,第7页。
⑤ 《续天津县志》卷3,第5页。
⑥ 为建北浮桥而设。《续天津县志》卷8,第4页;《天津府志》卷7,第13页。
⑦ 为建东浮桥而设。《天津府志》卷7,第13页。
⑧ 《续天津县志》卷8,第8页;卷13,第34页。
⑨ 《续天津县志》卷16,第7—8页。

续表

年代	公益事业	捐助者
1801—1802	捐草席	安葬穷人,乾隆年间当地居民孙美仪发起,阎致德支持①
1802	修贾家桥	刘元善等人②
1803	救生会	地方绅士为西沽浮桥而设③
1804	东北角浮桥	盐商重建并维修④
1804	修路	侯肇安⑤
1805	防疫局	知县设⑥
1809	为义冢捐地	侨寓天津的恽之焕捐助⑦
1819	重修龙亭	盐商捐资⑧
1823	粥厂	官府为赈水灾而设⑨
1824	粥厂	侯肇安⑩

---

① 《续天津县志》卷8,第10页。
② 《续天津县志》卷3,第5页。
③ 嘉庆早年发起,1803年由地方绅士徐健重组,见《续天津县志》卷8,第5页。
④ 黄掌纶等修:《长芦盐法志》19,第15页;张焘前揭书,第50页。该桥每年都要由盐商出资重建及维修。
⑤ 《天津县新志》卷21.3,第23页。
⑥ 《天津府志》卷40,第51页。
⑦ 《续天津县志》卷8,第14页。
⑧ 《重修天津府龙亭碑记》。
⑨ 华鼎元编:《津门征献诗》,1886年,卷7,第25页。
⑩ 同上,卷7,第15页。

续表

年代	公益事业	捐助者
1827	泽尸社	李明远为掩埋无名尸骨而设①
1836	修路	姚海章资助②
1842	延生社	廪生寇阑皋办粥厂③
1843	地方团练基金	每年2000吊,盐商赞助④
1846	为义冢捐地	巡抚陆建瀛⑤
1846	在西沽修路	张锦文捐资⑥
1852	保生堂	华光炜设种痘机构⑦
1852	修路	华光炜⑧
1854	城防	盐商王敬熙捐白银2000两和铜钱1万吊⑨

---

① 《续天津县志》卷8,第10、15页;《天津府志》卷7,第25页;《天津县新志》卷21.4,第2页。60多名成员以日常捐赠支付其费用。知府恒春1839年捐赠了1000吊铜钱。1847年起该社由盐商王敬熙接管,1869年又由严修的祖父严仁波接管。
② 《续天津县志》卷8,第17页。
③ 在寇氏接管以前,此机构被称为"饽饽会",见《续天津县志》卷8,第8、15页;《天津县新志》卷21.3,第20页。此后它被称为"施馍厂",1850年由盐商资助。自1856年起,盐商杨成锦每年捐赠1000两银,见《天津府志》卷7,第14页。这一机构还被称为"西延生社",以与另一延生社——东延生社相区别。东延生社由北洋通商大臣崇厚建立,见《续天津县志》卷8,第13页。
④ 《津门保甲图说》一,1846年,第8—9页。
⑤ 《续天津县志》卷8,第14页。
⑥ 《续天津县志》卷8,第17页。张锦文还在1853、1858、1869年进行了维修。
⑦ 《天津县新志》卷21.4,第8页;羊城旧客:《津门纪略》,1898年,卷6,第1页;《天津政俗沿革记》卷12,第2页。
⑧ 《天津府志》卷43,第34页;《续天津县志》卷8,第17页。
⑨ 《清盐法志》卷33,第5页。

续表

年代	公益事业	捐助者
1855	寄生所	李春城为本地和过往穷人而设①
1856	城防	盐商捐资白银23 700两和铜钱15 900吊②
1857	修桥	张锦文捐助③
1859—1860	建天津外城和护城河	总额3万两,其中盐商捐资7000两④
1862—1863	东延生社	厘金局出资,崇厚在东城地区设粥厂⑤
1863	科举考试者馆舍	华光炜、华长卿和其他盐商捐助⑥
1866	为义冢捐地	当地人赵濬⑦
1867	牛痘局	华光炜建立⑧
1868	全节堂	寡妇居所,天津知府任信成建立⑨
1869	修路	盐商华长祥赞助,绅士督修⑩

---

① 《续天津县志》卷8,第15—16页。李文照是"李善人"家李春城的父亲,他还建立了保贞社和御寒社,见《天津府志》卷7,第16页。
② 《清盐法志》卷33,第5页。
③ 《续天津县志》卷8,第17页。
④ 《长芦盐运使司档》178.32,1860年3月1日的报告。
⑤ 《天津府志》卷7,第14页。
⑥ 《天津县新志》卷21.4,第8页;华长卿:《天津试馆碑记》,收入华光鼐编:《天津文钞》卷5,第22—24页。华光鼐还与王镛共同组织了为参加天津科举考试的生员服务的"牌灯公所",见徐士銮:《敬乡笔述》,天津:天津古籍出版社,1986年,第139页。华光鼐属于"高台阶"华家。
⑦ 《续天津县志》卷8,第14页。
⑧ 《天津府志》卷7,第23页。
⑨ 《天津府志》卷7,第18—19页;《续天津县志》卷3,第13—15页。基金中包括从盐商那里征收的每两银1文的税金。
⑩ 《续天津县志》卷8,第17页。

续表

年代	公益事业	捐助者
1870	恤嫠会	扩建寡妇居所,盐商资助,天津知府主持①
1871	赈济地方水灾	杨俊元出资1.9万两②
1875	义冢	盐商出资③
1876	备济社	李世珍为赈济饥荒而设④
1876	义塚局	
1876	广仁堂	为寡妇和女婴而建,李鸿章和来自安徽、浙江、江苏的盐商集资⑤
1877	重修龙亭	盐商资助⑥
1879	备济社	李鸿章发起,盐商出资⑦

---

① 《天津府志》卷7,第19页;《续天津县志》卷8,第16页。这一组织后来与全节堂合并,由盐商们管理,包括华长祥等。
② 《清盐法志》卷33,第5页。一位不知名人士和外国商人也参加了赞助,为受灾的5000名居民提供救济,见佚名:《天津事迹纪实闻见录》,第39页。
③ 《天津府志》卷7,第29页。
④ 李世珍是李叔同之父。这一机构的基金不断追加,既有盐商的资助,也有沿海粮食进口每石5厘的税捐。羊城旧客前揭书,卷6,第2页。其他文献所注日期为1879年或1880年,见《天津府志》卷7,第21页;《天津县新志》卷21.4,第36页。这个李家多年来还经营着存育所善堂,1894年收容了4500名无家可归者,见《直报》1895年3月4日。
⑤ 见周静山:《我所知道的天津广仁堂》,《天津文史资料选辑》第53辑,1991年,第167—172页;《天津府志》卷7,第16—18页;《天津政俗沿革记》卷12,第4页。长芦盐运使每月捐赠200两银以支付其开销,见《长芦盐运使司档》173.446。这一机构的档案现存天津市档案馆。
⑥ 《重修天津府龙亭碑记》。
⑦ 《天津府志》卷7,第21页;陈克:《十九世纪末天津民间组织与城市控制管理系统》,《中国社会科学》1989年第6期,第177页。

续表

年代	公益事业	捐助者
1882	筑路	连接天津与外国租界,天津海关道周馥出资1万两①
1883	天津工程局	负责筑路、排污、葬尸等工程,周馥建立②
1883	育婴分堂③	
1884	恤产保婴局	广仁堂之一部,长芦盐运使资助成立④
1884	保婴局	由长芦盐运使衙门设⑤
1884	街道维修	盐商资助1600两,长芦盐运使衙门出资400两⑥
1886	济生社	济贫机构,商人顾文翰和李长清建立⑦
1886	济生所	为无家可归汉建,"李善人"家李春城建⑧
1886	保生所	为无家可归妇建,李春城建
1886	施药局	免费医疗机构,李春城建

---

① 周馥前揭书,《年谱》卷上,第20—21页。
② 同上书,第21页。
③ 长芦盐运使授意,盐商资助,见《天津府志》卷7,第22—23页。
④ 《天津府志》卷7,第23页。
⑤ 《天津府志》卷7,第23页;羊城旧客:《津门纪略》卷6。
⑥ 《清盐法志》卷34,第2页。
⑦ 《天津政俗沿革记》卷12,第5页;宋蕴璞:《天津志略》,第271页。顾文翰是进口商"天长仁洋行"财东、天津商会董事,见《天津商会档案汇编:1903—1911》,天津:天津人民出版社,1989年,第89页。
⑧ 柯劭忞:《户部郎中李公墓志铭》,手稿,未署日期;《天津县新志》卷21.4,第35—36页。

续表

年代	公益事业	捐助者
1886	保济社	李春城建①
1892	引善社	顾文翰等商人办,救济水灾民众,包括提供饭食、为孤儿寡妇施教②
1895	放生社	放生动物,李春城办③
1895	清修院	为流浪僧侣而建,李春城办
1895	救火团	团丁募集而来④
1896	广济补遗社	安排的活动包括帮助穷人家庭、慈善学校、义学和临时粥厂,顾文翰等进口商创办⑤
1896	救火团、团练	商人捐银14 156两⑥
1898	河道维护	黄家赞助⑦
1902	保卫医院	11家免费诊所,劝业公所和孙仲英创办⑧
1903	救火团	按知县命令重建⑨

① 《天津府志》卷43,第42页;但卷7第16页记载这一组织由李春城的父亲李文照创办。
② 见《天津志略》,第272、298页。其他资料显示,刘廷璋是创建人,见《天津县新志》卷12,第7页;陈克前揭文。
③ 《直报》1895年2月16日。
④ 《直报》1895年1月26日。
⑤ 《天津志略》第272—273、298页;《天津县新志》卷12,第6页;陈克前揭文。
⑥ 《直报》1896年2月24日。
⑦ 《直报》1899年1月18日。
⑧ 《大公报》1902年6月21日。孙仲英曾分别在华俄道胜银行和怡和洋行当过买办。
⑨ 《大公报》1903年1月11日。

329

续表

年代	公益事业	捐助者
1906	反对建有轨电车道	华世镛组织①
1906	济良所	为受虐待妇女而设,盐商李士铭等建②
1906	修路	盐商出资③
1906	禁烟会	商务总会建④
1908	修路	侯家后商人⑤
1909	北洋商学会	促进商务研究的华北地区社团,江苏、浙江、福建和广东商人创办⑥
1911	体仁广生社	顾文翰建,进口商和当铺行会出资⑦
1911	防疫医院	天津商会出资创建⑧
1911	天津红十字会	中国理事包括李士铭、严修等盐商
1911	传染病防治会	自治机构代表和盐商组织⑨

---

① 《大公报》1906年3月20日。华世镛是"高台阶"华家的成员。
② 《大公报》1906年7月21日;《天津志略》,第264—265页。
③ 《大公报》1906年8月26日。
④ 《天津商会档案》2.2409,天津市档案馆藏,1906年12月25日的请愿书;《大公报》1906年12月28日。
⑤ 《大公报》1908年11月5日。
⑥ 胡商彝:《内省录》,未署日期,第28页。
⑦ 《天津志略》第274页;《天津县新志》卷12,第8页。这一组织后来发展为善堂联合会。
⑧ 《大公报》1911年2月14日。
⑨ 《大公报》1911年1月26日。

未署日期的机构：

天津县留养局(贫民收容所)①

恤嫠会(穷人寡妇收容所)②

施棺局(义棺社团)③

孤贫院(孤儿穷人收容所)④

---

① 市内分布着6处留养所,创办时间不详。陈宏谋赞助了1000两银。自1755年开始,长芦盐商每年资助200两,见《天津府志》卷7,第15页。
② 同上书,还可参见卷7,第19页。此组织的资金来自每包盐0.001两的税捐。
③ 同上书,还可参见卷7,第24—25页。这一组织早在康熙皇帝时期就已存在,至少部分地得到了盐商的资助。
④ 《天津县志》卷7,第11页。

附录四

表1　长芦盐商部分贷款清单

年份	贷出机构	借贷人	数量(两)
1901	嘉惠银行	姚学源	20 000
1901	华俄道胜银行	福源豫	34 900
1901	华俄道胜银行	芦纲公所	200 000
1901	赈捐局	芦纲公所	1 000 000
1903	横滨正金银行	芦纲公所	400 000
1904	华俄道胜银行	芦纲公所	35 000
1905	香港北京汇丰银行	陈宝彝	400 000
1905	华俄道胜银行	李宝恒	150 000
1906	户部银行	芦纲公所	1 000 000
1908	德华银行	芦纲公所	1 000 000
1908	华俄道胜银行	姚琴舫	10 000
1909	德华银行	芦纲公所	1 000 000
1909	华俄道胜银行	芦纲公所	3 000 000
1910	东方汇理银行	芦纲公所	1 000 000

资料来源:《长芦盐运使司档》173.117,173.132,173.178;姚惜云:《天津"鼓楼东姚家"轶事》,《天津文史资料选辑》第47辑,1989年,第235页。姚琴舫是鼓楼东姚家的认户本家。他出身贫微,后发财致富,拜认天津"八大家"之一姚家的姚学源为叔叔。

表2 十名破产盐商及债务情况

姓　名	债主银行总数(家)	债务本金	利　息	本息合计(两)
李宝恒	8	2 106 927	144 635	2 251 562
王贤宾	8	1 591 729	104 064	1 695 793
何福咸	8	1 341 264	96 399	1 437 663
郭俊卿	8	347 480	20 590	368 070
李笏庭	8	190 676	10 184	200 860
李子明	8	246 133	12 278	258 411
陈秉璋	6	323 780	21 764	345 544
王凤岐	7	204 672	9917	214 589
陆菊槎	8	133 235	6904	140 139
刘士瀛	8	81 640	5149	86 789
总　计	—	6 567 536	431 884	6 999 420

资料来源:《长芦盐运使司档》173.459;还可参见《长芦盐运使司档》173.500,涉及有偿还能力的盐商从银行贷款的情况。华学淇名列由长芦盐运使签署的第一张清单,但他在最后期限前设法偿还了全部贷款。

表3 欠各银行贷款本息情况

银行名称	应收回贷款额(两)
法国东方汇理银行	2 866 747
华俄道胜银行	1 755 076
德华银行	974 250
横滨正金银行	543 883
华比银行	213 449
大清银行	294 706
直隶银行	209 142
交通银行	142 172
总　计	6 999 425

资料来源:《长芦盐运使司档》173.459。

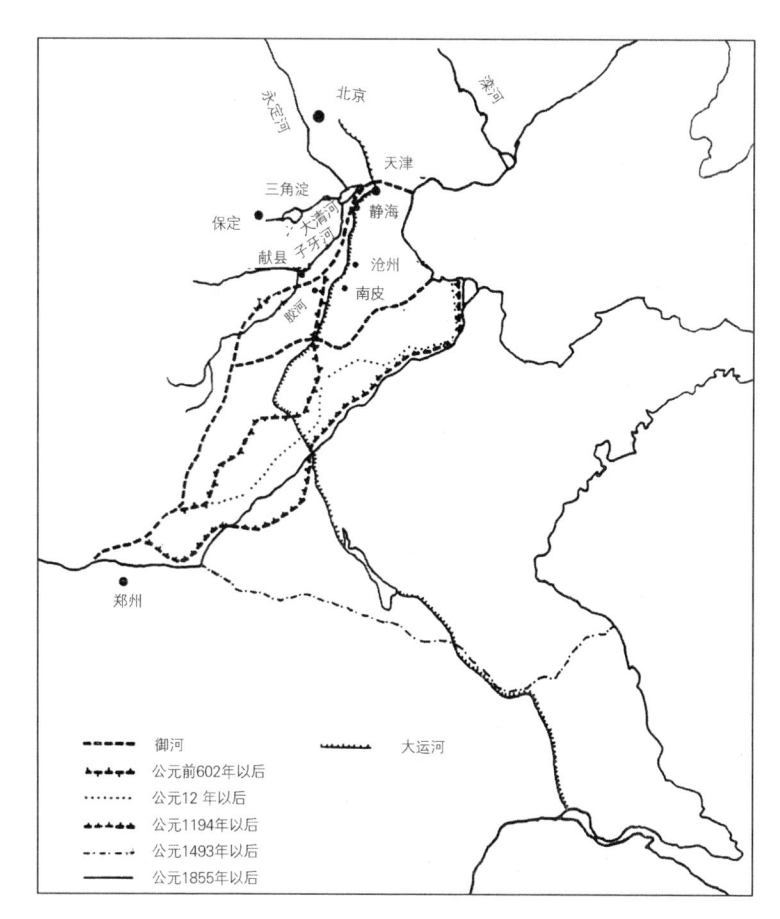

地图1 黄河的变迁

地图 2 天津及其郊区

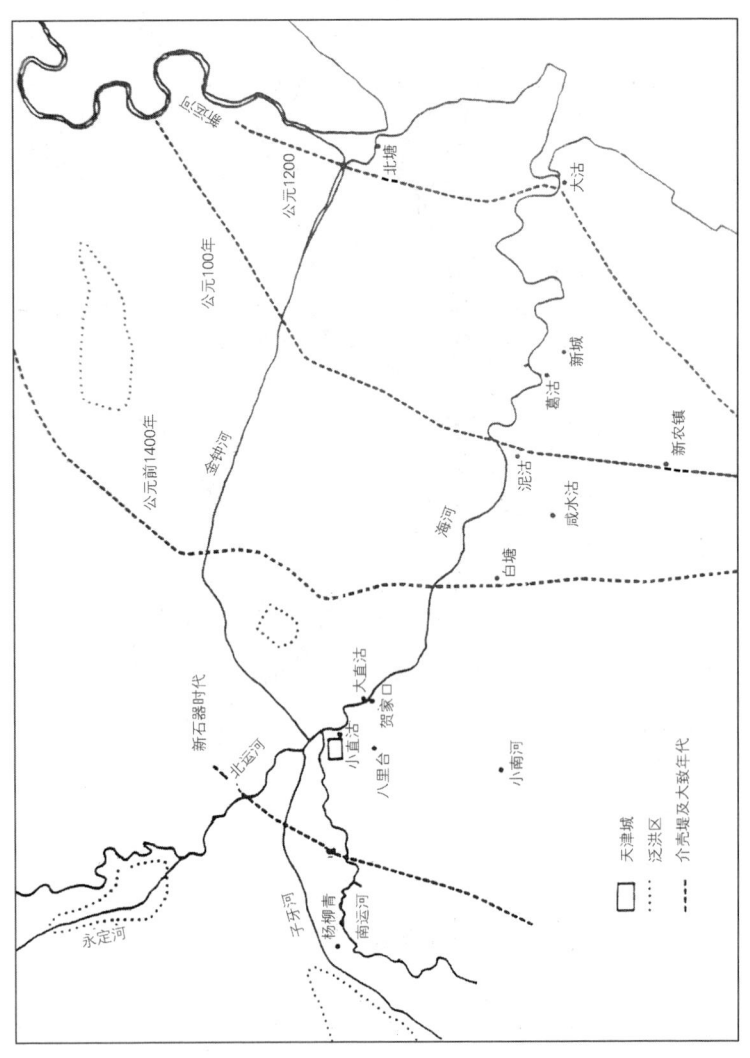

附录四

地图 3(1) 长芦盐区

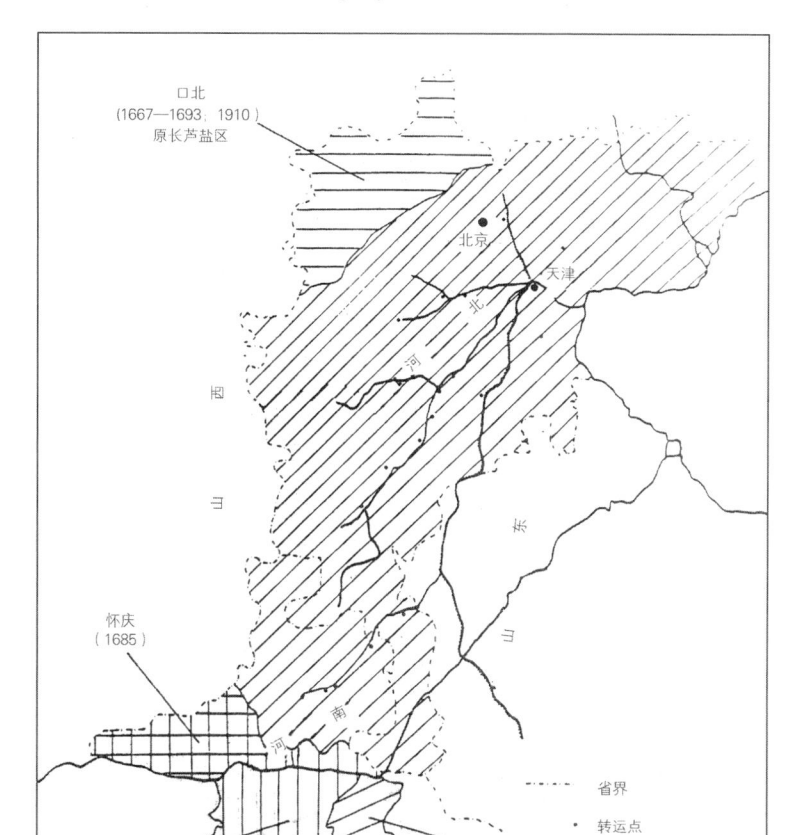

口北
(1667—1693; 1910)
原长芦盐区

北京

天津

河北

山西

河南

山东

怀庆
(1685)

开封
(1589)

开封
(1666)

陈州
(1687)

--- 省界
● 转运点

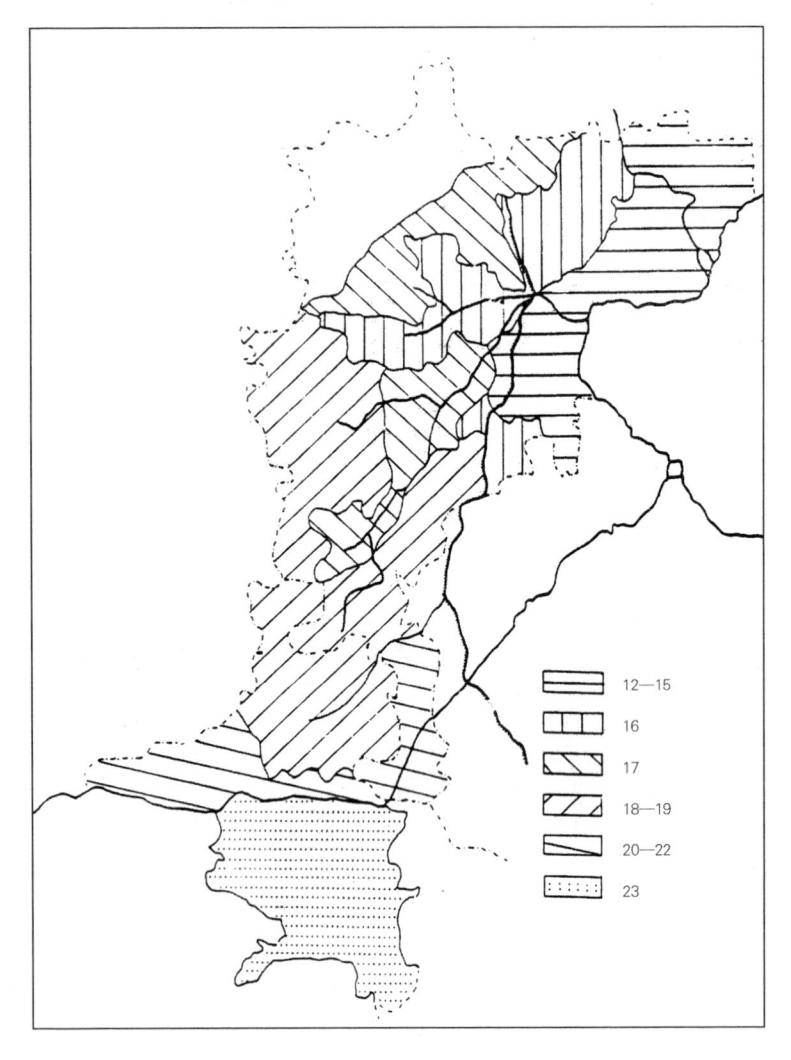

地图 3(2)　长芦盐价区 1924(文/斤)

⊟	12—15
⊞	16
▨	17
▨	18—19
☰	20—22
⋮⋮⋮	23

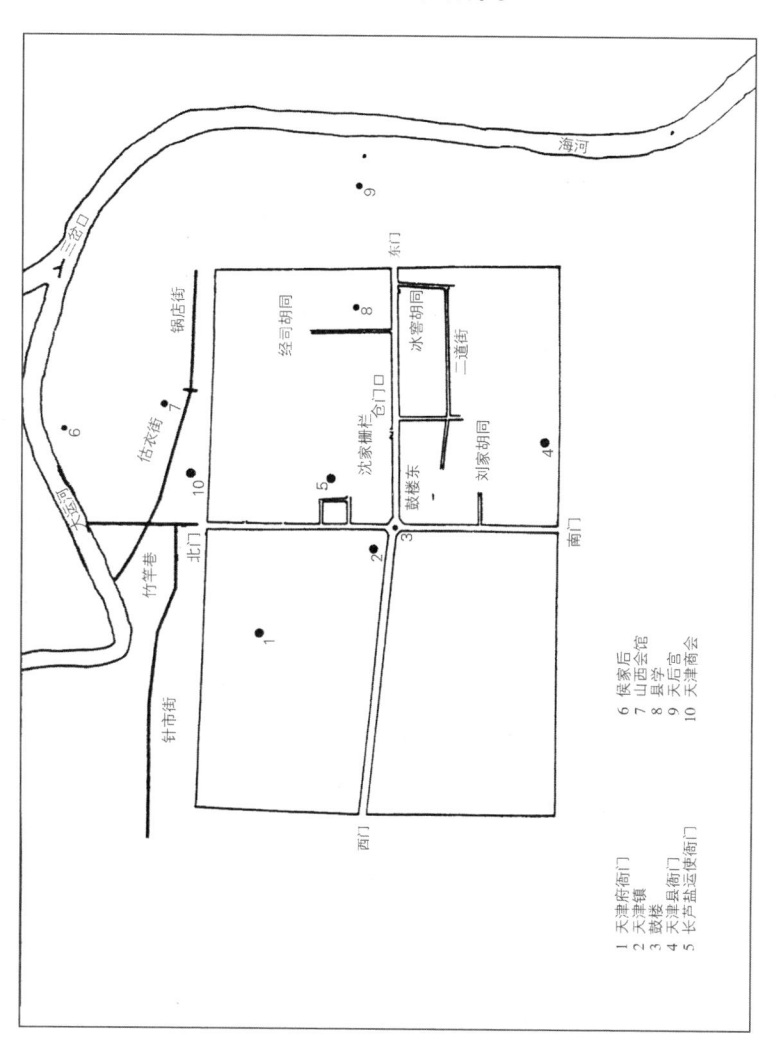

地图 4　天津城街区

1 天津府衙门
2 天津镇
3 鼓楼
4 天津县衙门
5 长芦盐运使衙门
6 侯家后
7 山西会馆
8 县学
9 天后宫
10 天津商会

修订版跋

这部书初版是我在博士论文基础上,在费正清中国研究中心当王安研究员期间草成的英文稿子,它由刘泽华教授组织、张荣明教授主持翻译出版。三十年过去了,个人学问没有多少长进,欣喜的是国内外对档案利用、史料发掘、天津史、城市史、商会史、盐业史、法律史以至市民社会的研究发展迅猛,珠玉纷陈,因此我一直希望能采撷各家的成果,把当年错漏粗疏的地方改正。虽然曾经再版,但限于时间,未能成事。这次广西师范大学出版社不但同意再版,还支持我进行修订工作,让我得偿多年的夙愿,又得到荣明老兄再次鼎力襄助,实在铭感五中。收集增补材料过程中,得到刘海岩老兄、多伦多大学郑裕彤东亚图书馆、香港大学冯平山图书馆,以及台北史语所、近史所图书馆、档案馆的支持,亦谨此致谢。

本书得以今天的面貌与读者交流,还让我缅怀当年斯坦福、南开园和北京的许多已故的良师益友。业师施坚雅、康无为、范力沛鼓励我对天津区域进行研究;东村冯承柏教授的寓所,是我经常打扰的地方，我在那里聆听扶先老人回忆亦政堂家史；黎国彬教授特别通融，让我进入因为天津地震损坏，尚未整理的南开经济研究所书库看书；于可（本姓查）教授联系我到北京家访禄白先生；王之权教授分享他收集到的"益德"王家材料；戴园晨教授安排我到中国社会科学院经济研究所图书馆阅读清代钞档。这些都让我获益匪浅，只是我才识不足，有负前辈的期望和提携，更敬请专家读者们对本书的不足和缺点、错误批评指正。

关文斌
辛城，2024

译后记

中国的近代化是怎样发端的？中国近代城市是如何孕育的？这是一个值得研究的重要课题。关文斌教授的这部著作从天津盐商这个特定的视角对此问题做了探索研究，使我们得以窥见近代城市文明要素孕育的过程。盐商原本是帝制时代官方商业的代理人，但同时也具有商人特有的属性，这一属性却是旧制度中的异化因素。在外部资本主义和民族危机的刺激下，近代天津盐商逐渐由代理角色向独立角色演变，他们通过自下而上选举产生的商会组织与官方抗争，进而维护自己的利益。与此同时，他们兴办公共事业和慈善事业，特别是创办近代民族工业和近代教育，为中国的近代化转型做出了巨大贡献。时至今日，仍觉先贤的贡献是那样的宝贵，值得我们怀念和反思。这也正是关文斌教授这部著作在当今的意义所在。

这部著作原由天津人民出版社于1999年出版。当时社里出于多方面的考量，希望在原题前面增加一个雅俗共赏、画龙点睛的书名。经与关文斌教授商量,在书名前增加了"文明初曙"四个字。现在想来,这个书名仍然具有现实意义。转眼之间二十多年过去了,广西师范大学出版社的同人慧眼识珠,希望这部书修订再版,并请我继续负责翻译方面的工作。这次的修订版是关文斌教授用中文直接改写的,我仅仅做了审核校订的工作。

  本书初版的时候,翻译工作由我主持,胡学常、季乃礼、刘中建、林存阳、张靖几位同仁共同参加,齐世和教授最后审校。时光荏苒,不禁感慨。谨志。

张荣明

2024 年 3 月 8 日于南开大学